어떻게 설득해야
마음을 움직이는가

어떻게 설득해야
마음을 움직이는가

Negotiate Without Fear

빅토리아 메드벡 지음 ● 박수철 옮김

유노
북스

이 책에 보내는 찬사

"평생 나는 여성들이 오프라 윈프리 쇼, OWN, 애플 TV 플러스 등을 통해 목소리를 내도록 도우며 여성 권익 신장에 힘썼다. 그런데 여성들은 본인의 타고난 가치를 모르고 두려움 때문에 협상하지 않는다. 이 책은 처음부터 끝까지 누구나 해묵은 타성에서 벗어나 자신 있게 협상할 수 있는 구체적인 수단을 제시하며 독자들을 차근차근 안내할 것이다. 저자는 내가 아는 가장 명석하고 빼어난 여성 중 한 명이다. 이 책을 읽다 보면 그 현명하고 훌륭한 조언자가 바로 곁에 있는 듯싶을 것이다."

-타라 몽고메리(OWN 및 애플 TV 플러스 책임 프로듀서)

"빅토리아 메드벡의 전략은 내가 겪은 가장 복잡한 협상에서 성과를 거두게 해 줬다. 상대방의 필요 사항에 집중하는 것이 그녀가 제시하는 전략의 특장점이다."

-매튜 샤톡(크로락스 컴퍼니 비상임 이사, VF 코퍼레이션 비상임 이사, 도미노 피자 그룹 이사회 의장)

"빅토리아 메드벡을 만나기 전만 해도 나는 협상 요령을 많이 알고 있다고 자부했다. 마이크로소프트와 IBM에서 근무할 때 나는 늘 회사를 대표해 협상에 임했다. 그녀는 내가 미처 몰랐던 전략을 가르쳐 줬고 전문 협상가들이 빠지는 함정을 강조했다. 그동안 나는 우리 팀의 역량을 키우고 성과를 높이기 위해 그녀를 꾸준히 초빙했다."

-제리 엘리엇(시스코 상무 이사 겸 최고 영업 마케팅 책임자)

"나는 빅토리아 메드벡을 초빙해서 우리 사모 펀드 회사와 투자 대상 기업의 경영자들에게 협상 전략을 가르치도록 요청했다. 강의를 듣자마자 앞으로의 협상에서 그녀의 통찰력이 엄청난 역할을 하리라고 직감했고, 투자 대상 기업 중 한 곳의 이사진에 합류하도록 부탁했다. 그녀는 인기 절정의 연예인 같다!"

-저스틴 이시비아(쇼어캐피털파트너스 CEO)

"넥스트도어 영업 팀에 최고의 협상 기법을 가르쳐 주고 문화적 변화를 일으킬 세계 일류의 협상가가 필요했다. 건전한 공동체는 신뢰를 바탕으로 형성되고 건전한 의뢰인 관계도 마찬가지다. 골드만삭스의 옛 동료들에게 물었더니 다들 빅토리아 메드벡을 적임자로 꼽았고 그녀는 연수 결과로 실력을 입증했다. 그때부터 나는 그녀를 월마트 등 여러 기업에 추천했다. 넥스트도어, 그리고 우리가 섬기는 이웃들은 신뢰를 통한 연대에 힘입어 번창한다. 빅토리아 메드벡은 내가 신뢰하는 사람 중 하나다."

-사라 프라이어(넥스트도어 CEO, 월마트 이사)

"그동안 빅토리아 메드벡과 함께 일했고, 그녀의 작업이 맥도날드, 구글, 디스커버 같은 대기업에 미친 영향을 지켜봤다. 강력한 메시지를 전달하기 위해 여러 제안을 동시에 내놓는 전략이 정말 마음에 든다."

-마고 게오르기아디스(맥도날드 이사)

"만만찮은 사업상의 협상이나 일상적 협상에 나설 때마다 이렇게 묻는다. 빅토리아 메드벡이라면 어떻게 할까? 운 좋게도 12년 전 내가 골드만삭스의 공동 경영자로 있을 때 그녀를 만났다. 빅토리아 메드벡은 공동 경영자, 전무 이사, 주요 의뢰인들을 위한 여러 프로그램을 진행했고 그들은 아직도 당시를 회상한다. 이 책에는 그녀의 실천 가능한 식견과 탁월한 조언이 가득 담겨있다. 꼭 읽어 보길 바란다."

-리사 샬렛(여성 이사 동우회 창립자, 아큐웨더 이사, 페니맥파이낸셜서비스 이사, 불리펄핏인터액티브 이사)

"경력 초반기에 이 책을 읽었다면 나는 상담역으로서 더 성공했을 것이고, 돈을 더 많이 받았을 것이며, 더 훌륭한 교수와 교육 행정가가 됐을 것이다. 저자가 이 책에서 펼치는 주장은 정말 설득력이 있고 유익하다. 그 일관된 주장은 많은 경험담에 힘입어 확실히 돋보이고, 독자들은 협상으로 대단한 성과를 거둘 수 있는 능력과 자신감을 얻을 것이다. 이 책은 기업 간 상거래 종사자들의 필독서다. 이 책에는 복잡한 고객 관리에 대해 내가 알고 있는 가장 완벽하고 엄격한 접근법이 담겨 있다. 이 책은 탁월한 협상 전략서지만 관계 형성, 가격 책정, 판매 같은 분야까지 망라한다."

-벤슨 샤피로(하버드 경영대학원 마케팅학 말콤 맥너어 교수 겸 명예 교수)

"빅토리아 메드벡은 내가 아주 힘겹게 협상할 때마다 조언해 줬다. 지금까지 나는 30년 넘게 중대한 이해관계가 걸린 협상을 경험했지만, 그녀의 조언을 명심한 덕분에 언제나 상대방과 함께 더 나은 성과를 거둘 수 있었다. 선수를 치고, 여러 개의 선택지를 제시하고, 자신이 아니라 상대방에게 초점을 맞춰야 한다. 그녀가 제시한 확고한 기준은 협상을 둘러싼 내 접근법의 토대가 됐다."

-미셸 세이츠(러셀인베스트먼트 회장 겸 CEO, 사나바이오테크놀로지 이사)

"아메리칸시큐리티는 여러 해 동안 빅토리아 메드벡에게 협상 전략을 배웠고 우리의 투자 대상 기업들은 그녀의 조언에 힘입어 가장 힘든 몇 차례의 협상을 성공시켰다. 빅토리아 메드벡과의 관계는 그녀가 수련회에 참가한 투자 대상 기업들의 CEO들에게 강연했을 때 시작됐다. 그녀의 독특하고 차별화된 접근법에 매료된 참석자들은 자사의 직원들에게 협상 교육을 해 달라고 요청했다. 사모 펀드 회사를 이끄는 공동 경영자들과 나는 그녀 덕분에 협상 경험이 많음에도 전문가들이 빠지는 덫을 알게 됐고 그런 함정을 피할 수 있었다. 이 책에서 그녀는 전문 협상가들이 활용할 최고의 도구를 알려 주고, 독자들이 그 도구를 유익하게 쓸 수 있도록 자신감을 불어넣으며 실제 사례를 소개한다. 노련한 협상가라도 이 책을 읽으면 유리한 고지에 설 수 있을 것이다.”

-빌 프라이(아메리칸시큐리티 전무 이사)

“회사를 경영하고 있을 때 이 책을 읽었다면 좋았을 것이다. 빅토리아 메드벡이 제시하는 전략들은 내가 고객, 노동 조합, 정부 지도자, 파트너, 지역 사회 이해 당사자 등과 협상할 때 도움이 됐을 것이다. 그리고 지금까지 내가 조언을 아끼지 않은 여러 여성 사업가에게 올바른 길을 알려 주는 데 보탬이 됐을 것이다. 이 책은 개인적인 고용 협상을 효과적으로 수행하는 방법에 관한 통찰로 가득하다. 이 책은 모든 고위 경영자가, 아니 모든 사람이 읽어야 한다.”

-조지아 넬슨(커민스 이사, 볼코퍼레이션 이사, 심스 이사, 커스텀트럭원소스 이사)

“빅토리아 메드벡에게 협상 전략을 배우면 당장 응용할 수 있고 구체적인 성과를 낼 수 있다. 나는 10여 년 전부터 그녀에게 배우고 있고 지금도 세미나와 강습회에 참가하며 새로운 기술을 습득한다. 그녀는 매번 예상을 뛰어넘었다. 앞으로 그녀의 지혜로운 말을 귀담아들으면 여러분도 협상 기술이 향상되고 자신감이 커지고 더 훌륭한 사업가로 탈바꿈할 것이다.”

-트리시 루카시크(애틀랜틱스트리트캐피털 운영 파트너, 사르젠토푸드 이사, 고릴라글루컴퍼니 이사)

“나는 40여 년 동안 정부와 민간 부문에서 협상을 해 왔고 여러 전문가와 함께 연구했다. 빅토리아 메드벡의 사려 깊은 접근법은 다른 모든 지침을 뛰어넘는 실용성과 성과를 보장한다. 그녀는 측정 가능한 성공을 이끌고 실천 가능한 전략을 제시한다. 각 협상에서 복잡성을 분석하는 능력과 전략을 능숙하게 응용하는 능력은 저자의 독보적 위치를 증명하는 효과적인 조합이다. 빅토리아 메드벡이 이 책에서 풀어놓는 이야기에는 그녀만의 비법이 숨어 있다.”

-존 하워드(W. W. 그레인저 수석 부사장 겸 법무 최고 책임자)

"빅토리아 메드벡은 타의 추종을 불허하는 협상 전문 지식을 갖고 있다. 그녀는 우리 회사가 급성장하는 동안 여러 번 우리 팀을 교육했다. 강습회마다 우리는 성과를 거뒀다. 저자는 우리 팀에게 가르친 전략을 이 책에서 공개한다. 틀림없이 효과가 있을 것이다!"

-존 디 카푸아 박사(노스아메리칸파트너스인애너스티지아 CEO)

"빅토리아 메드벡은 맥도날드와 긴밀하게 협력했다. 우선 자신의 차별성을 협상 쟁점으로 바꾸는 방법을 알려 줬다. 우리의 차별성이 상대방의 급선무를 공략하는 방식을 전달하는 메시지를 고안하는 방법도 가르쳐 줬다. 그런 전략을 구사하자 상대방과의 대화가 완전히 달라졌고 협상 성공률이 극적으로 향상됐다. 동시에 상대방과의 관계도 돈독해졌다. 이 책에는 여러분도 그렇게 할 수 있는 방법이 담겨 있다. 자신을 차별화하는 방법에 관한 내용을 주의 깊게 읽어 보길 바란다. 차별화는 개인적인 고용 협상과 사업상의 협상 모두에서 필수적인 능력이다."

-모건 플래틀리(맥도날드 USA 최고 마케팅 책임자 겸 디지털 고객 경험 책임자)

설득이 안 될 것이라는 두려움을 떨쳐 내라

두려움은 협상력을 저해한다. 두려움은 이따금 협상에 나서는 일반인만 느끼는 감정이 아니다. 매일 협상에 임하는 사람도 두려움을 느낀다. 나는 지난 20년 동안 합병, 인수, 고객과의 대형 계약, 부동산 거래, 제휴계약, 공급 계약처럼 중대한 이해관계가 달린 협상을 자문해 왔다. 또한 세계 각국의 CEO부터 수석 부사장이나 영업 이사에 이르는 수많은 임원뿐만 아니라 매일 협상에 임하는 투자 은행 관계자, 사모 펀드 출자자, 부동산 투자자들에게도 협상 전략을 가르쳤다. 구글, 맥도날드, IBM, 매케슨, 시스코를 비롯한 다수의 포춘지 500대 기업부터 그보다 소규모인 성장 지향적 기업까지 내 고객이다.

나는 기업 관계자들에게 협상 강의를 할 때 이런 질문을 자주 던진다.

"당신은 두려움이 협상을 망치는 요인이라고 생각하나요?"

그러면 참가자들의 80퍼센트 이상이 손을 번쩍 들며 두려움이 협상의 걸림돌이라고 말한다. 사람들이 협상에서 가장 두려워하는 점은 무엇일까? 나는 임원들과 폭넓은 대화를 나눈 끝에 두려움의 가장 큰 원인을 알아냈다. 바로 거래를 놓칠지도 모른다는 초조함, 그리고 상대방과의 관계가 틀어질 것 같다는 걱정이다. 그 밖에도 금전적 손해를 입거나, 협상이 논쟁으로 변질되거나, 상대방과 갈등을 겪거나, 상대방에게 이용당하거나, 나쁜 결과를 떠안게 될지 모른다는 불안을 꼽을 수 있다.

올바른 전략과 도구를 갖추면 협상 결과를 극대화하고 협상에서 느끼는 두려움을 떨쳐 낼 수 있다. 이 책은 이러한 두려움 없이 협상하는 전략을 가르쳐 주고 최대의 성과를 거두는 데 필요한 도구와 수단을 제시하고자 썼다.

설득이 어려워진 시대에 필요한 9가지 전략

지금은 이 책을 읽기에 가장 적합한 시기이다. 코로나19가 전 세계적으로 유행하는 바람에 회사들이 고객, 납품업자, 파트너, 투자자 등과 만만찮은 협상을 진행해야 하는 환경이 만들어졌기 때문이다. 한편 1인 사업자 역시 자기 회사를 구하고, 가정을 지키고, 필수적인 자원을 확보하기 위해 협상에 나선다. 또한 많은 사람의 일자리가 세계적인 유행병에 따른 경제 위기로 위태로워졌다. 따라서 그들은 절박한 심정으로 일자리 협상에 나서야 했다.

공장 가동에 필요한 설비를 확보하려고 협상 중인 대규모 제조업체든, 새로운 가상 세계에서 우위를 점하는 데 도움이 될 만한 기술 서비스를 물색하는 신규 고객들과 협상하는 영업 이사든, 임대료 인하 문제로 건물주와 협상하는 소기업이든, 일자리를 찾는 구직자든, 협상력은 이 모든 상황을 극복하는 데 보탬이 될 것이다.

이 책에 나오는 협상 전략들은 앞으로 당신이 직장 생활에서나 일상에서 맞이할 여러 협상에서 뛰어난 성과를 거두는 데 일조할 것이다. 또한 당신의 연봉 협상을 효과적으로 진행하는 데도 보탬이 될 것이다. 흔히 사람들은 연봉 협상을 몹시 두려워한다. 연구에 의하면 특히 여성이 남성보다 개인적으로 연봉 협상에 나설 가능성이 낮다. 카네기멜론대학교 경영학 석사 과정 학생들을 대상으로 한 어느 연구 결과, 여성의 경우 연봉 인상을 위한 협상을 시도하지 않은 비율이 93퍼센트인 반면 남성은 43퍼센트였다. 소속 조직을 대표해 치열하게 협상하는 전문 협상가들조차 연봉 협상에 나서기를 꺼린다. 바로 이런 점 때문에 이 책의 각 장에는 일반적인 협상 전략뿐 아니라 개인들이 과감히 연봉 협상에 나서는 데 도움이 되는 전술도 소개한다.

각 장에는 누구나 두려워하지 않고 협상을 할 수 있도록 구체적인 전략과 맞춤형 도구를 제시한다. 이 책에는 생생한 사례가 여럿 나온다. 자동차, 주택 구입처럼 일상생활에서의 협상부터 중대한 이해관계를 둘러싼 고객, 납품업자, 파트너와의 협상까지 만날 수 있다. 어떤 사례들은 개인의 고용 협상을 집중 조명할 것이다. 우리가 논의할 여러 전략과 도구는 당신이 이 모든 상황에서 유리한 고지를 차지하도록 할 것이다.

1장 누구도 거절할 수 없는 제안을 테이블에 올려라

올바른 쟁점을 협상 테이블에 올림으로써 두려움을 없애는 방법을 살펴본다. 자신에게는 편안하고 상대방에게는 중요한 쟁점을 의도적으로 제시하면 명분의 초점을 상대방에게 맞출 수 있고, 생각보다 더 많은 성과를 얻을 수 있다. 여기에서는 협상의 쟁점들을 이끌어야 하는 목적도 논의한다. 또한 당신이 테이블에 올릴 쟁점을 사전에 평가할 수 있는 쟁점 현황판도 살펴볼 것이다. 올바른 쟁점을 테이블에 올려놓으면 감정적이고 치열한 논쟁을 벌일지 모른다는 두려움이 없어지고 적절하게 협상할 수 있다.

2장 언제나 두 번째 무기를 마련하라

사람들이 협상을 겁내는 또 다른 이유는 상대방이 협상에서 발을 뺄까봐 걱정해서다. 특히 강력한 대안이 없을 때 그렇다. 2장에서는 선택지를 마련하는 작업의 중요성을 다룬다. 2장의 핵심은 협상이 결렬될 때를 대비해서 마련해야 하는 최적의 제안, 즉 배트나가 모든 협상에서 가장 큰 동력원이라는 사실이다. 협상력을 키우면 두려움이 줄어들기 때문에 반드시 협상이 결렬될 순간에 내놓을 수 있는 최적의 대안을 만들어야 한다. 아울러 마지노선(유보점)의 가장 의미심장한 결정 인자이기도 하다.

3장 모든 제안에서 마지노선을 파악하라

3장에서는 자신의 유보점을 알아야 한다는 점을 집중적으로 살펴보고 유보점을 판단하는 채점 도구를 다룬다. 채점 도구는 단 하나의 정량적 쟁점에 얽매이지 않는 태도, 그리고 모든 쟁점을 아우르는 유보점을 확정하면서 쟁점 전체에 관심을 쏟는 태도를 갖추는 데 도움이 된다. 마지노선을 알면 명확성을 확보할 수 있다. 자신의 마지노선을 알면 협상에서 발을 빼는 경우보다 오히려 더 나쁜 거래를 받아들이게 될지 모른다는 두려움이 줄어든다.

4장 당신만 아는 과감한 목표를 세워라

실무 협상가들이 과감한 목표를 세우지 않는 바람에 금전적 손해를 입는 기업들이 많다. 4장은 그런 위험을 줄이고 협상에서 금전적 손해를 입을지도 모른다는 두려움을 줄이는 데 주안점을 뒀다. 목표를 과감하게 잡아 두면 협상에서 자칫 부실한 결과를 거두거나 손해를 입을 것 같다는 불안을 가라앉힐 수 있다. 그러므로 이 장에서는 상대방의 약점을 바탕으로 목표를 설정해야 한다는 점을 배울 것이다. 이 책에서는 이를 관련 용어로 '배트나'라고 부른다. 상대방의 배트나에서 약점을 많이 발견할수록 상대방의 유보점을 더 정확하게 추정할 수 있다. 그러므로 이를 발견하고 그에 맞는 목표를 세울 수 있는 배트나 분석 도구도 살펴보겠다. 배트나 분석 도구는 상대방의 대안에서 부족한 부분이 무엇인지를 상대방에게 알려 주기 위해 테이블에 어떤 쟁점들을 올려야 하는지 알려 준다. 또한 상대방의 위력을 약화시킬 수 있는 최선의 기회를 포착하는 데 일조할 것이다.

일단 올바른 쟁점을 테이블에 올려놓고 자신의 목표, 배트나, 유보점,

그리고 상대방의 배트나와 유보점을 분석했으면 협상을 시작할 준비가
됐다.

5장 상대방이 원하는 것을 먼저 제안하라

5장에서는 먼저 제안하는 것의 중요성을 다룬다. 그리고 제안과 설득
력 있는 메시지를 연결해야 한다는 점, 즉 당신의 차별성이 어떻게 상대
방의 급선무를 공략하는지를 강조하는 법을 살펴본다. 사람들은 흔히 협
상을 주도하기를 꺼리고 상대방이 먼저 제안하기를 기다린다. 그러나 당
신이 상대방보다 먼저 제안하면 출발점을 정하고, 논의의 틀을 짜고, 올
바른 쟁점을 테이블에 올려놓을 수 있다. 또 상대방과의 관계에서 유리한
위치를 잡을 수 있다. 선제적 제안으로 협상을 주도하면 더 나은 성과의
기반이 되는 고지를 점할 수 있고, 상대방에게 초점을 맞추는 명분을 마
련하는 동시에 상대방과 긍정적인 관계를 맺을 수 있는 것이다. 5장에 나
오는 전략들을 적절히 구사하면 먼저 상대방을 제압해야 한다는 두려움
이 사라질 것이다.

6장 상대에게 선택권을 주고 신뢰를 얻어라

6장에서는 단 하나의 제안이 아니라 여러 개의 제안을 동시에 내놓음
으로써 선제적 제안을 둘러싼 두려움과 상대방이 협상에서 발을 뺄지 모
른다는 두려움을 가라앉히는 방법을 살펴본다. 단 하나의 제안이 아니
라 수준이 비슷한 여러 개의 제안을 동시에 내놓는 전략에는 많은 이점
이 있다. 상대방을 논의로 끌어당기고, 대화의 틀을 "우리 함께 일하게 될

까요?"에서 "어떻게 해야 우리가 함께 일할 수 있을까요?"로 바꿀 수 있는데, 이렇게 틀이 다시 짜이면 대결 의식이 사라지고 문제가 해결될 것 같은 기분이 든다.

이를 '다수 동등 동시 제안'이라고 하며, 단 하나의 제안을 내놓는 경우보다 더 효과적으로 매력적인 출발점을 정하는 데 보탬이 된다. 여러 개의 제안을 동시에 내놓으면 상대방의 거부감을 줄일 수 있기 때문에 상대방이 공세적인 역제안을 내놓거나 협상에서 발을 뺄 가능성이 줄어들 것이다. 또한 상대방으로부터 더 많은 정보를 알아낼 수 있다. 상대방이 무엇을 원하는지 파악할 뿐 아니라 그것이 상대방에게 얼마나 가치가 있는지도 파악할 수도 있다. 이런 이점이 있는 다수 동등 동시 제안은 상대방에게 더 유연하고 협조적인 사람이라는 인상을 풍기고 중요한 쟁점을 더 오래 고수하는 데에도 도움이 된다. 연구 결과에 따르면 다수 동등 동시 제안을 활용하면 협상 성과를 극대화하고 긍정적인 관계를 유지할 수 있다. 따라서 당신이 수준이 비슷한 여러 개의 제안을 동시에 테이블에 올려놓으면 더 대담해질 수 있다. 6장에서는 다수 동등 동시 제안의 이점을 살펴볼 뿐 아니라 당신의 차별화된 제안을 부각하고 상대방의 급선무를 공략하는 방식을 설계하는 방법도 집중 조명한다.

7장 원하는 것이 있다면 직접 말하라

7장에서는 올바른 의사소통 경로가 두려움을 얼마나 더 줄일 수 있는지 상세히 알아본다. 전하지 말고 당신이 직접 말해야 한다. 즉, 동시간적 의사소통 경로를 통해 제안해야 한다는 뜻이다. 물론 직접 대면하는 협상 방법이 최선이지만 코로나19로 그러기가 힘들어졌다. 직접 만날 수 없을 때는 줌^{Zoom}, 웹엑스^{WebEx} 마이크로소프트 팀즈$^{Microsoft\ Teams}$, 구글 미트$^{Google\ Meet}$ 같은 화상 회의 플랫폼을 이용해서 화면으로 상대방의 표정을 보며 제안해야 한다. 그러면 당신도 상대방의 반응을 즉시 확인하고, 메시지의 틀을 금방 짜고, 제안을 빨리 수정하고, 그때그때 적절하게 양보할 수 있다. 또한 직접 말하는 방식으로 협상할 때는 거래를 놓칠지 모른다는 불안감 없이 더 많이 요구할 수 있다. 내가 당신에게 직접 말하고 상대방의 반응을 확인하라고 당부하는 이유가 바로 이 점 때문이다. 또한 상대방에게 설득력 있는 메시지를 전달하기 위해 다수 동등 동시 제안을 효과적으로 활용하는 방법도 자세히 논의한다.

8장 더 크게 요구하고 한 발 물러서라

상대방보다 먼저 제안할 때는 자신의 차별화된 제안이 어떻게 상대방의 급선무를 공략하고 상대방의 관심사를 부각하는지에 집중해야 한다. 또한 협상에서는 양보의 여지도 둬야 한다. 사람들은 종종 협상에서 감정적으로 치닫고 충돌로 점철될까 봐 걱정한다. 이때 양보의 여지를 두면 이 걱정을 관리할 수 있다. 당신이 양보할 때 상대방은 자기가 이기고 있다는 느낌을 받으면서 거래 만족도가 높아진다.

상대방이 당신의 첫 번째 제안을 선뜻 받아들인다는 것은 애초에 당신이 더 많이 요구했어야 한다는 뜻이다. 이것이 바로 당신이 양보의 여지를 둬야 하는 이유이다. 8장에서는 양보할 계획을 갖고 협상에 임해야 한다는 점을 강조한다. 아울러 거래를 마무리하는 전략도 함께 검토한다.

9장 당당한 태도로 설득력을 더하라

9장에서는 두려움을 없애기 위한 필수 전략들을 정리한다. 협상할 때 두려운 마음을 없애려면 잘 준비한 뒤 선수를 치고, 상대방에게 초점을 맞추고, 제안의 틀을 올바르게 짜고, 유연성을 발휘하고, 불분명한 제안을 삼가야 한다.

이 책에는 지난 20년 동안 내가 의뢰인들에게 가르쳐 준 협상 전략들이 담겨 있다. 각 전략은 학술적 연구에 바탕을 두고 있을 뿐 아니라 현실의 여러 상황에서도 그 위력을 발휘했다. 내 의뢰인들에게 수십억 달러의 금전적 이익을 안긴 성공 사례도 소개한다. 장담컨대 이 협상법으로 당신은 상대방의 마음을 움직이는 대담한 협상가로 탈바꿈하고 여러 협상에서 빛나는 성공을 거두게 될 것이다.

· **목차**

1장   거절할 수 없는 제안을 테이블에 올려라

쟁점의 중요성

당신만 아는 과감한 목표를 세워라

성과 높이기

 ## 상대방이 원하는 것을 먼저 제안하라

주도권 가져오기

6장 상대에게 선택권을 주고 신뢰를 얻어라

여러 제안 동시에 하기

7장 # 원하는 것이 있다면 직접 말하라

쌍방향 소통

8장 # 더 크게 요구하고 한 발 물러서라

양보의 기술

당당한 태도로 설득력을 더하라

협상가의 태도

1장

거절할 수 없는 제안을
테이블에 올려라

쟁점의 중요성

많은 사람이 협상을 하면서 거래를 놓치거나, 상대방이 발을 빼거나, 대화가 말싸움으로 변질될까 봐 두려워한다. 이런 두려움은 협상을 바라보는 시야가 좁을 때 생긴다. 사람들은 흔히 가격처럼 한 가지 이슈를 논의할 때 서로의 선호가 전혀 다르다는 것을 깨닫는다. 따라서 논의가 말싸움으로 변질되고 갈등으로 가득해 진전되지 않을지도 모른다고 우려하는 것은 당연하다. 이런 두려움을 떨쳐 내는 관건은 협상을 더 폭넓은 시야로 바라보고 제대로 준비하는 것이다.

1장에서는 올바른 쟁점을 제시하고 소통의 두려움을 줄이는 도구를 소개한다. 준비된 협상가가 항상 더 나은 성과를 올린다. 따라서 당신이 적절하게 준비하면 협상력은 강해진다. 협상에서 중요한 것은 정보다. 상대방의 관심사, 목적, 선택지를 더 많이 알수록, 그리고 자신의 관심사, 선택지, 우선순위를 더 많이 알수록 당신의 협상력은 강해진다. 정보가 협상의 전부는 아니지만 당신이 가장 많이 통제할 수 있는 요소임은 분명하다.

전문가도 빠지는
협상의 함정들

협상을 하기 전에 당신은 협상의 안건에 관한 정보를 얼마나 풍부하게 확보할지 판단해야 한다. 이것을 결정해야 당신의 협상력을 높일 수 있다. 협상을 잘 준비한다는 것은 무엇일까? 협상을 잘 준비하는 3가지 핵심 단계가 있다.

1. 올바른 쟁점을 테이블에 올린다.
2. 목표와 최적의 대안과 마지노선을 분석한다.
3. 논의 계획을 세운다.

1장에서는 올바른 쟁점을 테이블에 올리는 방법부터 살펴보겠다. 협상 테이블에 올바른 쟁점을 제안하는 것이 두려운 감정을 없애는 동시에 상대의 마음을 움직이는 첫 번째 단계다.

당신은 상대방에게 무엇을 제안할 것인가?

나는 협상 전문가들에게 협상에서 마주치는 함정을 주제로 강의를 한다. 첫 번째 함정은 많은 전문가가 완전히 잘못된 거래를 두고 협상한다는 사실이다. 그들은 상대방과 적절한 이슈를 논의하고 있는지 확인하지 않고 표준적이거나 전형적인 쟁점을 협상한다.

노련한 협상가는 하나의 쟁점에만 집착하지 말아야 한다는 점을 안다. 쟁점이 하나뿐이라면 협상은 치열한 논쟁으로 바뀌기 쉽다. 상대방과의 관계를 원만하게 형성하고 유지하고 싶다면 이는 특히 위험하다. 만약 당신이 한 가지 안으로만 협상한다면 상대방과 관계가 나빠지거나 성과를 부실하게 올릴 가능성이 크다.

당신이 무언가를 팔려고 하는데 상대방과 가격만 협상하는 상황을 가정해 보자. 구매자는 낮은 가격을, 판매자는 높은 가격을 원한다. 판매자가 요구하는 금액은 모두 구매자의 호주머니에서 나오기 때문이다. 그러므로 가격만 협상하면 서로에게 적대적인 분위기와 승패적 사고방식이 생길 수밖에 없다.

당신은 상대방과의 관계도 유지하면서 자신에게 유리하게 협상하기를 바라므로 단 하나의 쟁점이 아니라 여러 개의 쟁점을 두고 이야기해야 한다. 테이블에 여러 개의 쟁점이 있으면 양쪽의 선호 사항이 어떻게 다른지 알 수 있다. 가격 말고도 자신과 상대방에게 중요한 것이 무엇인지를 발견할 수 있고 균형점을 찾을 수 있기 때문이다.

이 점을 알면서도 잘못된 쟁점을 협상하는 전문가도 많다. 자주 협상에 임하다 보니 그때그때 적절한 이슈를 논의하기보다는 표준적이거나 전형적으로 협상하는 경향이 생긴 것이다. 그렇다면 어떻게 해야 올바른 쟁점을 테이블에 올릴 수 있을까?

협상의 단기적, 장기적 목표 세우기

협상에서 다룰 쟁점의 목록을 작성한다. 그러려면 먼저 목적을 생각해야 한다. 여기서 목적이란, 당신이 상대방과의 협상에서 단기적, 장기적으로 달성하고 싶은 것이다. 목적을 최대한 상세하게 목록으로 작성하라. 목록을 완성했다면 각 목적을 달성하기 위한 하나 이상의 협상 쟁점을 만들어야 한다. 협상 쟁점이란 상대방과 논의하고 협상할 항목을 뜻한다. 당신이 이 쟁점에 동의할 수도, 아닐 수도 있지만 상대방과 반드시 논의해야 하는 쟁점이다.

여기서 나는 협상 쟁점과 명분을 확실히 구분하고 싶다. 명분은 당신이 내놓는 제안의 개략적인 내용이나 설명이다. 명분은 매우 중요하지만 협상 쟁점을 대체할 수는 없다. 종종 협상가들에게는 명분이 많아도 협상할 수 있는 쟁점은 한두 개밖에 없을 때가 있다. 예를 들어 가격이라는 단일 쟁점에 여러 가지 명분을 갖고 있는 것처럼 말이다. 물론 훌륭한 명분도 중요하지만 실제로 상대방과 논의할 거리를 많이 확보하는 것도 중요하다. 협상에서는 언제나 목적이 협상의 쟁점을 이끌어야 한다.

　이제 상대방과 협상할 때 목적이 협상 쟁점을 어떻게 이끌어야 하는지를 살펴보겠다. 그다음 우리가 상대방과의 관계를 지키면서 어떻게 협상 쟁점을 이끌어야 하는지와 관련된 3가지 목적을 검토하겠다. 끝으로, 앞서 설명한 모든 내용을 실제 협상에 응용하는 방법과 우리가 연봉 협상에 나설 때 올바른 쟁점을 테이블에 올리는 방법까지 소개하겠다.

그 회사의 CEO가
밤잠을 설치는 이유는?

전형적인 협상 상황을 가정해 보자. 중요한 협상을 앞둔 당신에게는 아마 여러 개의 목적이 있을 것이다. 첫 번째 목적은 최대한 좋은 가격을 확보하는 것이다. 하지만 가격만 협상하지는 않을 것이다. 가격에만 집중하면 승패적 협상 *win-lose negotiation* 이나 분배적 협상 *distributive negotiation* 한쪽이 이익을 보면 다른 쪽이 손해를 협상-역주을 하는 분위기가 조성될 것이다. 이런 분위기에서는 상대방과의 관계가 훼손되거나 좋지 않은 결과를 가져올 수 있다. 그러므로 협상안을 추가해서 각자가 선호하는 사항의 차이를 확인해야 한다. 우선 협상에서 얻고 싶은 단기적, 장기적인 목적들을 작성하고 각 목적과 관계있는 협상 쟁점을 최소한 하나 이상 도출해야 한다.

상대방의 급선무를 찾아내라

최대한 높은 가격을 확보하는 것도 중요하지만 모든 협상의 첫 번째 목적은 상대방의 급선무를 해결해 주는 것이어야 한다. 나는 사람들이 이점을 중요하게 여기지 않는 모습에 충격을 받았다. 실제로 수많은 영업 직원이 자기가 팔아야 할 상품이나 달성하고 싶은 성장률에만 집중하고 고객이 원하는 것에는 관심이 없다. 그러나 상대방의 급선무를 공략하는 데 집중하면 원하는 것을 얻어 낼 가능성이 훨씬 높아진다.

그러기 위해서는 상대방에게 가장 필요한 것을 알아야 한다. 내가 영업 직원들에게 상대방의 니즈를 어떻게 파악할 수 있는지를 물으면 그들은 상대방에게 직접 물어본다고 답한다. 물론 그럴듯한 방법이지만 한계가 있다. 상대방이 회사 차원의 급선무가 아니라 개인이 생각하는 급선무를 이야기할 가능성이 있기 때문이다. 예컨대 거래처의 구매 부장에게 물어보면 구매부에서 가장 필요한 것을 답할 것이고, 공장장에게 질문하면 공장에서 가장 필요한 것을 말할 것이다.

그러나 당신이 정말 알아야 하는 것은 그 회사의 CEO가 밤잠을 이루지 못하는 까닭이다. 이 정보를 알려면 조사부터 시작해야 한다. 만약 당신의 거래처가 상장 기업이라면 나는 우선 애널리스트가 분석한 3~4개 분기 실적 보고서를 검토할 것이다. 일반적으로 이런 정보는 회사 웹 사이트에 있는 투자자 관계 항목이나 시킹알파 seekingalpha.com 같은 서비스를 이용해 얻을 수 있다.

또한 나는 각 보고서의 마지막에 실린 질의응답에 주목한다. 보통 보고서의 도입부에서 회사의 주요 기획, 회사 관계자들이 주안점을 두는 기준, 그들이 흔히 쓰는 용어를 파악할 수 있다. 이런 정보도 가치가 있지만 보고서 말미에 있는 질의응답은 그야말로 정보의 보물섬이다. 몇 분기 분량의 보고 내용을 검토할 때는 분석가들이 던지는 공통 질문에 주목하길 바란다. 애널리스트들이 특정 질문을 집중적으로 던지거나 2명의 애널리스트가 한 분야에 비슷한 질문을 던진다는 것은 주가에 영향을 끼칠 모종의 요소가 있다는 뜻이다.

내 경험에 따르면 주가에 영향을 주는 문제가 곧 CEO가 밤잠을 이루지 못하고 고민하는 문제라고 할 수 있다. 이때 당신은 그 문제가 무엇인지 파악하고 당신 회사의 제품과 서비스가 그 문제에 기여할 수 있는 방법을 궁리해야 한다. 거래처의 급선무를 모두 해결하기는 어렵겠지만 적어도 당신의 회사에서 처리할 수 있는 한두 개의 급선무는 알아내야 한다.

나는 이처럼 의뢰인을 상대로 고객과의 협상, 기업 인수, 기업 매각, 부동산 거래, 제휴 계약, 납품 계약 같은 문제를 다룰 때 상대 회사가 상장 기업이라면 실적 보고 내용부터 검토하도록 권한다.

만약 상대 회사가 아직 상장되지 않은 신생 기업이라면 투자자 회의 발표 내용을 검토하며 예비 투자자들의 질문에 주목하는 편이 유익할 것이다. 발표문은 보통 회사의 웹 사이트에 게재된다.

만약 상대 회사가 대기업이라면 그 회사의 경쟁사들에 대한 전문 분석가의 실적 보고 내용과 그 회사와 연관된 뉴스 기사를 검토한다. 상대방이 비영리 단체이거나 정부 기관인 경우에도 뉴스 기사는 훌륭한 소식통일 수 있다.

이처럼 상대방의 급선무를 파악하는 것이 중요하다. 이용 가능한 모든 자료를 활용해서 정보를 얻어라. 사실 공개적으로 볼 수 있는 정보조차 검토하지 않는 것은 상대방에 대한 무례의 징후나 다름없다. 자료가 공개돼 있는데도 수집하려 하지 않았기 때문이다.

상대방에게 가장 필요한 것을 알아내는 법

나는 협상하기 위해 늘 상대방의 급선무를 파악하라고 조언하지만 이 조언이 늘 흔쾌히 받아들여지지는 않았다. 나에게 협상의 방법을 묻는 고객들에게 정보를 수집하는 것부터 시작하라고 조언하면 그들은 종종 나를 이상한 사람처럼 보곤 했다. 그러나 정보부터 수집하는 일은 굉장한 효과가 있다.

상품 설명보다 상대방이 원하는 공급의 안정성을 강조하다

나는 작은 연결용 와이어를 판매하는 회사를 자문한 적이 있다. 내가 회사의 영업부에게 제일 먼저 거래처의 지난 4분기 동안의 실적 보고서를 검토해야 한다고 말하자 그들은 나를 화성에서 온 사람처럼 쳐다봤다. 알고 보니 그들은 이전까지 실적 보고서를 한 번도 살펴본 적이 없었고 그렇게 할 필요성조차 느끼지 못했다. 하지만 나는 이 정보를 검토하는 것부터 시작해야 한다는 의견을 굽히지 않았다.

그들이 나의 의견을 받아들였다. 결국 자사의 제품과 경쟁사의 제품의 차이만 언급하는 단순한 협상을 진행하는 대신에, 거래처가 원했던 공급망의 안정성을 언급하면서 협상에 임했다. 그 결과 그들은 훨씬 많은 매출을 올릴 수 있다는 점을 몸소 확인했다. 이렇듯 항상 상대방이 가장 원하는 것을 주겠다는 목표를 가져야 하며, 그들이 무엇을 가장 필요로 하는지를 구체적으로 알아야 한다.

상대방에게 원하는 것을 주기로 했다면 그것과 관련한 협상안을 도출해야 한다. 만약 상대방의 니즈가 여러 개라면 각각의 니즈의 목적과 관련된 제안을 최소 하나씩 마련한다. 당신 회사의 제품이나 서비스가 고객의 급선무를 충족시킬 수도 있다. 예를 들어 당신이 광고 대행사를 운영하는데, 상대방이 자사의 브랜드 인지도를 높이고 싶어 한다면 그 회사의 브랜드 이미지를 개선할 홍보 활동에 참여하겠다고 제안할 수도 있다.

의뢰인의 가장 골치 아픈 문제를 해결하다

대형 호텔 체인과 일하던 내 의뢰인은 당시 호텔의 매출에 이상 징후가 나타나고 매출 주기를 예측하기가 어려워져서 분석가들로부터 압력을 느끼고 있었다. 그는 호텔의 예약 시스템과 관련된 문제의 해법을 마련 중이었고 현장 직원들이 확실히 예약을 받을 수 있는 구체적인 방안을 찾아낼 수 있었다.

덕분에 해당 프로젝트가 커졌고 그에 따라 예약 비용도 상승했지만 내 의뢰인은 고객 경험을 직접 개선하고 매출을 높여 호텔 체인의 핵심적인 불만 사항을 해결했다. 이뿐만 아니라 향후 매출과 관련된 예상 질문에 대비하기 위해 호텔 체인 CEO와 CFO^{최고 재무 책임자}가 참석하는 설명회를 열고 향후 4차례의 분석가 회의 전에 매출과 관련된 예상 질문을 검토하기 위한 준비 모임을 열기로 협상하기도 했다.

제안의 기본은 정보 수집이다

지금까지 소개한 사례들에서 알 수 있듯이 당신은 제품이나 서비스 말고도 인사이트 특강, 경영진 대상의 최신 동향 보고, 분석가 회의 사전 설명회, 이사회 대비 활동, 그리고 고객의 급선무를 처리할 수 있는 각종 서비스를 제공할 수 있다. 예를 들어 당신에게 해당 업종의 동향 변화나 시장 현황에 대한 식견이 있다면 당신의 혜안은 고객에게 엄청나게 귀중할 것이다. 그러므로 고객의 급선무를 공략할 만한 협상 쟁점을 궁리할 때는 앞서 언급한 방안들을 고려하길 바란다.

나는 지속 가능성 컨설팅 서비스를 제공하는 의뢰인을 상담한 적이 있다. 의뢰인의 고객사 중 한 곳은 탄소 배출량 때문에 분석가들로부터 강한 압박을 받고 있었다. 내 의뢰인과 고객사의 협상 쟁점은 컨설팅 서비스였지만 이들은 고객사의 선임 직원들을 위해 두 차례의 인사이트 특강도 제공하기로 협상했다. 첫 번째 특강에서는 업계의 다른 회사들이 채택한 지속 가능성의 목표에 집중했고 두 번째 특강에서는 규제 환경에서 예상되는 변화에 초점을 맞췄다. 또한 고객사의 CEO에게 향후 4차례의 실적 회의를 대비하는 20분짜리 설명회를 열어 CEO가 지속 가능성 문제에 관한 모든 질문에 잘 답변할 수 있도록 돕기로 협상했다.

한 대형 부동산 관리 회사의 사례도 있다. 내게 의뢰를 맡긴 부동산 회사는 세입자였던 상장 기업의 임대료를 올리고 싶었다. 그러나 세입자 기업은 도시 외곽에 사옥을 짓는 방안을 내놓으며 저울질하고 있었다.

이 상장 기업은 지난 5년간 실적 압박을 느끼고 있었다. 분석가들은 이 기업이 밀레니얼 세대에게 호응을 얻고 직원의 세대교체가 이루어질 수 있을지 의심했고 비용 문제를 지적했다. 나는 이 기업이 느낄 비용 부담을 낮추기 위한 임대료 조건을 제안하도록 권했다. 그리고 기존 공간에 계속 머물며 비용을 절약함으로써 분석가들의 구체적인 염려에 대처하고 있다는 내용의 자료를 작성하는 작업을 도왔다.

임대료 갱신 문제를 논의할 때, 내 의뢰처는 도심이 젊은 인재들을 모집하는 데 유리하다는 점에도 집중했다. 도심이라는 위치의 매력을 밀레니얼 구직자들에게 호소할 수 있다는 점을 협상 쟁점에 포함하여 명분을 더한 것이다. 예컨대 기존 건물 옆에 편의점이 있고 지하철역이 가까우며 이웃 건물에 있는 체육관도 이용할 수 있으며 근처의 여러 식당에서 쓸 수 있는 식권과 저녁 연주회가 열릴 때 할인받을 수 있는 티켓도 준다는 점을 들어 위치의 장점을 부각했다. 결국 세입자는 임대료 인상을 받아들이며 기존 공간에 계속 머물기로 하며 협상에 성공했다.

앞서 언급한 사례들에서 알 수 있듯이 고객의 급선무를 공략하기 위해 테이블에 올릴 수 있는 쟁점들은 많다. 그러므로 당신이 팔고 있는 제품이나 서비스만 생각할 필요가 없다. 그 외에 부수적인 쟁점들은 당신이 고객의 도전 과제를 공략하는 데 일조할 뿐 아니라 고객과의 관계를 긍정적으로 구축하는 데도 도움이 된다.

좋은 사람보다
필요한 사람이 돼라

협상의 또 다른 목적은 고객과 관계를 맺는 것이다. 관계 구축은 모든 고객과의 협상에서 목적으로 삼아야 한다. 실제로 나는 여러 기업의 영업 이사들에게 자신이 누구와, 어느 정도 시간 안에 관계를 맺고 싶어 하는지 구체적으로 생각하도록 권장한다. 예컨대 '향후 6개월 안에 고객사의 CEO나 CFO와 관계 맺기'나 '향후 3개월 안에 구매 담당 부사장이나 규제 기관의 부대표와 관계 맺기' 같은 구체적인 목표를 세우도록 추천한다. 구체적인 목적은 단순히 '인맥을 넓혀라'라는 말보다 한층 더 실용적이다.

사람들은 관계의 중요성을 쉽게 언급하지만 정작 관계를 만드는 방법에는 그다지 주목하지 않는다. 맺고 싶은 관계가 있다면 실행 계획이 있어야 하고, 그 목표를 달성하려면 올바른 협상 쟁점을 테이블에 올려야 한다. 일단 6개월 안에 고객사의 최고 재무 책임자나 CEO와 관계 맺기, 혹은 1년 안에 그 회사의 이사 1명과 관계 맺기 같은 구체적인 목표를 세웠으면 매일 자신의 행동을 점검할 수 있다. 그리고 관계를 강화하기 위해 무엇을 하고 있는지, 무엇을 할 수 있는지 고민할 수 있다.

관계 구축은 가끔 부실한 협상 결과의 핑계로 보일 때가 있다. 예를 들어 직원이 상사에게 이렇게 말한다.

"마진이 형편없다는 것은 알고 있지만, 일단 저쪽과 인맥을 쌓으려고 하는 중이에요."

그러나 나는 의뢰인들에게 관계 구축을 이 같은 사후적 해명이나 자기변명의 수단으로 쓰지 말라고 강조한다. 아울러 적극적으로 그들이 맺고 싶은 관계를 고민하고 목표를 달성하는 데 필요한 구체적인 협상 쟁점을 테이블에 내놓으라고 조언한다.

고위급 인사와 관계를 구축하는 법

나는 여러 대형 컨설팅 회사를 고객으로 두고 있다. 언젠가 한 대형 컨설팅 회사의 공동 경영자 A를 상담한 적이 있다. A는 회사의 거래처로부터 더 많은 일감을 따내고 싶었다. A가 추진하는 프로젝트의 구매 결정권자는 거래처의 CFO였던 B였다. B는 해당 업계의 현황을 잘 모르는 사람이었다. A가 거래처의 급선무를 공략하고 싶어 할 때, 나는 A에게 거래처의 CFO인 B의 급선무를 생각해 보라고 당부했다. B의 급선무는 회사의 사정을 신속하게 파악하기, 업계에서 본인의 입지 다지기, 이사진과의 소통에 대비하기, 분기별 실적 보고 회의에 잘 대처하기였다.

그리하여 A는 업계 동향 변화를 주제로 삼은 인사이트 특강을, 그리고 향후 실적 보고 회의 이전에 CEO 및 CFO 대상의 설명회를 하는 것을 협상 쟁점으로 삼았다. 또한 A는 매달 B와 만나 취임 이후 100일간의 행보가 순조롭도록 지원하는 방안과 향후 8차례의 이사회 준비 모임을 여는 방안도 협상안에 포함했다. A는 거래처의 급선무뿐만 아니라 회사의 구매 결정권자의 급선무까지 공략하는 데 집중한 것이다.

이런 방안들이 6개월 안에 CEO나 CFO와의 관계를 구축하겠다는 목적과 어떻게 연결될지 생각해 보자. 이사회가 열리기 전의 예행연습과 준비 모임도 A와 B의 관계를 한층 더 강화할 것이다. 실적 보고 회의가 열리기 전에 거래처의 CEO와 CFO를 만나 예상 쟁점을 설명해 주면 A는 이들에게 긴요한 정보를 제공할 기회가 생긴다. 따라서 거래처의 경영진은 A에게 의존하게 되고, A는 그들에게 믿을 만한 조언자로 인식될 것이다.

사람들은 흔히 고객의 호감을 사는 데 집중한다. 나는 고객의 호감을 사는 것은 좋은 일이지만 고객에게 필요한 사람이 되는 것이 더욱 중요하다는 점을 항상 의뢰인들에게 강조한다. 고객이 당신에게 의존하도록 유도하는 협상 쟁점을 테이블에 올리는 것이 중요하다.

회사의 임원들은 종종 제품이나 서비스로 고객사의 고위 임원들과 관계를 맺으려고 애쓴다. 바로 앞의 사례에서도 A는 일을 잘 처리하고 거래처의 경영진에게 프로젝트를 잘 설명하는 방법으로 관계를 형성하고자 했을 것이다. 그런데 만약 거래처의 부하직원들이 프로젝트를 맡으면 CEO나 CFO와 돈독한 관계를 맺기는 힘들 것이다. 그 프로젝트를 맡은 직원들은 A가 자신의 상사들에게 프로젝트에 관해 이야기하기를 바라지 않는다. 마치 자신들이 책임을 다하지 않는 듯한 인상을 주기 때문이다.

고위급 인사와 관계를 구축하고 싶으면 이들을 위한 업계 동향 인사이트 특강, 시장 현황 설명회, 이사회나 실적 보고 회의 준비 모임 같은 협상 쟁점들을 제안해서 중역실 직통로를 개설해야 한다. 직접 제공하는 제품이나 서비스와 별개로 이런 제안들을 적절히 활용하면 고위급 인사와의 관계를 구축하는 직통로를 뚫을 수 있다.

당신만의 차별성이
협상의 무기다

협상의 또 다른 목적은 당신의 회사, 제품, 서비스만의 차별성을 부각하는 것이다. 나는 영업 팀을 대상으로 강의를 진행할 때마다 그들을 모두 일어서게 한 뒤 다른 팀원이 언급하지 않은 특정한 목표를 말한 사람들만 자리에 앉도록 한다. 이때 자신의 회사, 제품, 서비스를 차별화하겠다는 목표를 밝히는 사람은 거의 없다.

CEO라면 자기 회사의 영업 팀을 상대로 이 부분을 검증할 필요가 있다. 놀랍게도 정말 많은 영업 직원이 차별화에 주목하지 못한다. 그들은 가격 극대화, 장기 계약 맺기, 일감 수주 같은 목표는 거론하겠지만, 이런 목표들을 달성하는 데 결정적인 역할을 하는 차별화에는 집중하지 못한다. 차별화하지 않는다는 것은 진부하다는 말이다. 그러므로 차별화에 관심이 부족하면 CEO들이 두려워하고 분석가들이 비난하는 문제인 제품과 서비스의 범용화로 귀결된다. 나는 한 명의 CEO로서 우리 회사의 영업 팀이 고객과 소통할 때마다 우리 회사만의 차별적인 서비스를 부각했으면 한다.

누구나 할 수 있는 일에는 힘이 없다

소속 회사의 차별성을 검토할 때는 제품이나 서비스나 회사 자체의 독특함을 분석할 필요가 있다. 차별성은 상대방이 관심을 느낄 때만 작용할 수 있다는 점을 명심하길 바란다. 만약 당신의 회사가 대규모 상장 기업과 경쟁하는 소규모 사기업이라면 당신은 규모나 소유 구조를 차별성으로 거론하고 싶을 것이다. 여기서 관건은 고객들이 당신의 회사가 소규모 사기업이라는 사실에 관심을 갖는 이유다. 이 사실이 그들에게 어떤 도움이 될까? 의사 결정권자와 비교적 쉽게 소통할 수 있으니까? 아니면 고객의 필요 사항에 발 빠르게 적응할 수 있어서? 차별화는 상대방이 관심을 느끼는 부분에서만 가능하다.

영업 사원들은 종종 전문 지식과 고품질을 차별성으로 꼽는다. 하지만 그들의 경쟁자들이 "우리는 전문 지식이 부족합니다"라거나 "우리 제품은 질이 나쁩니다"라고 말하지는 않는다. 당신 회사의 제품이나 서비스에서 진정한 독특함을 찾아내기 위해 애쓰길 바란다.

내 의뢰처 중 하나인 어느 컨설팅 회사는 인재들과 그들의 전문 지식을 차별성으로 꼽곤 했지만 그 부분은 차별성이 아니었다. 경쟁사들도 훌륭한 인재들과 탁월한 전문 지식을 내세웠기 때문이다. 나는 의뢰처 관계자들에게 더 구체적인 개성을 찾도록 독려했다. 그리고 그들은 경쟁사들과 달리 제3의 중개인들과 교류할 수 있는 특별한 능력과 동종업계 CEO 출신의 주재 임원 1명을 두고 있다는 사실을 발견했다. 둘 다 인재나 전문 지식을 내세우는 것보다 더 강력하고 월등하게 명백한 차별성이다.

일단 차별성을 확인했으면 차별성을 협상 쟁점으로 바꿔야 한다. 자사의 상품이나 서비스를 차별화하려는 영업 직원들조차 본인들이 제시하는 명분으로만 차별화를 시도하는 경우가 종종 있다. 그러나 명분만으로는 차별 효과가 없고 오히려 당신 회사의 차별성이 당신의 발언에 빨려 들어가 사라지고 만다. 특히 경쟁사에서 비슷한 명분을 제시할 때 이런 현상이 벌어진다. 따라서 차별성을 부각하고 상대방의 의사 결정 과정에 영향을 미치고 싶다면 차별성을 협상 쟁점으로 만들어 낼 필요가 있고, 상대방이 결정을 내리려고 할 때 협상 쟁점을 테이블에 올려야 한다.

가격보다 가치 있는 사내 디자인 팀의 존재

사례를 하나 소개하겠다. 내 의뢰처 중에는 모노그램 무늬 가방을 비롯한 개인 맞춤 상품을 판매하는 기업이 있다. 이곳에는 엄청난 실력을 자랑하는 디자인 팀이 있었다. 또한 중국에 있는 생산 공장을 정기적으로 감독했기 때문에 품질이 무척 우수했다.

이 기업의 영업 팀은 경험도 무척 많고 고객들에게 늘 자사의 차별성을 강조했지만 안타깝게도 가격만 협상할 때가 많았다. 그것은 심각한 문제였다. 경쟁사가 더 낮은 가격을 제시했기 때문이다. 내가 볼 때 영업 팀은 경쟁사를 위해 협상하고 있는 것 같았다. 영업 팀은 가격만 협상했지만 가격 측면에서는 경쟁사가 앞서 있었다. 게다가 경쟁사에서 "우리 회사 가방의 디자인은 인터넷에서 사들이기 때문에 세련되지 못하고, 질이 떨어져서 잘 찢어지지만 가격은 정말 저렴합니다"라고 말하지 않았을 것이다. 디자인도 좋고 질도 좋으면서 가격은 더 저렴하다고 말했을 것이다.

영업 팀은 고객들과 가격을 두고 줄다리기하는 동시에 자사의 차별성을 협상 쟁점으로 전환하는 방법을 배워야 했다. 예컨대 사내 디자인 팀의 차별성은 다음과 같은 여러 협상 쟁점의 토대가 될 수 있었다.

1. 고객이 디자인 팀을 1년에 얼마나 자주 만날 수 있는가?
2. 고객이 선택할 수 있도록 내놓을 만한 디자인이 얼마나 많은가?
3. 디자인을 얼마나 빨리 고안해 낼 수 있는가?
4. 디자인을 얼마나 빨리 수정할 수 있는가?
5. 디자인의 지적 재산권은 누가 보유하고 있는가?

이 5가지 쟁점을 각각 협상한 덕분에 영업 팀은 고객들의 관심을 사내 디자인 팀으로 돌릴 수 있었고, 디자인 팀이 없는 경쟁사와의 차별성을 부각할 수 있었다. 뿐만 아니라 이 독특한 장점이 제품에 미칠 영향과 의미를 고객에게 알려 줄 수 있었다.

나는 차별성을 코르크판에 꽂힌 압정으로 여기라고 말한다. 이때 각각의 압정에 짧은 실이 하나씩 걸려 있고, 이 실은 차별성을 강조하는 협상 쟁점과 연결된다. 각각의 실을 '때문에'라는 이유라고 가정하면, 협상 쟁점을 통해 각각의 차별성을 강조하는 방법을 확인할 수 있을 것이다.

예를 들어 앞서 인용한 개인 맞춤 상품 판매 기업은 '사내 디자인 팀이 있기 때문에' 맞춤 디자인을 1주, 2주, 3주 만에 납품하겠다고 제안할 수 있었다. 그리고 12시간, 24시간, 36시간이라는 짧은 시간에 디자인을 수정할 수 있다고 제안할 수 있었다. '사내 디자인 팀이 있기 때문'이다.

이 기업의 관계자들은 앞으로 협상할 때 사내 디자인 팀을 차별성으로 강조할 것이고 외주 디자인을 사들이는 경쟁사와의 차별화를 시도할 것이다.

차별성	협상 쟁점
사내 디자인 팀	• 디자인 고안 속도 • 고객이 디자이너들을 만날 수 있는 빈도 • 제시 가능한 디자인 수 • 디자인 수정 속도 • 디자인 지적 재산권 소유자
고품질	• 일일 검사 보고서 • 품질 보증

[표1] 회사의 판촉용 차별성

한 회사 CEO가 거래처에게
농장 견학을 추천한 이유

차별성을 협상 쟁점으로 바꾸는 것은 만만찮은 일이다. 사례를 하나 더 들어 보겠다. 내 의뢰처 중에 가족 소유의 식품 가공업체가 있다. 이곳은 자사의 공급망을 전부 관리하고 있는데, 이는 해당 업계에서 무척 특이한 사례다. 우선 업계에서 유일하게 자체 공급망을 보유했고 그렇게 하기 위해 막대한 자본을 투입했다. 제품 리콜 사태를 빚을 법한 제품의 오염 가능성을 낮춘다는 점에서 이 차별성은 중요한 장점이 된다. 이는 특히 이 업체의 자체 개발 상품을 구입하는 고객들에게 중요하다. 제품에 생산자의 이름이 표기된 경우 제품 리콜 사태는 무척 뼈아프기 때문이다. 유명 브랜드 제품이 리콜 사태를 맞으면 해당 브랜드가 타격을 입지만 자체 개발 상품에 리콜 요구가 쏟아지면 그 제품을 취급하는 소매업자가 타격을 입을 것이다. 그러므로 자체 개발 상품은 품질이 특히 중요하다.

만일 이곳의 자체 공급망 통제 방식이 거래 협의 중 다뤄지지 않으면 낭패일 테고, 내 생각에 그런 일은 이 업체의 영업 팀이 자사의 차별성을 협상 쟁점으로 전환하지 않을 때 일어난다. 경쟁사들은 "우리 제품의 출처를 모릅니다"라고 말하지 않는다. 오히려 우수한 농장, 훌륭한 공장, 안정적인 공급망을 보유했다고 말할 테고 이 식품 가공업체가 전체 공급망을 장악하고 있다는 사실은 묻혀 버릴 것이다. 따라서 나는 그들에게 자사의 차별성을 협상의 쟁점으로 만들도록 권유했다.

협상 쟁점은 어떻게 만들까?

예를 들어 자체 공급망이 있기 때문에 농장과 공장 견학도 가능하다는 점을 강조할 수 있다. 나는 공장 견학과 농장 견학 같은 쟁점을 영업 부사장에게 제시했다. 그러자 영업 부사장은 "농장이나 공장을 견학하고 싶어 하는 사람은 없습니다"라고 대답했다. 하지만 나는 아무도 농장이나 공장을 견학하지 않아도 상관없다는 점을 강조했다.

나는 영업 부사장이 공급망을 완벽하게 통제하는 방식과, 아울러 이런 차별성이 품질을 높이고 리콜 가능성을 낮추는 방식을 논의하는 데 농장 견학이라는 쟁점을 활용하길 원했다. 한마디로 직원들이 회사의 차별성을 파악한 뒤 그것을 협상의 쟁점으로 연결해서 논의 과정에 포함시키는 것이 중요하다.

우리 아들 타일러가 이 책의 바로 이 부분을 읽으며 이렇게 물었다. "어머니는 회사를 어떤 식으로 차별화하세요?"

타일러는 내가 다른 회사 이야기를 해 주는 것도 좋지만 정작 엄마의 회사는 어떻게 차별화하는지 알고 싶다고 말했다. 메드벡앤드어소시에 이츠$^{Medvec \& Associates}$의 CEO로서 나는 직원들에게 우리 회사의 서비스를 다른 회사의 서비스와 차별화해야 한다고 꾸준히 언급한다. 우리 회사의 차별성 중 하나는 수십 년 동안 중대한 이해관계가 달린 거래를 조언하며 쌓은 전문 지식과 고객들이 우리가 개발한 전략을 활용하도록 가르칠 수 있는 능력을 겸비하고 있다는 사실이다.

우리는 진부한 훈련 프로그램을 제공하지 않는다. 각 기업에 맞춤형 서비스를 제공하며 특정 협상과 관련한 도전 과제에 관해 조언해 줄 수 있다. 우리는 수상 경력에 빛나는 훈련 프로그램을 제공할 뿐 아니라 거래에 관한 조언도 제시한다. 또 하나의 차별성은 우리가 협상 분야의 전문가인 만큼 모든 상황에 맞춤형 해법을 내놓을 수 있다는 점이다. 우리는 수익 창출자들이기도 하다. 확신하건대 우리가 가르치는 전략들은 틀림없이 협상 결과를 개선한다.

차별성을 협상 쟁점으로 바꾼 예시

이런 차별화된 역량을 언급하는 것도 중요하지만 앞서 말했듯이 이를 협상 쟁점으로 전환하는 것이 정말 중요하다. 우리 회사는 조언과 교육 측면의 역량을 부각하기 위해 자문만 하거나, 교육만 하거나, 이 둘을 병행한다. 거래에 관한 독특한 전문 지식을 강조하기 위해서 참가자들의 협상 계획에 관한 개별 피드백을 제공한다. 협상 분야의 전문 지식을 강조하기 위해서 내가 직접 강의하거나 선임 직원들 중 한 사람이 진행한다. 이들은 모두 여러 차례 상을 받은 협상 연구자들이다. 이처럼 다양한 접근법 덕분에 우리 회사는 그동안 거래에 관해 조언하며 쌓은 전문적인 경험을 강조할 수 있다.

차별성	협상 쟁점
거래 조언으로 쌓은 경험	• 고객에게 제공하는 서비스 • 개별 피드백
협상 분야의 전문 지식	• 강습 담당자가 누구인가? • 고객의 필요 사항을 처리하는 맞춤형 접근법
수상 경력에 빛나는 교육 능력	• 강습 횟수 • 참가자 수
믿을 만한 전략으로 성과가 향상될 것이라는 확신	• 협상 성과와 금전적 보상의 연계 가능성

[표2] 메드벡앤드어소시에이츠의 차별성과 협상 쟁점

그리고 타 회사의 일부 훈련 담당자들처럼 협상 분야의 전문가가 아닌 사람들이 진행하는 프로그램은 전혀 제공하지 않는다는 점에서 우리만의 독특함을 보여 줄 수 있다. 끝으로, 협상 결과를 개선할 것이라는 자신감을 보여 주는 차원에서 우리는 협상 성과와 금전적 보상을 연계하기도 한다. 의뢰인들은 협상 성과와 무관하게 일별로 대금을 지불하거나 협상 성과에 따라 추가 수수료를 내거나 두 가지 방식을 혼용해도 된다.

모쪼록 우리가 어떻게 우리의 차별성을 협상의 쟁점으로 전환하고 어떻게 여러 개의 제안으로 쟁점의 내용을 다양하게 구성하는지 주목하길 바란다. 협상 쟁점의 내용을 여러 개의 선택지를 통해 다양화하는 것은 중요하다. 사람들은 일정한 것보다 이리저리 바뀌고 변화하는 것에 더 주목하기 때문이다. 상대방이 당신의 차별성에 관심을 느끼게 하려면 당신의 독특한 역량을 협상 쟁점으로 바꿔야 한다. 그리고 6장에서 살펴보겠지만 협상 쟁점의 내용은 3개의 선택지를 통해 다양화할 수 있다.

자기 회사의 전문 지식을 부각하라

협상에 포함해야 하는 또 하나의 목적은 '자기 회사의 전문 지식을 부각하는 것'이다. 이 목적은 특히 당신이 자신의 회사를 해당 업계의 선두 주자로 여길 때 중요하다. 흔히 우리는 우리가 보유한 전문 지식을 고객들도 이미 알고 있다고 여기며 협상 과정에서 이 점을 강조하지 않는다. 이 문제를 다룰 때마다 나는 세계 최대 생수 회사 중 하나인 내 의뢰처가 떠오른다. 그곳은 분명히 생수 업계의 선두 주자이고, 생수에 관한 모든 내용을 파악하고 있다.

그 회사의 경쟁사 중 하나는 네슬레 Nestlé이다. 네슬레는 얼핏 생수와 무관한 기업 같아 보이고, 아마도 다들 초콜릿을 떠올릴 것이다. 그러나 내 의뢰처의 관점에서 볼 때, 네슬레는 시장에 뛰어들 때마다 전문 지식을 매우 능숙하게 부각하는 기업이다. 네슬레는 식생활에서 물이 차지하는 중요성을 강조하는 영양학자들을 동원하고, 소매업자들이 바깥 기온에 따라 매대에 비치해야 할 생수의 양을 예측하는 전문가들도 내세우면서 생수에 관한 전문 지식을 부각한다. 이 점에 주목해야 한다. 당신의 전문 지식을 보여 줄 수 있는 쟁점을 협상해야 한다. 그래야 고객들의 이목을 사로잡을 수 있다.

상대방에게 남긴
발자취를 넓혀라

고객과 협상을 진행하고 있을 때는 고객의 사업 영역에 당신의 발자취를 확대하는 것을 목표로 삼아야 한다. 당신은 고객과의 거래를 키워 더 많은 이득을 얻고 싶을 것이다. 고객의 돈이 경쟁사로 흘러가면 곤란하다. 사업가들은 모든 측면에서 문어 같은 존재가 되고 싶어 한다. 문어는 연결점을 많이 갖고 있기 때문에 움켜쥐는 힘이 세다.

발자취를 확대하면 현재 고객과의 관계를 활용해 새로운 사업 기회를 잡을 수 있다. 때때로 기업들은 기존의 고객으로부터 일감을 최대한 따내려고 하기보다는 신규 고객을 찾고 새로운 사업에 나설 생각에만 골몰한다. 그러나 새로운 사업을 시도하는 것보다 기존의 고객과의 관계를 확대하면 매출 원가도 낮아지고, 경쟁력이 세지고, 지속 가능성과 수익성이 높아지는 경우가 많다. 이 점 때문에 발자취를 확대하는 전략이 마진을 높이는 결정적인 요소가 되는 것이다.

의뢰인이나 고객과의 거래 영역을 넓히고 싶다면 반드시 협상해야 하는 4가지 쟁점이 있다. 이것들은 당신이 제공할 제품, 출하할 상품, 동원할 팀, 선택할 시기 외에 추가로 협상해야 하는 것이다. 그리고 고객의 급선무를 공략하고 중역실 직통로를 개설하기 위한 인사이트 특강, 최신 동향 보고, 설명회 같은 서비스나, 제품을 차별화하기 위해 포함하는 쟁점들 외에 추가하는 것이기도 하다. 특히 당신이 고객과의 사업 영역을 확장하고, 연결점을 더 많이 얻고, 고객이 더 많은 돈을 지불하게 하고, 경쟁력을 높일 수 있도록 협상 테이블에 이것들을 추가해야 한다.

1. 현장 전담 팀
2. 대량 구매 인센티브
3. 독점 구매 할인
4. 선결제

상대방의 니즈를 가장 먼저 제공하는 현장 전담 팀

당신의 영역을 확대하기 위한 첫 번째 열쇠는 고객에게 파고들어 뿌리를 내리는 것이다. 만약 당신이 컨설팅 회사의 파트너라면 현장 전담 팀을 주 1일 또는 월 2일 파견하는 방안을 협상해 뿌리를 내릴 수 있다. 당신이 제조업체 사장이라면 고객에게 시제품을 만들어 주는 현장 엔지니어를 파견하도록 협상할 수 있을 것이다.

뿌리 내리기의 가장 중요한 점은 고객과 함께 현장에 있거나 고객과 밀접하게 연결되는 것이다. 그래야 그들의 필요 사항을 더 깊이 파악할 수 있고, 복도와 식당에서 각종 정보를 수집하며 경쟁력 있는 정보도 확보할 수 있다. 아울러 고객사의 경영진과 한층 돈독한 관계를 맺을 기회도 생긴다. 연구에 의하면 근접성은 호감 증가로 이어진다. 그러므로 단단히 뿌리 내리면 고객은 당신을 더 우호적으로 바라볼 것이다.

그러나 절대로 "여기 뿌리 내리고 싶습니다"라고 말하지 말아야 한다. 이 말은 전적으로 당신의 니즈에 초점을 맞추고 있기 때문이다. 대신 매주 현장 전담 서비스 팀을 파견하거나 매주 전담 엔지니어를 파견하는 방안, 혹은 고객과 가까워지고 경쟁자들의 진입을 막는 장벽을 세우는 방안을 협상해야 한다.

뿌리 내리기는 회사와 거래하는 기업이든, 소비자와 직접 거래하는 기업이든 모두에게 중요하다. 누군가는 뿌리 내리기가 과거의 유물이고 최근의 온라인이나 모바일 환경에서는 이런 연줄이 중요하지 않다고 생각할 수도 있다. 그러나 나는 이런 평가에 단호히 반대한다. 실제로 몇몇 온라인 판매자들은 무척 영리한 방식으로 고객들에게 뿌리를 내리고 있다.

한 업체와 6년 동안 거래할 수 있는 비결

나는 6년 전에 솔트레이크시티에서 CEO들을 대상으로 상급 협상 강좌를 진행하다가 올리브앤드코코아 ^{Olive & Cocoa}라는 온라인 선물 판매업체의 CEO를 만났다. 그 회사는 선물용으로 보내기 좋은 사탕과 짭짤한 스낵을 포함한 여러 가지 특산품을 판매했다. 나는 올리브앤드코코아의 매력에 흠뻑 빠졌는데, 우리 회사의 로고를 선물용 나무 상자에 새길 수 있는 점이 정말 마음에 들었다. 결국 나는 올리브앤드코코아에서 우리 회사의 고객들에게 줄 명절 선물을 주문했다. 고객들은 그 선물을 좋아했고 우리 회사의 로고가 새겨진 나무 상자와 멋진 포장에 대해 한마디씩 했다.

이듬해 8월, 우리 회사와 연락하던 올리브앤드코코아 소속의 영업 컨설턴트인 크리시가 전화를 걸어 왔다. 나는 조그만 우리 회사가 영업 컨설턴트를 두게 되리라는 사실을 믿을 수 없었지만, 그 진취적인 조치에 깊은 인상을 받았다. 그녀는 다음 명절을 대비해 추가된 새로운 품목들을 담은 소포를 하나 보내겠다고 말했다.

그다음 주에 나는 우리 회사의 로고가 찍힌 나무 상자를 받았다. 거기에는 내가 다음 명절에 주문하고 싶어질 만한 작은 선물 견본이 가득 들어 있었다. 그 견본은 내 마음에 쏙 들었고, 나무 상자에 찍힌 로고를 보니 내가 1년 전에 맞춤형 로고 디자인을 의뢰했던 것이 생각났다.

그로부터 한 달 뒤에 나는 우리 회사의 로고가 새겨진 봉투, 크리시가 보낸 편지, 명절 선물 카탈로그, 그리고 내가 1년 전에 선물을 보낸 고객들의 명단을 받았다. 편지에는 내가 신규 고객들의 주소를 추가하고 그들에게 보낼 선물을 고르기만 하면 발송해 주겠다고 써 있었다.

온라인 소매업체인 올리브앤드코코아는 컨설팅 회사인 우리의 사업 영역에 성공적으로 뿌리를 내렸다. 그들은 내가 선물 상자에 맞춤형 로고를 새기는 데 들인 돈을 떠올리게 했고, 올리브앤드코코아 관계자들이 해마다 내 고객들에게 보낼 선물을 관리해 준 덕분에 나는 다른 선물 판매업체에는 눈길도 돌리지 않았다. 올리브앤드코코아를 알기 전까지 나는 해마다 다른 업체를 이용했다. 실제로 내 조수와 나는 매년 새로운 업체를 물색하느라 애썼지만 올리브앤드코코아는 우리 회사에 효과적으로 뿌리를 내리고 우리가 다른 업체를 선택하지 못하도록 장벽을 쌓는 데 성공했다. 나는 지난 6년 동안 올리브앤드코코아를 통해 고객 증정용 선물을 보냈다.

대량 구매에 걸맞은
대량 할인 전략

두 번째 발자취 확대 방법은 대량 구매 인센티브다. 당신은 고객들이 당신에게 일감을 더 많이 주고 당신의 제품과 서비스를 더 많이 구매하도록 유도하고 싶을 것이다. 원하는 반응을 얻으려면 그에 걸맞은 보상을 줘야 한다. 가는 것이 있어야 오는 것이 있는 법이다. 고객이 당신에게 더 많은 일감을 주길 바란다면 그에 걸맞은 보상을 하라.

많은 사람이 대량 구매 인센티브를 그저 가격을 책정하는 수단으로 여기지만 나는 상대방에게 동기를 부여하고 회사의 역량을 시장에 내놓는 수단으로 본다. 대량 구매 인센티브는 대량 구매 할인이나 리베이트 정책, 혹은 이 두 가지를 혼용하는 방식을 들 수 있다. 어떤 방식이든 인센티브 방침의 틀을 적절하게 짜는 것이 중요하다.

그 전에 당신의 목표와 당신이 이끌어 내고 싶은 상대방의 구체적인 행동을 생각해야 한다. 나는 의뢰인들에게 이듬해와 향후 3년간의 목표를 생각하도록 권유한다. 이때 목표는 수익 확대일 수도, 새로운 지역으로의 사업 확장일 수도, 고객과의 관계를 증진하기 위한 신규 서비스 개시일 수도 있다. 모든 목표를 찬찬히 살펴보고 당신이 원하는 고객의 행동이 무엇인지 신중하게 생각하길 바란다.

그간의 계좌 기록을 검토하는 것도 중요하다. 계좌 기록을 꼼꼼히 살펴보지 않고 대량 구매 인센티브를 시도하면 곤란하다. 계좌 기록에서 과거의 특이한 내용을 발견할 수도 있기 때문이다. 나는 의뢰인들에게 5년간의 계좌 기록을 검토하길 권하고 고객과 관계를 맺은 지 5년이 되지 않았다면 되도록 여러 해의 계좌 기록을 살펴보도록 권장한다.

할인의 기준을 정하라

내가 상담한 어느 의뢰처는 1년 만에 고객사와의 거래액을 2,500만 달러에서 4,000만 달러로 늘리고자 했다. 우리가 가장 먼저 논의한 점은 의뢰처의 목표였다. 그들은 거래액을 1년 만에 4,000만 달러까지 늘리려고 했고 그들의 마진을 끊임없이 좀먹는 경쟁사를 제거하려고도 했다. 그러나 3년 만에 늘릴 수 있는 총액이 4,500만 달러에 불과하다는 데에 강력히 공감했다.

그들은 첫해에 경쟁사를 제거하기 위해 당장 거래액을 4,000만 달러로 늘리고 싶어 했다. 우리가 계좌 기록을 검토해 보니 그해의 거래액은 2,500만 달러였고, 1년 전의 거래액은 1,800만 달러, 2년 전의 거래액은 1,500만 달러, 3년 전의 거래액은 2,200만 달러, 5년 전의 거래액은 2,500만 달러였다. 한마디로 계좌 기록이 보여 준 거래액은 1,500만 달러와 2,500만 달러 사이를 오르내리고 있었다.

일단 계좌 기록을 살펴보고 목표를 확인했으면 인센티브 계획에 활용할 대량 구매 기준점을 설정할 준비를 갖춘 셈이다. 향후의 구매 약속이 아니라 대량 구매 기준점의 도달 여부를 바탕으로 인센티브를 결정해야 한다. 그리고 단 하나가 아니라 여러 개의 대량 구매 기준점을 확보해야 한다. 사람들은 흔히 고객의 반응을 이끌어 내기에 역부족이거나 너무 높아서 도달할 수 없을 것 같은 하나의 기준점을 정하곤 한다. 그러나 보상 규모를 늘리며 여러 개의 기준점을 정하길 바란다.

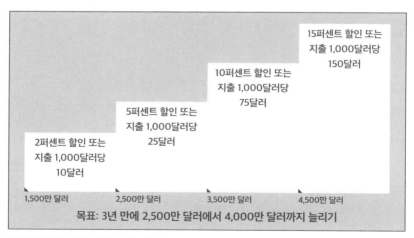

[그림1] 여러 개의 대량 구매 기준점

우리는 첫 번째 기준점을 1,500만 달러와 2,500만 달러 사이로 정했다. 두 번째 기준점은 2,500만 달러와 3,500만 달러 사이였고, 세 번째 기준점은 3,500만 달러와 4,500만 달러 사이, 최종 기준점은 4,500만 달러 이상이었다. 내 의뢰처의 첫해 목표는 4,000만 달러이고, 3년 차 목표는 4,500만 달러이다. 4,500만 달러를 최종 기준점으로 삼는 것이 중요하다. 물론 거기에는 의미 있는 인센티브가 따를 것이고, 그 인센티브로 고객의 관심을 끌고 대화를 시작함으로써 당신이 앞으로 고객에게 해 줄 수 있는 일을 알려 줄 수 있다.

가령, 내 의뢰처 중 한 곳인 대형 컨설팅 회사는 한 고객사와의 거래액이 500만 달러였다. 그런데 알고 보니 이 고객사는 의뢰처가 제공할 수 있었던 작업에 총 5억 달러를 지출하고 있었다. 내 의뢰처는 그야말로 고객사가 지출한 총비용의 반올림 오차에 불과했다.

나는 이 회사에 대량 구매 인센티브를 제시하도록 권했다. 이들의 3년 차 목표가 1억 달러였기 때문에 우리는 1억 달러 이상을 최종 기준점으로 잡았다. 물론 현재의 500만 달러와 3년 차 목표인 1억 달러 사이에 여러 기준점이 있었지만 최종 기준점은 1억 달러 이상이었다.

내 의뢰처에서 이 같은 인센티브 계획을 제시하자 깜짝 놀란 고객사 관계자는 "1억 달러라니 무슨 말씀입니까? 우리와 귀사의 거래액은 500만 달러에 불과합니다"라고 말했다. 그것은 내 의뢰처 관계자들이 이렇게 말할 수 있는 완벽한 기회였다.

"네, 귀사와 우리의 거래액은 500만 달러입니다. 우리가 이 좁은 범위의 문제에 대해서만 귀사를 돕고 있기 때문이죠. 그러나 우리는 저 문제를 해결하도록 도울 수 있고, 또 다른 문제를 공략하는 데 보탬이 될 수도 있고, 이 분야의 다른 문제도 해결하는 작업을 지원할 수도 있습니다."

고객사 관계자들은 화들짝 놀라며 말했다.
"귀사가 이 분야도 다루는지 미처 몰랐습니다. 그래서 이 분야의 일을 맡길 생각도 못했습니다."

그날 내 의뢰처는 5개 분야의 업무를 추가로 맡을 수 있었고 얼마 지나지 않아 고객사와의 거래액은 500만 달러에서 2,000만 달러가 됐다. 모든 회사가 거래처에게 자신들의 능력을 알리고 싶겠지만, 그러려면 일단 거래처의 관심을 끌 필요가 있다. 3년 차 목표의 최종 기준점과 연계되는 인센티브는 상대방의 관심을 끌 수 있다. 당신은 이를 포착해 상대방에게 새로운 사실을 알려 줄 수 있고 당신의 제품과 서비스를 시장에 내놓을 수 있다.

일단 기준점을 정했으면 각 기준점과 연계되는 인센티브를 결정한다. 예를 들어 대량 구매 할인을 제공하기로 했다면 첫 번째 기준점에는 2퍼센트, 두 번째 기준점에는 5퍼센트, 세 번째 기준점에는 10퍼센트, 마지막 기준점에는 15퍼센트처럼 기준점마다 다른 할인율을 적용할 수 있다.

재방문을 부르는
리베이트 전략

　대량 구매 할인 말고 리베이트 정책을 쓸 수도 있다. 여기서 리베이트라는 용어는 고객에게 대금의 일부를 돌려주는 캐시백을 의미하지 않는다. 고객에게 현금을 돌려주면 고객은 당신의 경쟁자에게 그 돈을 써 버릴 수도 있다. 그러므로 현금을 돌려주는 대신에 자사 화폐를 제공하는 방법을 생각해 보자.

　실제로 나는 의뢰인들에게 '메드벡앤드어소시에이츠 달러'를 제공한다. 이는 우리 회사가 제공하는 서비스에만 쓸 수 있고 일정 기간 내에 쓰지 않으면 사라지는 한계적 화폐이다. 유효 기간이 있기 때문에 고객은 빨리 써야 한다는 생각이 들기 마련이다. 기업과 거래하는 회사는 리베이트용 화폐의 유효 기간을 1년이나 6개월로 정하면 될 것이다. 소비자에게 직접 제품이나 서비스를 판매하는 회사는 리베이트용 화폐의 유효 기간을 더 짧게 정할 수 있다. 또한 이것으로 살 수 있는 제품이나 서비스를 지정해 두면 고객들이 특정 제품이나 서비스를 구매하게끔 유도할 수도 있다.

내 의뢰처 중에는 자사의 제품을 보강하기 위해 서비스 사업을 확장하려는 제조업체가 있었다. 그 회사는 고객들에게 현금을 되돌려주는 리베이트 정책을 활용하고 있었다. 나는 진짜 돈 대신에 자사 화폐를 제공하라고 말했다. 그 회사의 CEO는 내 아이디어를 받아들였고, 고객들이 자사의 제품을 구입하는 데 쓸 수 있는 돈을 지급하기로 했다.

그리고 나는 그 돈을 고객들이 이미 구입하려고 생각 중인 물건을 사는 데 쓰도록 하지 말고 그 회사에서 새로 개발한 서비스를 구매하도록 특별한 환급금을 지급하라고 말했다. 리베이트는 그런 식으로 고객들이 새로운 서비스나 제품을 구매하게끔 유도할 수 있다. 고객들이 늘 구입하던 것을 구입하기보다는 당신이 바라는 방향으로 새로운 서비스나 제품을 구매하도록 유도해야 한다.

포인트를 쌓으면 상품권으로 돌려주는 전략

나는 니먼 마커스*Neiman Marcus, 미국의 고급 백화점 체인-역주*가 내 지갑을 털기 위해 대량 구매 인센티브를 활용하는 방식에 깊은 인상을 받은 적이 있다. 나는 지출한 금액에 따라 포인트를 얻었고 포인트만큼의 상품권을 받았다.

그런데 니먼 마커스는 소비자들이 일반적으로 쇼핑을 많이 하지 않는 시기인 초봄에 상품권을 보내곤 했다. 당연히 휴가철에는 사람들이 이미 쇼핑에 열중하고 있기 때문에 그 직전에는 상품권을 보내 주지 않았다. 니먼 마커스는 고객들이 쇼핑에 나서지 않는 비수기에 물건을 사도록 유도한 것이다.

니먼 마커스가 보내 준 상품권으로는 살 수 있는 상품의 종류가 제한적이었다. 예컨대 상품권으로 여성복이나 화장품은 살 수 없었다. 짐작건대 니먼 마커스는 특별한 행사에 입을 의상이 필요한 소비자들은 자사의 제품을 구입하리라고 가정했을 것이다. 그리고 대다수의 소비자가 할인 없이도 화장품을 구입하리라는 점도 알고 있었을 것이다. 니먼 마커스는 내가 자연스럽게 할 행동이 아니라 자신들이 바라는 방향으로 행동하도록 나를 확실히 움직이고 있었다.

니먼 마커스는 내가 다른 백화점에서 구매할 법한 물건을 자사의 백화점에서 사도록 했다. 2주 안에 상품권을 쓰지 않으면 기한이 끝나서 나는 서둘러 물건을 사야 한다는 생각이 들었다. 그리고 500달러짜리 상품권을 받으면 500달러보다 훨씬 많은 금액을 쓰는 경우가 많았다. 니먼 마커스는 상품 구매의 리베이트를 현금으로 주지 않았다. 내가 다른 백화점에서 그 돈을 써 버릴 수도 있기 때문에 니먼 마커스에서만 쓸 수 있는 돈을 지급했다. 나 역시 그 방법이 옳다고 생각한다.

여기서 주목할 점은 니먼 마커스가 리베이트로 상품권을 보냈다는 사실이다. 나는 현금처럼 쓸 수 있는 그 상품권을 잃어버리기 싫었다. 나는 이런 리베이트 정책을 기업들에게 알려 줄 때 '외상'이라고 부르지 않도록 주의를 준다. 그렇게 부르면 수령자의 머릿속에 떠오르는 가치가 달라진다. 수령자의 돈이 아니라 발행자의 돈이라는 인상을 주기 때문이다.

대니얼 카너먼*Daniel Kahneman*과 잭 크네치*Jack Knetsch*, 그리고 리처드 세일러*Richard Thaler*가 증명했듯이 만일 우리가 누군가에게 매장 진열대에 있는 컵의 가치를 평가해 달라고 하면 그 사람은 자기 집에 있는 똑같은 컵의 가치보다 더 낮게 평가할 것이다. 소유권은 소유 효과로 이어진다. 따라서 리베이트용 상품권을 줄 때는 사람들이 그것을 자기 것으로 생각하며 그것의 가치를 더 높게 여기도록 유도해야 한다.

니먼 마커스와 달리 당신은 고객들에게 상품권을 보내지 않을 수도 있지만, 만약 보낸다면 고객들이 상품권의 가치를 더 높게 평가하고, 그것을 잃어버리지 않으려고 하고, 꼭 써야겠다고 느끼면서 자기 것으로 여기도록 유도해야 한다.

소비자의 구매 욕구를 끌어올리는 구매의 긴급성

구매의 긴급성은 일정 기간 안에 상품권을 쓰지 않으면 무효가 되는 방식으로 유발된다. 고객들이 구매의 긴급성을 느끼는 시기를 조절할 수도 있다. 나는 의뢰인들에게 자사의 매출이 하락하는 시점을 확인하라고 말한다. 상품권의 유효 기간 만료일을 수요가 제일 적은 달의 마지막 날로 정하면 매출 하락을 완화할 수 있기 때문이다.

언젠가 나는 주문 제작을 받아 최고급 가정용 옷장을 만들고 설치해 주는 회사의 CEO와 대화할 기회가 있었다. 대체로 가족들이 모이는 추수

감사절 기간에는 옷장을 설치하지 않기 때문에 11월은 비수기에 해당하고, 연휴에 번잡한 일을 벌이기 싫어하기 때문에 12월도 옷장을 설치하는 경우가 드물다. 1월도 집안 정리가 금방 마무리되지 않을 때가 많아서 옷장 회사의 연간 비수기는 총 3개월이었다. 나는 그 회사의 CEO에게 12월 말에 만료되지만 한 달 전에 미리 구매할 수 있는 상품권을 지급하는 방법을 권했다. 그렇게 하면 3개월의 비수기가 12월 말의 2주 동안으로 줄어들 수 있었다.

의뢰인들에게 나는 각자의 목표에 따라 대량 구매 할인이나 리베이트 정책 중 하나를 선택하라고 말한다. 대량 구매 할인은 구매 담당자가 분야별로 분산된 고객사를 상대할 때 적합한 방식이다. 현재 고객사의 구매 담당자들이 자사의 다른 분야에 소속된 구매 담당자들을 소개해 주도록 유도할 때 대량 구매 할인이 효과적이다. 대량 구매 할인은 총지출이 증가할 때 얻는 추가 할인을 통해 구매 담당자들에게 이익이 될 수 있다.

한편, 리베이트 정책은 고객이 지금 구매하지 않는 새로운 제품이나 서비스를 이용해 보도록 만들 때 적합한 방식이다. 물론 이 2가지 방법을 모두 써서 구매 담당자를 더 많이 소개받고, 새로운 제품이나 서비스를 이용하도록 유도해도 된다.

이렇듯 고객을 상대로 발자취를 확대하고 싶을 때는 현장 전담 팀을 파견하는 뿌리 내리기나 대량 구매 인센티브 같은 쟁점을 테이블에 올리는 방법을 쓸 수 있다. 아울러 독점 구매 할인과 선결제라는 나머지 2개의 쟁점도 고려해야 한다.

경쟁력을 높이는
독점성과 선결제

독점성은 권력을 바꾸는 쟁점이다. 고객이 당신 회사의 제품과 서비스만 이용할 때, 당신은 고객과의 관계에서 우위에 선다. 고객이 당신에게 점점 의존하게 되고 대안으로 삼을 다른 업체가 부족해질 것이기 때문이다. 독점성으로 경쟁 환경이 사라지는 것은 아니지만(당신의 경쟁자들은 아직 존재한다) 고객의 인식은 바뀐다. 고객의 입장에서는 그동안 상대해 본 적 없는 다른 업체에 확신이 없기 때문이다. 이 불확실성 때문에 경쟁자들의 매력이 떨어지고, 고객이 그들을 대안으로 여길 가능성이 낮아지므로 당신은 더 유리한 고지를 차지한다. 독점성은 관계의 우위를 둘러싼 쟁점이므로 구매 담당자들은 독점성을 단속하는 경찰이 되어 독점적인 공급 관계를 피하려고 애쓴다.

구매자가 의존하게 만드는 독점 구매 할인

나는 구매자에게 조언해 줄 때 절대로 특정 납품업자와만 거래하지 말라고 한다. 하지만 반대로 판매자에게 조언해 줄 때는 언제나 독점성을 확보하라고 일러 준다. 독점성을 확보하는 한 가지 방법은 고객과 협상할 때마다 '독점 구매 할인' 문제를 테이블에 올리는 것이다. 고객은 굳이 당신이랑만 거래할 필요가 없지만, 고객이 당신과 거래할 땐 할인해 줄 필요가 있다는 데 당신도 동의할 것이다.

고객사의 구매부를 배제하고 독점 계약을 하기는 힘들지만, 독점 구매 할인을 조건으로 내걸면 종종 구매부의 감시 감독을 피할 수 있고 구매 결정권자가 당신을 통해서만 거래하도록 유도할 수도 있다. 고객사가 당신이 제공하는 서비스나 제품을 100퍼센트 이용하는 것은 단지 고객사가 총 구매액의 90퍼센트를 차지하는 상황보다 10퍼센트 더 좋은 것이 아니다. 다른 업체에서 나머지 10퍼센트를 구매하는 고객사는 쉽고 편안하게 거래할 곳이 또 있다고 생각할 것이다. 그러므로 독점 구매 할인을 해 주면 고객이 당신이랑만 거래하도록 유도할 수 있고 경쟁자를 제치는 강력한 진입 장벽을 세울 수 있다.

경쟁업체에게 장벽을 치는 선결제

4번째 발자취 확대 쟁점인 선결제 요청도 막강한 진입 장벽을 세울 수 있다. 내가 이 아이디어를 소개할 때마다 의뢰인들은 항상 고개를 갸우뚱거린다. 혹시 내가 앞서 언급한 대형 컨설팅 회사가 기억나는가? 그 회사는 1년 만에 한 고객사와의 거래액을 2,500만 달러에서 4,000만 달러로 늘리고자 했다. 그 컨설팅 회사의 공동 경영자는 고객사를 상대로 자사의 발자취를 확대하는 데 관심이 아주 많았다. 나는 그에게 4가지 발자취 확대 전략을 모두 쓰도록 권했다. 그는 현장 전담 팀, 대량 구매 인센티브, 독점 구매 할인 등의 협상 방안에 흡족해했다.

그리고 나는 1,000만 달러를 1분기 미리 지급하면 시간당 요금을 할인해 주고, 선결제에 따라 제공되는 모든 서비스의 요금을 청구하는 방안을 의뢰처에 제안해야 한다고 말했다. 그러자 그는 이를 '어리석고 바보 같다'고 말했다. 나와 아이디어 중 무엇이 어리석고 무엇이 바보 같다고 생각했는지 알 수 없지만, 나와 내 아이디어를 바라보는 그의 시각은 분명히 부정적이었다. 나는 이 방법이 구매 담당자들을 몇 년 동안 상담해 주며 쌓은 경험에서 나온 것이라고 설명했다. 구매 담당자들은 할인의 대가로 기꺼이 선결제를 할 수 있는데 거래처에서 선결제를 요청하는 경우가 비교적 적다고 털어놓곤 했다. 이들은 납품업자에게 대금을 지불해야 하는 시점이 아니라 납품업자로부터 받는 할인 혜택에 매력을 느끼는 경우가 많다. 따라서 정확히 언제 대금을 지불해야 하는지에는 무관심할 수 있다.

반면 납품업자들은 대금을 미리 받고 싶어 한다. 그래야 구매의 확실성을 보장할 수 있고, 구매자가 다른 업체로 눈길을 돌리지 못하게 막을 수 있기 때문이다. 일단 한 납품업자에게 대금을 지불한 회사가 다른 납품업자와 거래하려면 예산이 더 필요할 것이다. 따라서 선결제는 고객이 다른 곳과 거래할 기회를 차단하는 장벽이 된다.

여러 해 동안 나는 4대 회계 법인 중 한 곳과 일하면서 그들에게 고객과 선결제 문제를 협상하도록 권유했다. 하지만 회사의 여러 공동 경영자는 누가 대금을 미리 결제하겠느냐며 나의 제안을 거절했다. 나는 해마다 내가 그들을 상대로 강습회를 열 때 '당신들도 선결제를 하지 않느냐'며 반문하면서 누가 미리 대금을 결제하겠느냐는 말은 틀렸다고 지적했다. 하지만 그들은 고집을 꺾지 않았다.

얼마 뒤 그들은 5년 전부터 세금 관련 서비스를 제공할 대상으로 점찍고 공략해 온 의뢰인을 우연히 마주쳤다. 지난 5년 동안 그들은 그 의뢰인에게 자사의 최정예 세금 전문가들을 소개했고 여러 가지 프로젝트를 협의했다. 의뢰인은 "귀사에는 정말 유능한 세금 전문가들이 있군요"라는 말을 했지만 일감을 주지는 않았다. 그런데 알고 보니 경쟁사 중 한 곳이 이 의뢰인에게 2년 치 선결제를 받은 사실이 드러났다. 그 경쟁사는 말 그대로 장벽을 쌓았고, 내 의뢰처 관계자들이 한 일이라고는 장벽에 머리를 부딪히는 것뿐이었다. 우리가 앞서 논의한 리베이트 정책과 비슷하게, 선결제는 고객이 경쟁사로 갈아타지 못하도록 설득하는 튼튼한 장벽을 만들어 낸다.

선결제를 제안한다고 해서 항상 받지는 못하겠지만 100번 요청하면 25~35번은 승낙을 이끌어 낼 수 있을 것이다. 당신이 선결제를 요청할 때는 첫 번째 제안의 쟁점이 아니라 첫 번째 양보의 쟁점으로 삼는 편이 좋다. 나라면 상대방이 "너무 높습니다"라고 반응할 것으로 짐작되는 가격을 제시한 뒤 선결제를 하면 가격을 낮춰 주겠다며 양보할 것이다. 이렇듯 사람들이 선결제를 요청하지 않는 이유는 상대방이 받아들일 것이라고 확신하지 못하기 때문인 듯하다. 사실 선결제는 상대방이 가격 할인을 요구할 때 양보의 맥락에서 요청하는 것이다.

한 헤어 디자이너의 선결제 사업 방식

언젠가 나는 워싱턴 D.C.에서 1,200명의 임원을 상대로 강의를 하기 전에 전문 미용사에게 머리 손질을 맡기고 싶었다. 나는 출장 미용사를 보내 주는 서비스를 찾아냈다. 내 머리를 위해 새벽 5시에 도착한 여성 미용사는 본인을 회사 사장이라고 소개했고, 서비스 지연이 없도록 아침 일찍 오는 모든 주문 전화를 몸소 처리한다고 말했다. 나는 그녀의 태도에 깊은 감명을 느꼈고 그녀의 사업 모형에 빠져들었다.

그녀는 호텔에 잠깐 머무는 투숙객들을 위한 출장 머리 손질 서비스 외에 회원제 미용실도 운영하고 있었다. 미용실의 회원들은 1년 치 요금을 미리 내는 대가로 그 대도시의 어디에서나 서비스를 받을 수 있었다. 나는 미용실 주인의 사업적 요령에 감탄했다. 그녀는 머리 손질이라는 고객들의 필요 사항을 선점하고, 안정적이고 일관적인 수입을 확보하기 위해 선결제 시스템을 능수능란하게 활용하고 있었다.

선결제 전략과 리베이트 전략의 유사성

선결제 전략과 리베이트 전략은 심리적으로 유사성이 있다. '자사 화폐'

는 일정 기한 안에 쓰지 않으면 무효가 된다는 점에서, '선결제'는 활용하지 않으면 혜택이 날아간다는 점에서 서둘러 비용을 지출하고자 하는 긴급성을 유발한다.

일부 회사들은 가격만 낮추면 고객을 상대로 발자취를 확대할 수 있다고 생각한다. 그러나 가격만 낮춘다고 발자취를 확대할 수는 없다. 낮은 가격으로는 고객을 잡아 둘 수 없다. 낮은 가격으로는 고객이 경쟁사로 갈아탈 가능성을 낮출 수 없다. 낮은 가격은 전환 비용*switching cost, 브랜드나 납품업체나 제품을 변경할 때 소비자가 부담하는 비용-역주*을 초래하지 않는다. 가격만 낮춘다고 대금을 많이 받을 수는 없을 것이다.

고객을 상대로 발자취를 확대하고 싶다면 고객이 경쟁사로 갈아타지 못하게 장벽을 세우는 방법(선결제, 리베이트, 독점 구매 할인, 뿌리 내리기)을 고민해야 한다. 경쟁사보다 고객의 사업에 대해 더 많이 파악하고(뿌리 내리기와 독점 구매 할인), 고객이 당신에게 더 많은 일감을 주도록 유도하는 방법(대량 구매 할인과 리베이트 같은 대량 구매 인센티브)을 연구해야 한다.

설득할 주제가 많을수록
마진이 올라간다

고객과의 협상의 또 다른 목적은 마진을 극대화하는 것이다. 이 목적은 가격, 지불 조건, 제품 맞춤화, 서비스 수준, 그리고 마진에 영향을 미칠 법한 여러 협상 쟁점과 관계있다. 이것들은 모두 협상에 반드시 포함해야 할 결정적인 쟁점이지만 [표3]처럼 협상에서 이 쟁점들 외에 협의할 것은 굉장히 많다.

그런데 비교적 표준적인 쟁점들만 테이블에 올리는 경우가 너무 많다. 이런 경우는 흔하지만 몹시 치명적인 실수다. 쟁점이 명확하지 않을수록 상대방과의 관계가 손상될 가능성이 커지고, 원하는 바를 얻을 가능성은 줄어든다.

그러므로 마진을 극대화하고 싶다면 가격만 협상하기보다는 고객의 사업적 필요 사항을 공략하고, 자신의 상품을 차별화하고, 자기 회사의 전문 지식을 부각해야 한다. 목표를 달성하기 위해서는 반드시 올바른 쟁점을 테이블에 올려야 한다.

목적	협상 쟁점
· 고객의 급선무를 공략한다 · 특정 기간 안에 상대방과 관계를 구축한다 · 회사, 제품, 서비스를 차별화한다 · 회사의 전문 지식을 부각한다 · 고객을 상대로 자신의 발자취를 확대한다 · 마진을 극대화한다	· 인사이트 특강 · 고위 경영진 대상의 최신 동향 보고 · 프로젝트 범위 · 제품 · 납기 · 서비스 속도 · 분석가 실적 보고 회의 준비 · 이사회 준비 · 품질 보증 · 맞춤화 · 공급망 장악 같은 차별성 · 예측 자료 · 전략 갱신 · 업계 모범 사례 공유 · 현장 전담 팀의 지원 · 대량 구매 인센티브 · 독점 구매 할인 · 선결제 · 가격 · 지불 조건 · 제품 맞춤화 · 서비스 수준

[표3] 고객과의 협상에서 나타나는 대표적인 목적과 협상 쟁점

앞서 언급한 사례들을 통해 고객과의 협상을 위한 목적과 관련 쟁점을

살펴봤다. 모든 협상에서는 목적과 협상 쟁점을 목록으로 만드는 작업이 필수적이다. 상대방과 현재 진행 중인 관계를 염두에 두는 협상에서의 일반적인 4가지 목적은 다음과 같다.

1. 상대방의 급선무를 공략한다.
2. 자신이나 자기 회사의 제품, 서비스를 차별화한다.
3. 상대방과 관계를 구축한다.
4. 성과를 극대화한다.

당신이 거래처와 협상하든 고용주와 협상하든 이 4가지 목적을 꼭 명심하라. 협상 상황에 따라 또 다른 목적을 추가할 수도 있지만 이 4가지 목적은 자신의 성과를 극대화하는 동시에 상대방과 긍정적인 관계를 형성해야 하는 모든 협상 상황에 적용된다.

협상가라면
쟁점 현황판을 검토하라

목적에 맞는 협상 쟁점을 도출했으면 이를 쟁점 현황판에 배열해야 한다. 그래야 올바른 쟁점을 협상 테이블에 올릴 수 있다. 쟁점 현황판에서는 각 쟁점의 상대적 중요성이 드러난다. [그림2]에서 확인할 수 있듯이 가로축은 당신에게 중요한 쟁점을, 세로축은 상대방에게 중요한 쟁점을 가리킨다. 그림에는 4개의 사분면이 나오는데 이 중에서 이름이 있는 3개의 사분면이 중요하다.

좌측 하단의 사분면, 즉 제3사분면은 명칭이 없다. 당신에게도 상대방에게도 중요하지 않은 쟁점들은 협상과 연관성이 별로 없기 때문이다. 그러므로 협상 계획을 짤 때는 나머지 3개의 사분면에 집중하길 바란다.

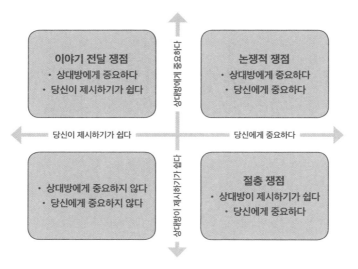

[그림2] 쟁점 현황 사분면

논쟁적 쟁점

우측 상단의 사분면, 즉 제1사분면을 살펴보자. 제1사분면에 배치된 항목은 당신과 상대방 모두에게 중요한 쟁점들이다. 이를 '논쟁적 쟁점'이라고 부른다. 가격이나 지불 조건 같은 쟁점이 여기에 포함되는 경우가 많다. 협상에서는 결코 논쟁적 쟁점을 피할 수 없고 모든 협상에 등장할 것이다. 그러나 논쟁적 쟁점은 상대방과 협상하기가 가장 어렵기 때문에 이것들만 테이블에 올리고 싶지는 않을 것이다.

만약 논쟁적 쟁점만 이야기한다면 상대방과의 논의가 매우 격렬해지기 쉽고, 상대방의 필요 사항에 주목할 가능성이 줄어들 것이다. 게다가 당신에게도 매우 중요한 문제이기 때문에 이와 관련된 양보안을 내놓을 때마다 상당한 손해를 입을 것이다.

이야기 전달 쟁점

사실 모든 협상에 포함해야 할 가장 중요한 항목은 좌측 상단의 사분면, 즉 제2사분면에 배치된 '이야기 전달 쟁점'이다. 이야기 전달 쟁점은 상대방에게는 중요하고, 당신은 쉽고 부담 없이 제시할 만한 쟁점이다. 아마 당신은 이야기 전달 쟁점을 흔쾌히 제시하고 싶을 것이다.

이야기 전달 쟁점이 가장 중요한 이유는 논쟁적 쟁점과 절충 쟁점에서 더 많은 것을 요구할 수 있기 때문이다. 또한 이야기 전달 쟁점을 활용하면 상대방과 상대방의 관심사에 초점을 맞추는 명분을 만들어 낼 수 있다. 나중에 6장을 읽어 보면 알겠지만 제안을 내놓은 명분의 초점을 자신이 아니라 상대방에 맞추는 일이 꼭 필요하고 이는 이야기 전달 쟁점을 활용해야만 할 수 있다.

이곳에는 고위 경영진 대상의 인사이트 특강과 설명회, CEO와 CFO를 위한 분석가 실적 보고 회의와 이사회 준비 활동, 전담 팀 같은 다양한 차별성이 포함될 수 있다. 그리고 당신이 고객에게 줄 수 있는 서비스의 수준도 여기에 포함될 수 있다.

절충 쟁점

'절충 쟁점'은 당신에게는 중요하지만 상대방에게는 덜 중요하거나 상대방이 부담 없이 제시할 수 있는 쟁점이다. 당신에게 절충 쟁점은 일부 논쟁적 쟁점만큼이나 중요할 수 있지만 상대방에게는 논쟁적 쟁점보다 덜 중요하기 때문에 상대방이 훨씬 더 쉽게 주장할 수 있다. 이곳에는 고객의 이름이나 고객이 써 주는 추천서를 활용할 수 있는 능력이 포함될 법하다.

　논쟁적 쟁점에서 약간 양보하거나 이야기 전달 쟁점에서 더 많이 양보하면 절충 쟁점에서 더 많은 것을 얻어 낼 수 있다. 이야기 전달 쟁점을 테이블에 올리지 않으면 논쟁적 쟁점과 절충 쟁점에서 상대방에게 어떤 것을 요구할 때 활용할 만한 카드가 비교적 적을 것이다.

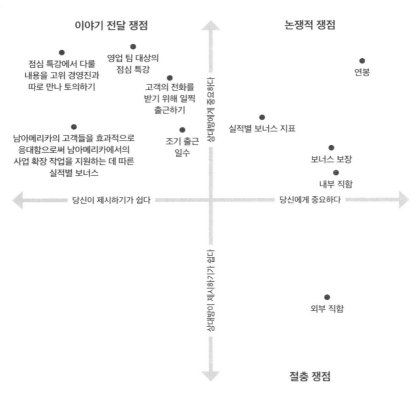

[그림3] 쟁점 현황판

　어떻게 설득해야 마음을 움직이는가

쟁점을 한눈에 확인해야 하는 이유

이 쟁점 현황판은 얼핏 간단해 보인다. 하지만 많은 협상가가 논쟁적 쟁점과 절충 쟁점만 테이블에 올리는 덫에 빠진다. 다수의 연구에 의하면 우리는 자기중심적이고 주로 본인의 관심사에 집중하기 마련이다. 이런 자기중심적인 태도 때문에 자신에게 중요한 것에만 초점을 맞추고 상대방이 중요하게 여기는 쟁점을 간과할 때가 너무 많다. 이처럼 쉽게 걸리는 덫으로 인해 우리는 협상에서 더 많은 것을 얻을 수 있는 거래 기회들을 놓쳐 버리곤 한다. 이런 실수는 초심자들뿐 아니라 노련한 협상가들도 저지른다.

나는 한 투자 은행의 공동 경영자들을 자문하면서 고객과의 협상에 대비한 각자의 목적을 알려 달라고 요청한 적이 있다. 그들은 수수료 극대화, 거래 확정, 추천서 획득, 직원 경력 향상 등 여러 가지 목적을 열거했다. 이 목적들은 전부 논쟁적 쟁점이나 절충 쟁점에 포함될 것으로 보였고 그들 중 누구도 이야기 전달 쟁점과 연관된 목적은 언급하지 않았다.

비슷한 사례로, 내가 포춘지 선정 100대 기업의 구매 담당자들에게 강의를 하면서 그들에게 납품업자와의 협상에 대비한 목적을 말해 줄 수 있는지를 묻자 그들은 가격 최소화, 납품 기한 엄수 보장, 융통성 확보, 더 많은 공급처를 확보할 수 있는 능력 따위를 거론했다. 이 모든 목적은 그들에게 아주 중요했지만 하나같이 논쟁적 쟁점과 절충 쟁점으로 테이블에 오를 법했다.

경험이 매우 풍부한 협상가들조차 올바른 쟁점을 협상해야 한다는 사실의 중요성을 상기할 필요가 있다. 올바른 쟁점을 테이블에 올리기 위해서는 자기중심적인 태도를 줄이고 자신의 목적을 파악하되 상대방에게 초점을 맞춰야 하고 협상 테이블에 올릴 만한 이야기 전달 쟁점을 고안해야 한다.

협상을 준비할 때 쟁점 현황판을 검토하는 것은 중요하다. 그래야 테이블에 올바른 쟁점을 올릴 수 있다. 이때는 상대방의 필요 사항에 집중하고 논쟁적 쟁점과 절충 쟁점에서 더 많은 것을 얻어 낼 수 있도록 이야기 전달 쟁점을 충분히 확보해야 한다.

연봉 협상은
두려운 일이 아니다

사람들은 내게 연봉을 협상하는 요령을 자주 묻는다. 나는 연봉을 협상할 때 연봉만 협상하지 말라고 강조한다. 새로운 예비 고용주에게 어떤 제안을 내놓을지 생각 중이든, 현재 회사 측과 당신의 역할을 논의하고 있든, 고용 문제가 걸린 상황 역시 올바른 쟁점을 테이블에 올리는 것이 중요하다.

우선 협상의 목적부터 정리하라. 그리고 각 목적에 대한 최소 1개 이상의 협상 쟁점을 테이블에 올려야 한다. 고용 문제를 협상할 때는 고용주의 급선무를 공략하는 방법, 자신을 차별화하는 방법, 예비 고용주와의 관계를 구축하는 방법, 성과를 극대화하는 방법에 집중하자. 해당 회사의 목표와 도전 과제를 깊이 생각하면서 준비해 보길 바란다.

1. 회사의 구체적인 이듬해 목표나 상사의 핵심 목표는 무엇일까?
2. 상사와 팀원들이 그 목표를 달성하도록 당신이 도울 수 있는 방법은 무엇일까?
3. 그들은 신규 고객을 창출해야 할 필요성이 있을까? 아니면 기존 고객들을 통해 수입을 늘려야 할까? 혹은 새로운 지역에 거점을 마련할 필요가 있을까? 회사의 목적을, 그리고 상사가 달성해야 할 지표를 구체적으로 파악해야 한다.

회사와 상사가 그 목표를 달성하도록 당신이 도울 수 있는 방법을 보여주는 쟁점을 테이블에 올리길 바란다. 예컨대 현장 근무일을 늘리겠다거나 전문가 조직에 합류해 예비 신규 고객을 만나겠다거나 의뢰처에서 보내는 시간을 늘리겠다고 약속할 수 있다. 회사가 새로운 지역에 거점을 마련하려고 한다면 그 지역의 고객들이 걸어 오는 전화를 받기 위해 매주 3일 일찍 출근하겠다고 제안할 수도 있다. 회사의 필요 사항에 대해, 그리고 그 도전 과제를 처리하는 데 당신이 기여할 수 있는 방법을 고민해 보자.

아울러 당신이 그 과제를 처리하는 데 얼마나 특화돼 있는지도 궁리하길 바란다. 당신의 차별성은 무엇이고, 그 차별성을 어떻게 협상 쟁점으로 전환할 수 있을까? 고용 협상에서는 자신을 차별화하는 것이 필수적이다. 차별성을 강조하지 않으면 당신과 동일한 수준의 다른 사람에게 해줄 필요 없는 무언가를 회사가 굳이 당신에게 해 줘야 한다는 점을 입증할 수 없을 것이다.

당신의 차별성과 자신감을 강조하라

일반적으로 회사는 개별 직원과 협상할 때 선례를 염려한다. 특정 직원에게 각별한 혜택을 베풀어 줄 수야 있지만 그런 조치로 인해 만들어질 선례를 매우 우려하는 것이다. 그러므로 당신은 회사가 선례를 만들지 않으면서 당신에게 무언가를 해 줄 수 있는 방법을 강조해야 한다. 이렇듯 자신의 독특한 차별성을 부각하고 남들과의 차이점을 강조하는 자세는 정말 중요하다.

가령 회사의 목적 중 하나가 남아메리카로 사업을 확장하는 것이라고 치자. 당신은 스페인어가 유창하고 칠레와 아르헨티나에서 여러 해 일한 경험이 있다. 따라서 매주 며칠씩 보스턴 사무실에 일찍 출근해 남아메리카에서 걸려 오는 전화를 받겠다고 제안할 수 있다. 당신은 스페인어가 유창하기 때문이다. 그 전화를 받기 위해서 아침 6시나 6시 30분에 출근할지, 또는 7시에 출근할지 협상하면서 차별성을 무기로 선택지의 내용을 다양화해도 좋다. 1주일에 몇 번 일찍 출근할지 협상할 수도 있다. 당신은 스페인어가 유창하고, 회사가 그 새로운 시장을 개척하는 데 기여할 수 있기 때문이다.

북아메리카와 남아메리카에서의 사업 관행과 연관된 문화적 차이를 주제로 영업 팀에게 점심 특강을 월별이나 분기별로 1회씩 개최하겠다고 제안할 수도 있다. 당신에게는 남아메리카에서 여러 해 동안 일하며 쌓은 독특한 경험이 있기 때문이다. 고위 경영진과의 관계 형성이라는 목적을 이루기 위해서 점심 특강에서 다룰 내용을 일부 경영진과 따로 만나 토의하면 어떻겠느냐고 제안할 수도 있다.

고용 협상의 또 다른 목적은 당신의 차별성이 회사나 상사의 목적을 달성하는 데 보탬이 될 수 있다는 점을 자신 있게 보여 주는 것이다. 자신감을 보여 주기 위해 테이블에 올릴 수 있는 최선의 쟁점은 당신이 언급한 목표를 달성하거나 상대방과 합의한 지표에 도달하면 받게 될 조건부 실적 보너스일 것이다. 요컨대 당신은 그 목표를 달성할 수 있는 본인의 능력에 '판돈(내깃돈)'을 걸 것이고 자신감을 강조할 것이다. 이런 형태의 조건부 협약은 5장과 6장에서 더 상세히 살펴보겠다. 그러나 여기서는 고용 협상의 목적 중 하나가 자신감을 강조하는 것이라는 점을 기억하길 바란다. 그러기 위해서 테이블에 올려야 하는 쟁점은 그 지표와 연계되는 구체적인 실적별 보너스다.

목적의 목록을 작성하고 각 목적을 협상 쟁점과 연계하는 작업은 연봉 협상을 당신의 직원 결속 상태*employment engagement, 기업 구성원이 회사의 성공을 위해 열정적으로 업무에 임하고, 적극적으로 관여하고, 자발적으로 노력하는 모습-역주*를 더 폭넓게 논의하도록 만드는 첫 번째 단계다.

연봉 협상 시 쟁점 현황판 활용하기

아예 연봉 협상 같은 것은 없다고 여기며 협상에 임하길 바란다. 논쟁적 쟁점만 테이블에 올린 채 협상을 시작하지는 말아야 한다. 여러 개의 이야기 전달 쟁점을 테이블에 올려야 논쟁적 쟁점과 절충 쟁점에서 더 많은 것을 얻을 수 있다.

예를 들어 '연봉'은 논쟁적 쟁점이다. 하지만 회사의 급선무를 해결하는 데 일조할 수 있는 당신의 '차별성', 가령 남아메리카 고객들의 전화를 받기 위해 일찍 출근하기, 주간 조기 출근 일수, 남아메리카와 북아메리카의 문화적 차이에 관한 점심 특강 열기, 고위 경영진을 미리 만나 점심 특강 내용을 토의하기는 이야기 전달 쟁점이다.

보너스 보장은 논쟁적 쟁점에 포함되겠지만 매주 전화로 현지 고객들을 응대하며 남아메리카 사업 확장에 공헌해서 얻는 실적별 보너스는 이야기 전달 쟁점에 자리할 것이다. 그 실적별 보너스의 지표는 논쟁적 쟁점에 들어가지만 현지 고객들과 효과적으로 소통할 수 있는 능력에 대한 자신감은 이야기 전달 쟁점에 위치할 것이다.

절충 쟁점에는 외부 직함 같은 쟁점이 포함될 수 있다. 내부 직함은 선례를 둘러싼 우려와 기업 방침 때문에 논쟁적 쟁점으로 취급되는 경우가 많지만 외부 직함은 내부 직함에 비해 협상하기가 훨씬 더 수월하다. 이를 둘러싼 명분은 쉽게 마련할 수 있을 때가 많기 때문이다. 예컨대 '남아메리카 최고 사업 개발 책임자'라는 직함을 확보하면 남아메리카 현지 소기업의 CEO들과 교류할 수 있다는 신뢰를 얻을 것이다. 그리고 만약 지금 인적 자원 담당 부사장으로 일하고 있다면 '최고 인재 책임자'라는 직함을 얻을 수 있고, 중장년 구직자들을 잘 응대할 수 있다는 평가를 받을 것이다. 회사 내부에서는 부사장이지만 외부에서는 더 높은 직함을 달 수 있는 것이다.

올바른 쟁점을 테이블에 올릴 수 있다면 개인의 고용 협상에서 생기는 두려운 마음이 사라질 것이다. 앞으로 이어지는 몇몇 장에서 고용 협상에 관한 요령을 꾸준히 알려 주도록 하겠다. 그러나 꼭 필요한 첫 번째 단계는 올바른 쟁점을 논의하는 것이라는 점을 명심하길 바란다.

올바른 쟁점을 찾는 4가지 방법

▼

협상의 두려움을 줄이는 첫 번째 단계는 올바른 쟁점을 테이블에 올리는 것이다. 사실 단 하나의 논쟁적 쟁점(이를테면 가격)이나 여러 개의 논쟁적 쟁점만 테이블에 올린 채 협상을 시작하면 불안해질 것이다. 논쟁적 쟁점만 이야기하면 상대방과의 논의가 매우 힘들어질 것이고 결국 관계가 나빠지며 비교적 부실한 성과를 올릴 가능성이 크다. 그러니까 당연히 부정적인 감정이 들 수밖에 없다!

올바른 쟁점을 테이블에 올리도록 애쓰면 이 두려움이 줄어들 것이다. 협상과 상대방과의 장단기적 관계에 대한 당신의 목적을 고민하길 바란다. 상대방과의 관계를 고려하는 모든 협상에서 당신은 흔히 4가지 목적을 갖고 있을 것이다.

1. 상대방의 급선무를 공략한다.
2. 상대방과의 관계를 구축한다.
3. 자신이나 자기 회사의 상품을 차별화한다.
4. 성과를 극대화한다.

이 4가지 목적 가운데 1, 2, 3번 목적을 기억하고 올바른 쟁점을 테이블에 올리면 4번 목적을 달성할 가능성이 한층 더 높아진다. 그리고 자신이 세운 각각의 목적에 관해 최소한 1개 이상의 협상 쟁점을 도출해야 한다.

목적의 목록을 작성하고 각 목적과 관련한 협상 쟁점을 도출했으면 쟁점 현황판에 배치된 쟁점들을 분석한다. 특히 다른 유형의 쟁점보다 이야기 전달 쟁점을 더 많이 테이블에 올릴 필요가 있다. 이야기 전달 쟁점을 활용하면 제안의 명분을 자신이 아니라 상대방에게 맞출 수 있고 논쟁적 쟁점과 절충 쟁점에서 더 많은 것을 얻어 낼 수 있다.

협상을 준비할 때는 올바른 쟁점을 테이블에 올리고 정확한 분석을 수행하고 계획을 수립하는 작업이 수반되기 마련이다. 분석할 준비가 됐다면 자신의 목표와 최적의 대안과 마지노선을 고려해야 한다. 이 문제는 이어지는 몇몇 장에서 하나씩 다루겠다.

2장

언제나 두 번째 무기를 마련하라

플랜B 배트나

사람들은 흔히 협상을 두려워한다. 상대방에게 이용당할까 봐, 아니면 최선에 미치지 못하는 결과에 억지로 동의해야 할까 봐 걱정하기 때문이다. 2장에서는 협상력을 강화해 두려움을 없애는 방법을 살펴보겠다.

　　모든 협상에서 가장 강력한 힘은 '협상 결렬 최적 대안'에서 나온다. 협상 결렬 최적 대안이란 '배트나'라고도 불리며 최적의 외부 대안, 즉 제2안으로 상대방과의 협상이 결렬되면 선택할 수 있는 대안이다. 배트나는 지금 거래를 맺지 못하는 경우 시도할 또 다른 거래이므로 지금 논의 중인 거래와 무관하다.

　　협상을 시작하기 전에 반드시 배트나를 마련해야 한다. 집을 사려고 할 때 특정 매물만 고집하면 곤란하며 괜찮은 매물들을 물색해야 한다. 직원을 채용하려고 할 때도 특정 구직자를 채용하지 않을 경우를 대비해 다른 후보자들을 물색해야 한다. 배트나가 강력할수록 어떤 상황에서든 당신의 협상력은 강해질 것이다.

대안은
한꺼번에 마련하라

우리는 어떤 방안을 찾고 나서 그것이 효과가 없으면 대안을 도출하는 데 집중하는 경우가 너무 많고, 그 바람에 협상력이 제한되고 만다. 협상력을 극대화하려면 협상을 시작하기에 앞서 여러 개의 대안을 한꺼번에 마련해야 한다. 즉, 순차적이 아니라 동시적으로 대안을 도출해야 한다.

예를 들어 당신이 현재 쓰고 있는 사무실의 임대 연장 계약을 협상한다고 치자. 협상이 결렬되면 현재의 사무실을 비워야 하므로 이전할 곳을 미리 찾아 둬야 한다. 보통 사무실을 임대하는 회사들은 우선 현재의 건물주와 계약 갱신 문제를 협상한다. 대체로 일단 계약 조건을 확인하고 마음에 들지 않으면 대안을 모색한다. 하지만 다른 건물주와 어떤 조건의 계약을 맺을 수 있는지 알아야 현재의 계약 조건이 적절한지를 판단할 수 있다. 그러므로 현재의 건물주와 이야기하기 전에 다른 유망한 매물들을 먼저 확인해서 협상력을 높여야 한다. 협상을 시작하기에 앞서 협상 결렬 최적 대안*BATNA, Best Alternative to Negotiated Agreement*, 즉 배트나를 여러 개 마련하고 협상하는 내내 이를 꾸준히 유지하는 것이 중요하다.

여러 명의 거래 후보자를 찾아라

협상 문제를 상담할 때마다 내가 의뢰인들에게 던지는 첫 번째 질문은 다음과 같다.

"당신이 이 거래를 맺지 않게 된다면 어떻게 하실 겁니까?"

나는 자기 회사를 처분하는 문제로 고민하는 한 CEO를 상담한 적이 있다. 내가 배트나가 있는지 묻자 그는 자신에게 연락해 온 전략적 구매자*strategic buyer, 상승효과를 위해 동종업계의 다른 회사를 인수하는 회사-역주*에게 회사를 넘기지 않게 되면 그냥 계속 회사를 운영할 생각이라고 대답했다. 그는 이미 한 예비 구매자와 만난 적이 있었는데 그때까지만 해도 회사를 넘길 생각이 없다고 말했다. 그러나 현금과 관련된 이야기가 테이블에 오르자 욕심이 생겼고, 회사를 운영하고 싶지 않게 됐다.

나는 그에게 연락해 온 전략적 구매자가 회사를 인수하지 않으면 또 다른 인수자가 있을 것 같은지 물었다. 그는 모르겠다는 답변만 되풀이했다. 그는 구매자를 물색하지 않았고 다른 누구에게도 의사를 타진하지 않왔다. 나는 그에게 연락한 전략적 구매자와 다시 대화하기 전에 다른 예비 인수자를 찾아야 한다고 조언했다. 이처럼 협상에 돌입하기 전에 배트나를 동시에 여러 개 마련해야 하고, 협상하는 도중에도 계속 수정하고 보완할 필요가 있다.

한번은 마이애미에 식당을 차리려고 장소를 물색하던 요식업체 CEO를 상담한 적이 있다. 그가 마음에 든 장소를 찾았다고 하자 혹시 염두에 둔 다른 곳은 없는지 물었고 그는 이렇게 답했다. "다른 장소가 하나 더 있습니다만, 여기를 보세요. 간선 도로와 가깝고 간판도 멋져요. 상가의 다른 점포들을 보세요!" 나는 다시 한번 다른 장소들은 어떤지 물었지만 그는 같은 말을 되풀이했다. "물론 다른 장소들도 있지만 이곳은 주변 동네도 괜찮아요. 걸어 오기에도 좋고, 도로에서 정말 잘 보이잖아요?" 나는 그에게 해당 건물주와 만나 이야기를 나누기 전에 그곳만큼 마음에 드는 다른 곳을 찾아내야 한다고 말했다. 순차적이 아니라 동시적으로, 즉 한 번에 하나씩이 아니라 한꺼번에 여러 개의 배트나를 마련해야 한다.

이미 차지했다는 이유로 가치가 상승하는 현직 효과

이 점은 당신이 제품과 서비스의 구매자일 때 매우 중요하다. 당신이 회사의 구매 부서에서 일하든, IT 부서의 책임자이든, 집에 필요한 서비스를 이용하는 소비자이든 여러 개의 배트나를 동시에 마련하는 자세의 중요성을 기억하길 바란다. 흔히 우리는 기존의 거래자만 상대하려고 하지 좀처럼 다른 거래자를 찾으려고 하지 않는다. 현재의 거래자가 일을 처리하는 방식을 잘 알고 있어 편하기 때문이다.

이 익숙함이 현직 효과^{incumbent advantage}를 초래한다. 우리는 구매자일 땐 현직 효과를 줄이려고 애쓰지만 판매자일 땐 현직 효과가 발휘되길 기대한다. 판매자는 상대방이 이미 자신과 거래하고 있다면 굳이 경쟁사를 의식해서 자사 제품의 가격을 조정할 필요가 없다고 생각할 수 있다. 오히려 구매자와 잘 알고 지내고, 서로 편안한 관계이니까 경쟁사보다 더 높은 가격을 청구해야 한다고 생각할 수도 있다. 이것이 바로 현직 효과다. 물론 구매자는 다른 선택지와 대안을 마련해서 현직 효과를 낮추려고 할 것이다.

제안 요청서와 견적 요청서는 어떻게 보낼까?

제안 요청서와 견적 요청서는 배트나를 마련할 때 탁월한 도구들이다. 나는 의뢰인들에게 제안 요청서와 견적 요청서가 구매 도구는 아니라는 점을 강조한다. 제안 요청서를 발부하고 제안서를 받는 과정만으로 곧장 구매하지 말고, 경쟁 입찰 과정을 활용해 선택지를 마련한 뒤 협상에 임해야 한다.

나는 종종 중소기업의 CEO들에게 강의하면서 깜짝 놀라곤 한다. 정말 많은 CEO가 단 한 곳의 원료 납품업체와 거래하고 있었다. 제안 요청서를 활용해서 배트나를 마련하는 경우는 드물었다. 원료를 납품하는 업체가 하나밖에 없는 상태는 위험하다. 당신에게 대안이 없다면 이 업체는 가격을 인질로 잡을 것이다. 가격만 문제가 아니다. 이곳은 당신에게 혁신적인 해법을 제시하거나 기한을 맞춰야 할 필요를 느끼지 못할 수도 있다. 굳이 그런 서비스를 제공해야 한다는 경쟁적인 압박감을 느끼지 않기 때문이다.

납품업체가 기한을 지키지 않는다고 불평하던 의뢰인이 있었다. 내가 다른 납품업체에게 주문하면 되지 않겠느냐고 말하자 달리 대안이 없다는 대답이 돌아왔다. 경쟁은 가격을 통제할 수 있을 뿐만 아니라 제품과 서비스의 혁신까지 앞당길 수도 있다. 아울러 단 한 곳의 납품업체에 의지하면 공급망의 안정성이 흔들릴 수 있다. 해당 납품업체가 공급 부족에 시달릴 수도 있고 재난적 사태를 만나거나 아예 파산할 수도 있기 때문이다. 이런 뜻밖의 사태로 인해 당신의 회사는 생산을 중단해야 할지도 모른다.

수준 높은 기업들도 자주 범하는 실수

하나의 업체와 거래하는 실수

나는 의뢰인들에게 단 한 곳의 납품업체와 거래하지 말라고 말한다. 제안 요청서를 꾸준히 활용하는 수준 높은 기업들조차 제안 요청서로 협상력을 확보하지 않는 실수를 저지르곤 한다. 이들의 가장 큰 실수는 배트나를 만들지 않고 곧장 구매를 시도하는 것이다.

제안 요청서는 배트나를 마련할 때 쓰이는 탁월한 도구다. 제안 요청서는 경쟁자가 있다는 사실을 납품업체에 알리고 발주자가 시장의 상황을 파악하는 데도 보탬이 된다. 즉 발주자는 제안 요청서를 통해 시장에 어떤 신제품이 나왔는지, 어떤 신기술이 등장했는지, 그리고 어떤 새로운 가능성이 있는지 알 수 있다. 가능성의 범위를 더 깊이 파악할 수 있고 자신에게 대안이 있다는 점을 현재의 납품업체에 알릴 수도 있다.

소수의 업체들에게만 제안하는 실수

기업들이 제안 요청서를 활용한다고 주장하지만 단 3명의 납품업체에만 입찰 초청장을 보내는 실수다. 나는 이런 기업을 지켜볼 때마다 해당 기업이 입찰을 3건만 받아도 된다는 구매부의 말만 믿고 제안 요청서를 더 활용하지 않는다는 생각이 든다. 3곳에만 입찰 초청장을 보낸 기업은 제안 요청서를 대안을 탐색하고 다른 납품업자들의 역량을 파악하는 기회로 활용하지 않았다. 나는 의뢰인들에게 제안 요청서로 대안을 많이 확보하고, 그 여러 가지 대안 중 3~5개를 선택해 협상 국면에서 활용하도록 권장한다.

상대방이 제시한 가격에 너무 주목하는 실수

가장 값비싼 실수는 납품업체의 입찰을 협의의 출발점으로 삼는 것이다. 기업 관계자들은 납품업체가 제출한 입찰서를 면밀하게 검토하고 나서 "귀사의 입찰가는 너무 높습니다"라거나 "귀사의 입찰가는 다른 모든 응찰자들보다 20퍼센트가 높습니다"라거나 "입찰가를 제대로 쓰셔야겠습니다"라는 식으로 반응한다. 이런 식의 반응은 문제가 있다. 이런 당신의 대답이 납품업체로 하여금 협의의 신호로 여기고 해당 입찰가로 협상을 시작하는 길을 열어 주기 때문이다. 당신은 제안 요청서로 배트나를 마련하고 추후에 협상할 만한 곳들을 추리고 싶을 것이다. 협상을 주도하고 싶고 상대방보다 먼저 제안하면서 입찰가의 출발점을 정하고 싶다면 절대로 납품업체의 입찰가를 논의하지 마라. 그 대신 제안 요청서에서 드러난 치열한 경쟁 상태를 강조하고 당신과 거래하려는 다른 업체가 많다는 점을 부각한 뒤 대화를 시작하길 바란다.

상대방이 먼저 제시한 입찰가에 주목하는 기업들이 많다. 일부 기업은 이 가격을 대대적으로 채점하고 그 결과를 내부에 공개하기도 한다. 그러나 제안 요청서에 대한 납품업체들의 반응을 평가할 때는 매우 신중해야 하고, 최초 입찰가는 절대로 평가하지 말아야 한다. 최초 입찰가는 서로 협상한 것이 아니기 때문이다.

나는 제안 요청서에 대한 반응을 아주 가벼운 방식으로 평가하도록 권한다. 그 단계에서 발주자는 납품업체가 일정한 기준점을 맞출 수 있는지만 살펴봐야 한다. 최초 입찰가가 아니라 이러한 평판 조회가 협상으로 이어질 납품업체를 결정하는 데 중대한 역할이 돼야 한다.

최초 입찰가에 주목하지 말라고 권고하는 이유는 경쟁자가 있다는 사실을 알고 있는 거래처라면 최적가를 제출하는 경우가 많기 때문이다. 현재의 납품업체는 알고 있는 정보를 무기로 입찰하지만, 경쟁자들은 다소 불확실한 상황에서 입찰가를 써 내기 때문이다. 게다가 최초 입찰가에 대한 지나친 관심은 현직 효과를 유발한다. 제안 요청서의 목표는 현직 효과를 낮추는 것이다. 따라서 최초 입찰가는 각 업체에 대한 평판 조회에 높은 가중치를 부여하는 방식으로 재고, 서비스, 일정 등과 관련한 기준점을 충족하는지를 평가할 때 주목해야 한다.

제안 요청서의 목표는 대안을 도출하는 것이다. 따라서 제안 요청서에는 대안을 제한할 우려가 있는 조건을 만들면 곤란하다. 예비 납품업체들에게 보낼 제안 요청서를 작성할 때에는 최저액을 제시한 곳을 찾거나 최고액을 제시한 곳을 배제하는 데 급급하면 곤란하다. 이 단계는 납품업체를 선택하는 것이 아니라 당신의 선택지를 확인하는 단계다.

최고의 조건으로
수영장 공사를 마치다

회사를 대표해 협상에 임하든 아니면 자기 집에서 필요한 작업을 맡길 곳을 구하고 있든 우리는 수준 높은 기업들이 제안 요청서와 관련해 저지르는 실수에서 배울 수 있고 이를 바탕으로 여러 서비스 제공자와 더 잘 협상할 수 있다. 앞서 수준 높은 기업들이 제안 요청서와 관련해 흔히 저지르는 실수를 알아봤다.

1. 단 3명의 납품업체에만 제안 요청서를 보낸다.
2. 매번 동일한 납품업체에 제안 요청서를 보낸다.
3. 제안 요청서를 배트나를 도출하는 도구가 아니라 구매 도구로 활용한다.

4. 제안 요청서와 관련해 자사의 융통성을 제한하는 조건을 만든다(예를 들면 최고 입찰가 배제하기나 최저 입찰가 선택하기).

5. 제안 요청서에 대한 첫 번째 반응을 평가하는 작업에 너무 많은 시간을 할애한다.

6. 가격을 포함한 최초 입찰 내역을 직원, 협력업체 관계자, 납품업체 등 내부자들과 공유한다.

7. 납품업체의 최초 입찰가를 협상의 출발점으로 삼는다.

7가지 실수를 피하고 설득에 성공하다

실제로 나는 우리 집에 수영장을 설치할 때 이 모든 점을 염두에 뒀다. 수영장 설치는 남편과의 협상부터 시작했다. 남편은 수영장을 싫어했고 나는 5살 때부터 수영장을 원했는데, 다행히 나는 남편을 설득할 수 있었다. 나는 여러 수영장 설치 업체에 제안 요청서를 보냈다. 나는 수영장에 관해 잘 몰랐기 때문에 제안 요청서를 보내고 그들의 답변을 받는 절차를 통해 수영장 설치 업체들이 무슨 자재를 쓰는지, 어떤 종류의 가열기가 가장 보편적인지, 염수 방식과 종래의 염소 소독 방식의 차이는 무엇인지 알고 싶었다.

우리 지역은 설치 업체 4곳이 시장의 대부분을 장악하고 있었지만 나는 그보다 많은 업체에 제안 요청서를 보냈다. 그들의 첫 반응을 기다리는 동안 나는 설치 업체들의 평판을 조사했고 그들에게 전화를 걸어 공사 일정을 문의했다. 우리 부부는 이듬해 5월 1일까지 수영장이 완성되기를 원했기 때문에 10월 초에 설치 업체들과 접촉했다. 그들은 하나같이 이듬해 5월 1일까지 확실히 공사를 끝낼 수 있다고 말했다.

이런 정보를 바탕으로 나는 설치 업체 3곳을 협상 대상자로 정했다. 그 기준은 그들이 써 낸 입찰가가 아니라 그들의 평판이었다. 이 점에 주목해야 한다. 나는 그들이 제시한 가격에는 별로 관심이 없었다. 그 가격은 출발점에 불과하기 때문이다. 이후 나는 협상 대상자로 고른 3명에게 연락해 "우리 집 수영장 공사를 맡고 싶어 하는 업체가 많아서 기분이 좋다"라고 말했다. 그 이유는 "우리 집 수영장이 몇 년 만에 처음으로 이 동네에 들어서는 수영장이기 때문"인 듯하다고 말했고, "모두가 알다시피 이 동네에는 젊은 세대가 많이 유입됐기 때문에 처음 수영장 공사를 맡은 업체는 다른 집들의 수영장 공사를 따내는 데 매우 유리해질 것"이라고 덧붙였다. 우리 집의 수영장 공사가 대단한 광고 효과가 있을 것이라고 넌지시 말한 셈이다.

우리 집을 중심으로 반경 8킬로미터 안에는 광고판이나 게시판을 설치할 수 없다. 그래서 나는 수영장 설치업자의 대형 트럭을 우리 집 앞 진입로에 주차할 수 있도록 허락해 줄 테니 공사를 무료로 해 주면 어떻겠느냐고 물었다. 대형 트럭 자체로도 엄청난 광고 효과를 낼 수 있기 때문이다. 그러면서 나는 그들에게 "우리 집 수영장 공사에 관심이 있는 다른 업자들도 많지만, 다음과 같은 조건이 필요해요"라고 말했다. 내가 제시한 조건은 가열기, 염수 방식, 품질 보증, 공사비, 완공 일정 등이었다. 나는 이듬해 5월 1일까지는 반드시 수영장을 쓸 수 있기를 바랐기 때문에 완공 일정이 아주 중요했다. 앞서 언급했듯이, 모든 설치 업체가 처음에는 5월 1일까지 공사를 끝낼 수 있다고 장담했다.

확신을 얻고 싶다면 조건을 내걸어라

혹시 당신은 상대방이 지키지 못할 약속을 한 것은 아닌지 걱정해 본 적이 있는가? 이 걱정을 해소하는 효과적인 방법은 조건부 조항을 내거는 것이다. 나는 완공 일정과 관련한 조항을 협상에 포함했다. 5월 1일까지 완공해야 한다는 점을 누차 강조했고, 5월 1일까지 수영장을 완공하지 못하면 그때부터 하루에 500달러씩 최종 공사비에서 차감하겠다고 말했다. 그러자 한 곳에서는 그 뒤로 연락이 되지 않았다. 짐작건대 그곳은 이듬해 5월은커녕 10월까지도 공사를 끝낼 자신이 없었을 것이다.

두 번째 설치업자는 완공 조건에 흔쾌히 수용하겠다고 말했지만 위약금을 하루에 50달러로 조정하기를 원했다. 나는 그에게 공사를 제때 마치지 못할 것 같아서 위약금을 낮추려는 것인지 물었다. 그는 절대 아니라고 말하면서 자신과 거래하는 다른 도급업자들이나 날씨 같은 피치 못할 지연 요인들이 너무 많다는 점을 강조했다. 그는 이런 요인들을 감안한다면 하루에 500달러의 위약금을 감수하겠다고 말했다. 그러나 나는 그가 제시한 요인들 외에 또 무슨 지연 요인이 있는지 이해할 수 없었다.

세 번째 설치업자는 무척 색다른 반응을 보였다. "전혀 문제없습니다"라고 말하는 그는 수영장을 제시간에 완공할 수 있다는 자신감이 있었다. 그는 3명 중에 평판도 가장 좋았다. 당신도 짐작했겠지만 그는 최초 입찰가가 가장 높았다. 하지만 그가 제시한 가격은 나에게 중요하지 않았다. 그때 나는 첫 번째 제안을 한 상태였고 다른 업자들이 수영장 공사에 대해 드러내는 엄청난 관심에 초점을 맞추고 있었다. 그리고 모든 업자들이 제시한 공사비보다 더 낮은 가격을 계산에 넣고 있었다.

나는 그 호가를 입 밖에 내놓는 대신에 업자들에게 제안을 했다. 나는 사람들에게 "저 사람들이 이런 식으로 제안했으면 좋겠어요"라고 말한다. 특정 납품업자가 내놓은 높은 호가에 넘어가지 말아야 한다. 제안 요청서를 통한 최초의 반응은 협상 전의 호가일 뿐이다. 최종 결정은 협상 이후에 파악한 호가를 바탕으로 내려야 한다.

나는 제안을 내놓으며 협상의 단계로 나아갔고 논의의 출발점을 확보했다. 나는 공사비와 기한 같은 여러 가지 요소에 초점을 맞추는 다수 쟁점 제안을 내놓았다. 설치업자들의 최초 입찰가는 전혀 거론하지 않았고 그들에게 입찰가와 관련한 주문도 일절 하지 않았다. 사람들이 제안 요청서에 대한 설치업자들의 첫 반응을 아무리 물어도 나는 입찰가를 말해 주지 않았다.

제안 요청서의 커다란 이점은 정보 비대칭이다. 당신은 각 납품업자의 입찰가를 알지만 납품업자들은 모른다. 당신이 경쟁자들의 입찰가를 언급하면 그들의 입찰가가 합당한 수준이라는 메시지를 줄 수도 있다. 설령 상대방의 입찰가가 가장 높다고 말해도 그것은 그 납품업자의 입찰가가 논의해 볼 만한 현실적인 출발점이라고 말하는 셈이다. 그러니 절대로 납품업자들의 입찰가를 거론하지 말아야 한다.

교착 상태를 대비한
'배트나'를 마련하라

내 의뢰처 중에는 세계적인 대기업의 구매부도 있다. 그들은 자사의 재정에서 가장 중요한 부분을 차지하는 한 곳의 납품업체와 협상해야 했다. 그 납품업체는 공급 단가가 비쌀 뿐만 아니라 고객 서비스도 형편없었고 기한을 자주 넘겼으며 업무 실수를 저지르기도 했다. 구매부의 수석 부사장은 내게 중대한 이해관계가 달린 그 협상을 직원들이 잘 준비할 수 있도록 도와 달라고 부탁했다.

내가 구매부 직원들에게 던진 첫 번째 질문은 "당신들의 배트나는 무엇입니까?"였다. 그들은 세계 어느 곳도 그 업체가 제공하는 자료를 줄 수 없으므로 대안이 없다고 말했다. 나는 세계 전체가 아니라 특정 지역에 서비스를 제공할 수 있는 다른 납품업체는 있는지 물었다. 그들은 몇몇 회사가 지역별 자료를 제공할 수 있지만 세계 전체의 자료를 제공할 능력이 있는 회사는 지금의 납품업체밖에 없다고 말했다.

나는 그들이 세계 전체에 초점을 맞추지 말고 지역별, 제품별 자료에 주목해 제안 요청서를 만들도록 했다. 그리고 다른 업체에 일을 맡길 수도 있다는 사실을 현재의 납품업체가 인식하는 것이 중요하다고 말했다.

엄지손가락을 잘라 내야 하는 이유

제안 요청서를 발송한 뒤 납품업체의 태도는 눈에 띄게 달라졌다. 납품 시간을 지켰고 이전보다 업무를 잘 처리했으며 대응도 빨라졌다. 내 의뢰처는 기뻐했고 내게 고마움을 표시하며 청구서를 보내 달라고 했다.

하지만 나는 그들에게 아직 끝나지 않았다고 일렀다. 의뢰처 관계자들은 놀라며 현재의 납품업체가 이제는 예의 바르게 처신한다는 점을 누차 강조했다. 그리고 제안 요청서 작업을 잘 마무리해 너무 만족스럽다고 말했다. 그러나 나는 "엄지손가락을 잘라 내야 한다"라고 덧붙였다. 그들은 "무슨 엄지손가락 말입니까? 우리는 그러고 싶지 않습니다"라고 대답했다. 나는 일부 일감을 다른 업체에 맡겨야 한다고 말하며, 모든 일을 현재의 납품업체에 맡기면 자기들 말고는 대안이 없다는 인식만 심어 준다는 이유를 설명했다. 의뢰처 관계자들은 충격을 받았지만 현재의 납품업체와 잘 지내고 있었기에 변화를 원하지 않았다.

게다가 그들은 최초 입찰가를 채점한 결과를 내부 고객들과 공유했다고 털어놓았다. 그들은 현재의 납품업체가 가장 저렴하다는 이유로 계속 거래하기를 원했다. 이번에는 내가 충격을 받았다. 나는 그들이 내부 고객들과 입찰가를 공유한 줄 전혀 모르고 있었다. 내가 정말로 제안 요청서의 첫 반응을 내부에 공유했는지 묻자, 그들은 "물론입니다. 모두에게 알렸습니다. 우리는 그 내용을 채점했고 전부 내부 고객들과 공유했습니다"라고 대답했다. 그것은 분명한 실수였다. 제안 요청서를 보낸 이후의 첫 반응은 말 그대로 첫 반응일 뿐이다.

나는 협상 팀이 납품업체의 접근법이나 역량을 평가하기 위해 내부적으로 입찰 조건을 공유할 수는 있지만 가격은 절대 공유되면 안 된다고 지적했다. 그들은 어떻게 내부자들이 입찰가를 모르는 상태에서 바람직한 납품업체를 선정할 수 있겠느냐며 물었다. 나는 제안 요청서를 보내는 이유가 승자를 결정하기 위해서가 아니라는 점을 상기시켰다. 제안 요청서는 배트나를 만들기 위한 도구일 뿐 협상의 도구가 아니다. 경쟁을 유발하고, 대안을 탐색하고, 정보를 수집하는 것, 그리고 협상의 국면으로 진출할 후보를 고르는 과정이지 최종 승자를 고르는 것이 아니다.

협상 팀이 공유한 입찰가는 협상 이전의 가격이므로 무의미하고 협상 국면으로 진출할 후보를 예측하는 데 활용할 수도 없다. 협상 이전의 가격을 공유한 구매부 관계자들은 이후 어떻게 행동했을까? 그들의 임무는 협상이다. 이미 말했듯이 일반적으로 현재의 납품업자들은 최적의 가격을 제시할 것이다. 그들은 비용과 마진에 관한 확신과 내부자 지식을 갖고 있기 때문에 최적의 입찰가를 제시할 수 있다. 하지만 최초 입찰가는 무의미하기 때문에 그 점은 중요하지 않다. 협상을 거쳐 도출된 호가만이 평가될 수 있고 내부 고객들과 공유할 수 있다.

나는 구매부 관계자들이 최초 입찰가를 내부적으로 공유하는 바람에 그들의 임무가 더 힘들어질 것이라고 설명했다. 내부자들에게 일부 일감을 다른 업체에 할당해야 하는 이유를 납득시키기 위한 내부적 협상에 임해야 하기 때문이다. 결국 그들은 내부 고객들을 설득하고 나서야 다른 여러 납품업체와 협상할 수 있었다.

결과적으로 구매부 관계자들은 엄지손가락 하나만 자르지 않았다. 그들은 나머지 손가락 두 개를 더 잘랐다. 일감의 33퍼센트를 다른 업체에 맡긴 것이다. 애초에 그들은 세계 어느 곳도 기존의 업체만큼 일을 잘 처리할 수 없다고 말했지만 결국 일감의 3분의 1을 다른 업체에 맡겨도 아무 문제가 없었다.

그리고 구매부는 그해에 처음으로 회사에서 주는 중요한 상을 받았다. 그들이 상을 받은 이유는 여러 가지다. 회사 측은 그들이 협상을 통해 이끌어 낸 의미 있는 비용 절감을 인정했다. 그리고 무엇보다도 그 과정에서 이룩한 서비스 개선, 대응 속도 향상, 혁신 등의 공로를 훨씬 더 높이 평가했다.

경쟁심을 유발하면
결과물의 완성도가 높아진다

경쟁을 유발할 때 힘이 생긴다. 그래서 나는 의뢰인들에게 배트나를 마련하고 유지하도록 권한다. 나는 구매 담당 의뢰인들을 '배트나 도출자'라고 부른다. 회사에서는 구매부 관계자들과 공급망 담당자들 외에는 아무도 협상이 결렬될 것을 대비하는 배트나를 마련하고 싶어 하지 않을 것이다. 엔지니어, 공장장, 브랜드 관리자들은 익숙하고 편안한 현재의 납품업체와 계속 거래하기를 바란다. 그 누구도 새로운 선택지를 마련하고 싶은 마음이 없어도 구매와 공급망을 관리하는 배트나 도출자들은 그 사명을 추구할 필요가 있다.

포춘지 선정 10대 기업의 구매부도 내 의뢰처다. 이들은 노련한 협상 전문가들이지만 내부 고객을 설득하는 협상이 가장 힘들다고 말한다. 내가 이들을 상담하기 시작했을 때, 그들이 단일 공급 계약을 너무 많이 맺고 있는 것을 보고 어안이 벙벙했다. 구매부 임원이라면 늘 대안을 개발하고 보유하고자 애써야 한다. 그런데 이들은 선택지를 마련하는 과정에서 늘 내부의 엔지니어, 공장장, 브랜드 관리자들의 반발에 부딪혔다. 납품업체가 가격을 올릴 수 있고 다른 업체들이 더 나은 가격을 제시할 것이라고 주장해도 내부자들은 요지부동인 듯했다.

나는 이들에게 엔지니어들과 그 밖의 관리자들은 회사가 지불하는 가격에 의해 평가받지 않기 때문에 대체로 가격에 무관심하다는 사실을 알려 줬다. 구매부를 제외한 내부의 다른 간부들은 자신들이 완수한 일로 평가받기 때문에 기존의 업체와 계속 거래할 때 생기는 안전함을 선호하는 것이다.

나는 구매부 임원들에게 경쟁업체가 없을 때 생길 수 있는 납기 지체, 부실한 서비스를 우려하는 사람들이 회사 내부에 있다는 점을 암시하면서 단일 공급 계약이 얼마나 위험한지 강조하도록 권했다. 특히 회사와 거래하는 한 곳이 주요 공급처라면 그 업체가 어떤 식으로 회사의 전체 공급망을 뒤흔들 수 있는지도 강조하라고 일렀다. 만약 그 납품업체가 자연재해를 맞거나 파산하기라도 하면 회사는 하나뿐인 공급원을 잃는 것이다. 회사의 간부들은 가격보다도 재난이나 파산 같은 위험을 훨씬 더 우려할 것이기에 결국 배트나를 마련하고 유지해야 한다는 의견에 동의할 것이다.

2명의 전문가에게 구역을 정해 준 이유

되도록이면 경쟁 입찰을 활용해서 두 군데 이상의 납품업체에 일감을 분배해야 한다. 나는 건설업체를 상담할 때 공사를 특정 페인트 도색공에게만 맡기지 말고 건물의 짝수 층과 홀수 층을 서로 다른 도색공에게 맡기라고 말한다. 그렇게 하면 도색공들에게 책임감을 심어 줄 수 있다. 누가 어떤 층에 페인트를 칠했는지 분명하게 드러날 뿐 아니라 도색공끼리의 경쟁을 유발하고 손쉽게 대체할 수 있기 때문이다.

수영장을 설치할 때 우리 부부는 안뜰의 석조 공사와 뒷마당 주변의 석벽 공사를 맡기기 위해 여러 명의 석공에게 제안 요청서를 보냈다. 나는 앞서 상세히 열거한 모든 전략을 구사했지만 최종 후보에 오른 3명의 석공과 협상하면서 난항에 부딪혔다. 석조 공사에 호가를 제시한 곳은 석벽 공사에 호가를 내놓지 않았고, 석벽 공사에 호가를 제시한 곳은 석조 공사에 호가를 내놓지 않았다. 2가지 공사를 각각의 석공에게 맡길 수도 있지만 그렇게 하면 석공들이 자신의 공사 결과를 포트폴리오로 쓸 수 없을 것 같았다. 결국 나는 한 사람에게는 석벽 공사를, 다른 한 사람에게는 석조 공사를 맡겼다. 일회성 공사였고 나중에 또 석공에게 공사를 맡길 일이 생기지 않을 것이라고 여겼기 때문에 내린 결정이었다.

그렇지만 석공들끼리의 경쟁을 유발한 덕은 톡톡히 봤다. 두 석공이 매일 같은 현장에서 일하게 되자 품질 관리가 쉽게 이뤄졌다. 아침에 각자의 공사 팀이 현장에 도착하면 그들이 제일 먼저 하는 일은 상대 팀이 전날 수행한 작업을 낱낱이 살펴보는 것이었다. 그들은 서로의 사소한 실수와 결함을 지적하곤 했다. 덕분에 지금 우리 집 석벽은 쉽게 구현할 수 없는 곡선을 자랑하고 있다. 우리 집 석벽을 볼 때마다 사람들은 도대체 어떻게 하면 그렇게 공사를 잘 마무리할 수 있는지 묻는다. 물론 내가 석공에게 시킨 것이 아니다. 다른 석공이 그렇게 했을 뿐이다!

반드시 배트나를 마련하고 유지하길 바란다. 기업 관계자들이 종종 내게 밝힌 바에 따르면, 한 곳에 일감을 맡기는 이유는 자사의 구매량을 조정할 수 있고 대량 구매 할인을 받기 유리하기 때문이다. 확실히 장점이 될 수 있지만 배트나를 갖고 있을 때야말로 가장 큰 협상력을 발휘할 수 있고 그 어떤 수단보다 많은 할인을 이끌어 낼 수 있다. 물론 대량 구매 할인을 받기 위해서는 15명보다 5명의 납품업자와 거래하는 편이 유리할 것이다. 그러나 3명이 아니라 1명과 거래한다면 당신의 협상력이 현저하게 감소할 것이다.

대기업의 구매력을 능가할 수도 있다

나는 이런 현상을 몇 해 전에 생생하게 목격했다. 어느 기업의 CEO는 임직원들의 협상 솜씨에 정말 관심이 많았다. 그는 회사의 모든 구성원이 협상 훈련을 받아야 하고, 자사의 협상 팀이 모든 협상 상황에서 전략을 구사해야 한다고 강조했다. 그는 한 고위 간부에게 다양한 기준을 들어 모든 협상 계획을 검토하도록 지시했다. 그래야 협상 실무를 맡은 직원들이 역량과 책임감을 키울 수 있다는 것이었다.

그 회사는 비교적 소규모의 상장 기업이었다. 납품업체인 대형 통신 회사들을 상대로 협상을 벌였고, 고객사나 납품업체와의 협상 결과가 아주 좋았다. 훗날 그 회사는 어느 대형 상장 기업에 인수됐다. 인수 기업은 인수 사실을 발표하면서 여러 가지 상승효과를 부각했다. 인수 기업 관계자들은 '소규모 상장 기업이 대형 상장 기업과의 거래에서 이득을 볼 것'이라고 주장했다. 그들이 말하는 이득은 대형 상장 기업이 발휘할 수 있는 구매력이었다.

그런데 인수 과정에서 드러난 사실은, 그동안 내 의뢰인의 회사가 막강한 구매력을 지닌 대형 상장 기업보다 출하 가격, 전화 서비스, 회계 감사, 세무 같은 모든 분야에서 더 나은 가격을 타결해 왔다는 점이었다. 이 사례에서 알 수 있듯이 배트나와 훌륭한 협상 전략의 위력은 막강한 구매력을 능가할 수 있다. 이것이 배트나를 마련하고 유지해야 하는 또 하나의 이유다.

나는 화물 운송업체를 물색 중인 회사 관계자들을 상담한 적이 있다. 그들은 페덱스와 UPS 중 어느 업체를 선택할지 토의하고 있었다. 나는 두 업체 모두와 거래하도록 권했다. 국토를 절반으로 나눈 뒤 한 영역은 UPS를, 다른 영역은 페덱스와 거래하면 두 업체와 관계를 다질 수 있고 경쟁 의식을 유발해 고품질의 서비스를 유지할 수 있으며 나중에 서비스 품질이 저하될 때 서비스 개선을 비교적 쉽게 요구할 수 있다고 생각했다. 우수한 서비스, 뛰어난 혁신, 신속한 대응 같은 혜택을 누리려면 경쟁심을 유발하는 것만큼 효과적인 방법은 없다. 배트나를 마련하고 유지함으로써 이런 경쟁심을 유발하면 유리한 고지에 오를 수 있다.

판매자로서 배트나 마련하기

지금까지 우리는 구매자로서 배트나를 마련하는 과정을 논의했지만 배트나는 판매자에도 중요하다. 이 사람이 아니면 누구에게 물건을 판매할 것인가? 이 의뢰인이 아니면 누구에게 서비스를 제공할 것인가? 기존 고객들을 상대로 발자취를 확장하는 데 주력하고 예비 의뢰처의 고위 경영진과 관계를 맺으면 배트나를 마련하는 데 보탬이 될 것이다. 되도록 강력한 배트나를 도출하길 바란다.

이것은 고용 상황에서 본인의 재능을 내놓는 경우에도 적용되는 이야기다. 고용 문제가 걸린 상황에서 배트나를 마련하는 방법을 알고 싶으면 다음 내용을 참고하길 바란다.

이직할 곳을
늘 알고 있어야 하는 이유

고용주와 협상할 때의 배트나는 무엇일까? 바로 당신이 현재의 일자리를 포기하고 선택할 수 있는 다른 일자리다. 새로운 일자리를 잡으려고 할 땐 되도록 많은 일자리를 제안받는 것이 유리하다. 나는 켈로그 경영대학원 학생들에게 고용주에게 일자리를 제안받은 뒤에도 꾸준히 다른 직장의 채용 과정에 참여하라고 말한다. 이런 대안이 고용주와의 협상에서 가장 큰 동력원이 된다는 점을 일깨워 주고 협상을 시작하기 전에 되도록 강력한 배트나를 도출하도록 독려하는 것이다.

고용주들은 다른 고용주로부터 일자리를 제안받은 사람을 채용하고 싶어 한다. 구직자의 가치는 다른 고용주들이 그 구직자를 채용하고 싶어 할 때 커지기 때문이다. 이렇듯 새로운 일자리를 구할 때에도 배트나를 마련해야 하고 협상을 시작하기 전에 되도록 많은 선택지를 만들어 내야 한다.

다양한 인맥과 기회를 모색하라

일단 현재 직장에서 특별한 직책을 맡고 있다면 외부 제안을 확보함으로써 자신의 배트나를 끊임없이 개선해야 한다. 다른 직장으로부터 채용 제안을 받은 사람일수록 연봉을 더 많이 받을 것이라는 연구 결과가 있다. 하지만 다른 직장의 채용 제안에만 신경을 곤두세우다 보면 어느 순간 현재의 고용주가 차라리 이직하라고 통보할 수도 있다. 그리고 외부의 채용 제안을 계속 거절하면 나중에 써먹을 카드를 잃어버릴 수도 있다.

직장 생활을 하는 동안에 반드시 외부 제안을 받아야 유리할 때가 있다. 예를 들어 어느 로펌의 소속 변호사가 파트너 변호사의 물망에 오르고 있을 때, 어느 기업의 임원이 승진 대상자로 거론되고 있을 때, 어느 직장인이 자기 역할에 큰 불만을 느끼고 있는데 회사에서 그 사람의 목소리에 귀 기울이지 않을 때처럼 중요한 순간에 외부의 제안을 받을 수 있어야 한다. 그리고 다른 곳의 제안을 사양해 버린 과거의 행동 때문에 이 중요한 시점에 외부 제안을 활용하지 못하는 일이 없어야 한다.

그렇다고 해마다 외부 제안을 받아야 하는 것은 아니지만 현재의 일자리를 포기하면 어디서 일할지를 항상 알고 있어야 한다. 그리고 끊임없이 인맥을 만들고 활용하며 자신을 향한 관심을 유지하는 데 힘써야 한다.

현재의 일자리를 포기하면 어디서 일할지를 늘 알고 있는 것이 핵심이다. 배트나는 당신에게 협상력을 부여할 뿐 아니라 당신의 윤리적 기준을 지키게 해 준다. 대체로 사람들은 요구받은 일을 하지 않으면 일자리를 잃게 될까 봐 두려운 나머지 어쩔 수 없이 비윤리적인 행위에 가담해야 한다고 생각한다. 그러나 대안이 있으면 당신이 어떻게 행동할지 선택할 수 있다. 배트나는 협상력을 부여하고 자신이 원하는 대로 행동할 기회를 선사한다.

확고한 외부 대안이 있으면 어떤 일을 어쩔 수 없이 해야 한다고 생각할 가능성이 훨씬 적다. 배트나는 모든 협상에서 가장 강력한 동력원이고, 당신은 그 덕분에 당신만의 윤리적 기준을 지킬 수 있다. 그러므로 인맥을 활용해 다양한 기회를 모색하고, 사람들이 당신에게 관심을 쏟도록 유도하고, 현재의 직장을 떠나면 어디서 일할지 알아 두길 바란다.

최적의 플랜B를 마련하라

▼

배트나는 최대의 동력원이므로 반드시 마련해야 한다. 그렇지만 이것이 유일한 동력원은 아니다. 양자 협상에서는 정보, 시간, 승인 핑계 등을 나머지 동력원으로 꼽을 수 있다.

정보

정보의 힘은 1장에서 다뤘다. 상대방의 관심사, 우선 사항, 도전 과제를 많이 알고 있을수록 당신의 협상력이 강해진다. 마찬가지로 자신의 우선 사항과 선호 사항을 더 깊이 이해할수록 협상력은 강해진다.

시간

또 다른 동력원은 시간이다. 서두르는 협상가는 상대방에게 협상력을 뺏긴다. 문제는 종종 분기 말이나 연말처럼 기한을 앞둘 때가 있다는 점이다. 시간이 변수일 때는 상대방에게도 시간이 변수가 되도록 해서 자신의 협상력을 잃지 않아야 한다. 이때는 시간적 구속력이 살짝 담긴 제안을 내놓음으로써 상대방이 시간을 중요하게 여기도록 만들 수 있다. 가령, 다음과 같이 제안할 수 있다.

"이달 말까지 이 건을 해결해 주면 우리가 귀사에 파견한 현장 팀을 앞으로도 계속 운영하겠습니다. 현장 팀을 원하는 곳이 많기 때문에 만약 이달 말까지 합의하지 못하면 이들을 다른 거래처로 보내야 하지만 귀사를 위해 새 현장 팀을 꾸리도록 하겠습니다."

어떤 사람은 시간적 구속력이 있는 할인 방안을 내놓으려고 한다. 하지만 그런 제안으로는 신뢰를 유지하기 힘들기 때문에 나는 추천하지 않는다. 예를 들어 고객이 할인 기한을 1개월 넘겼는데도 할인을 해 주다가 결국 신뢰를 잃는 경우가 생길 수 있다. 반면 현장 팀의 운영 문제를 활용하면 상대방이 필요할 때 현장 팀을 계속 활용할 수 있다는 신뢰감을 줄 수 있다. 여기서 관건은, 시간이 당신에게 중요하다면 상대방에게도 중요하게 만들어서 시간적 압박감을 상쇄하는 것이다.

승인 핑계

또 다른 동력원은 승인 핑계다. 협상자가 윗선에 확인해야 한다거나 자신에게는 더 이상 합의할 권한이 없다며 본인의 권한을 제한해 버릴 때가 있다. 승인 핑계는 협상 말미에 마무리 전략으로 쓰인다.

다자 협상에 참여하고 있는 경우, 일부 참가자들과 연합하면 또 하나의 동력원이 생긴다. 이처럼 협상에는 다른 동력원들도 있지만 배트나는 언제나 가장 강력한 동력원이다. 비범한 대안을 갖는 것보다 더 강력한 힘은 없다.

2장에서는 배트나를 순차적이 아니라 동시적으로, 즉 한 번에 하나씩이 아니라 한꺼번에 여러 개를 마련해야 하는 이유를 강조했고 그 방법을 설명했다. 또한 배트나는 유보점을 결정하는 가장 큰 요인이기도 하다. 이 부분은 다음 장에서 다루겠다.

3장

모든 제안에서
마지노선을 파악하라

유보점 지키기

사람들이 협상을 두려워하는 이유는 거래를 놓칠까 봐 걱정하기 때문이다. 지금까지는 협상이 결렬됐을 때 취할 수 있는 최적의 대안을 마련하는 법을 살펴봤다. 이런 대안은 모든 협상에서 가장 큰 힘을 제공할 것이다. 강력한 배트나 만들면 거래를 놓칠지도 모른다는 두려움을 줄일 수 있다.

배트나는 유보점을 좌우한다는 점에서 중요하다. 유보점이란 당신이 협상에서 양보할 수 있는 마지노선이다. 이 지점보다 낮아진다면 당신은 합의를 받아들이느니 차라리 협상을 교착 상태에 빠트리는 편을 택할 것이다. 유보점을 알고 있으면 부실한 결과를 받아들이거나 잘못된 협상에서 거래를 받아들이게 될지도 모른다는 걱정이 줄어들 것이다.

더는 물러설 수 없는
최악의 상황을 설정하라

유보점*reservation point*은 당신이 기꺼이 받아들일 수 있는 최악의 결과를 가리킨다. 유보점은 선택지 A보다 B를 선호하게끔 하는 특별한 요인들을 배트나에 더하거나 빼는 방식으로 결정된다.

예컨대 당신이 건물주와 이듬해의 임대차 계약을 협상한다고 치자. 당신은 배트나를 마련해야 한다는 사실을 알기 때문에 여러 개의 다른 건물을 둘러본 후 대신할 만한 아파트 몇 개를 찾아낸다. 그중에서 제일 마음에 드는 곳은 월세 2,100달러면 구할 수 있는 근처의 아파트다.

건물주는 내년부터 월세를 2,300달러로 올린다고 말했다. 당신의 배트나는 월세 2,100달러의 아파트지만 이것이 꼭 유보점이라고 할 수는 없다. 현재의 아파트는 호수를 내려다볼 수 있고 샤워 부스도 있다. 이 2가지 특징은 당신이 정말 좋아하는 장점이다. 이사하려니 번거롭다는 생각도 든다. 그래서 현재 아파트의 내년 월세를 2,200달러 이하로 계약할 수 있으면 이사를 하지 않겠다고 마음먹는다.

당신의 배트나는 월세 2,100달러의 아파트인데 유보점은 월세 2,200달러다. 당신이 좋아하는 현재 아파트의 2가지 장점과 이사할 때 예상되는 번거로움이라는 요인들이 작용한 결과이다. 유보점은 이렇게 특별한 요인들을 배트나에 더하거나 빼는 방식으로 결정된다. 이번 장에서는 월세라는 단 하나의 쟁점뿐만 아니라 위치, 경치, 샤워 부스, 이사, 월세 같은 모든 쟁점을 고려한 유보점의 채점 도구를 만드는 방법을 살펴보겠다.

유보점을 알아야 하는 이유

항상 유보점을 알고 있어야 하는 이유는 협상에서 발을 빼야 할 때를 알아야 하기 때문이다. 당신은 유보점보다 나쁜 조건이라면 거래하고 싶지 않을 것이다. 아울러 협상에서 발을 빼지 말아야 할 때도 알아야 한다. 유보점보다 좋은 조건의 합의가 당신이 원하지 않는 것이거나 당신의 기대에 미치지 못하는 것일지 모르지만, 협상이 교착 상태에 빠지는 경우보다는 훨씬 나을 것이다.

협상에서 발을 뺄 시점을 반드시 알고 있어야 하는 이유는 합의해야 한다는 압박감을 느낄 때가 자주 있기 때문이다. 상대방은 당신과 거래하기 위해 얼마나 많은 시간을 보냈는지, 그리고 얼마나 오랫동안 함께 머리를 맞대며 애썼는지를 언급할 것이다. 당신의 동료들은 거래를 놓치지 말아야 한다고 압박할 것이다. 만약 당신이 유보점을 모른다면 조건이 나쁜 거래에 합의해 버릴 수도 있다.

배트나가 유보점을 결정하므로 배트나가 근사할수록 마지노선도 그럴 것이다. 이전 장에서 논의했듯이 여러 개의 선택지를 동시에 도출해 배트나를 마련하는 데 힘써야 한다. 배트나를 확보하면 유보점을 최적화할 수 있을 것이다.

개인의 유보점과 회사의 유보점

개인의 배트나는 회사의 배트나와 일치하지 않을 수 있다. 일례로 대형 슈퍼마켓 체인점인 크로거 ^{Korger}에 생수를 납품하는 영업 사원의 상황을 가정해 보겠다. 영업 사원의 거래처가 크로거뿐이면 그의 배트나는 무척 취약할 것이다. 그가 500밀리리터짜리 생수를 크로거에 팔지 못하면 연간 수수료를 받지 못할 수도 있다. 그러므로 어떻게든 크로거와 거래하려고 할 것이다. 그의 배트나는 무척 취약하기 때문에 유보점이 낮고, 크로거가 얼마를 제시하든 흔쾌히 거래를 맺을 것이다.

반면 그가 속한 생수 회사의 배트나는 훨씬 더 강력하다. 크로거 말고도 앨버트슨스 ^{Albertsons}나 코스트코 ^{Costco}나 타깃 ^{Target} 같은 대형 체인점에 500밀리리터짜리 생수를 팔 수 있기 때문이다. 더운 계절에는 500밀리리터짜리 생수의 수요를 맞추기가 만만찮을 수 있다. 그러므로 생수 회사는 강력한 배트나를 확보할 수 있는 반면 개별 영업 사원은 그렇지 못할 것이다. 생수 회사의 배트나가 강력하기 때문에 생수 회사의 유보점은 개별 영업 사원의 유보점보다 월등하게 높다.

생수 회사의 영업 본부장은 그 영업 사원이 크로거와 나쁜 조건으로 거래를 맺지 않기를 바란다. 다른 거래처에 판매할 수 있기 때문이다. 이런 상황은 흔하게 일어나며 영업 사원과 영업 본부 수뇌부 간의 갈등으로 이어질 우려가 있다. 흔히 수뇌부는 영업 사원이 형편없는 조건으로 거래하는 까닭을 '어리숙함'이나 '고객의 비위만 너무 맞추려는 태도'에서 찾을 테지만 그런 식으로 원인을 찾는 것은 틀렸다. 실제로는 영업 사원과 영업 본부 수뇌부의 배트나가 다르고, 따라서 유보점도 다르다는 사실이다.

이런 상황에서는 생수 회사의 유보점이 협상의 마지노선이 된다는 사실이 결정적이다. 영업 사원은 실망스러울지 모르지만 생수 회사는 사원 개인의 유보점이 아니라 회사 차원의 배트나와 유보점에 집중하는 편이 더 낫다. 바로 이런 점 때문에 수뇌부가 정한 최저의 제시 가격의 범위 안에서 영업 사원이 협상하도록 하고, 그 범위 밖의 제시 가격은 수뇌부의 허락을 받는 것이 중요하다.

한 가지 조건에
집착하지 마라

하지만 가격으로 유보점을 정해서는 안 된다. 배트나에는 유보점을 정할 때 고려해야 하는 여러 차원이 포함된다. 당신이 샌프란시스코만을 굽어보는 어느 아름다운 사무실을 임대하고 있다고 치자. 이때 지금의 사무실을 계속 쓰지 않을 경우에 배트나는 임차할 다른 사무실이다. 그렇지만 가격만으로 두 사무실을 비교할 수는 없다. 현재 사무실은 샌프란시스코만을 내려다볼 수 있고 간판 선택의 폭이 무척 넓으며 1제곱미터당 가격이 3,500달러다. 반면 대안으로 삼은 사무실은 그럴듯한 경치가 없고 간판 선택의 폭이 좁다. 대신 기존의 사무실보다 넓고 대중교통이 편리하며 1제곱미터당 가격이 3,000달러다. 이처럼 가격만으로 두 사무실을 비교할 수는 없기 때문에 가격을 근거로 유보점을 확정하면 곤란하다.

쟁점을 전체적으로 집중하고 싶은 사람은 직접 채점 도구를 만들어 보길 바란다. 채점 도구는 협상을 둘러싼 모든 쟁점을 정량화하고 쟁점 전체를 아우르는 유보점을 정할 수 있다. 채점 도구를 사용하지 않으면 당신은 가장 정량적인 단 하나의 쟁점에만 집착하고 나머지 문제들을 놓치게 될 위험이 있다. 예를 들면 부동산 거래에서는 단위 면적당 가격에만, 고용 협상에서는 연봉에만, 그리고 흥정에서는 매매가에만 주목할 것이다. 전문 협상가들조차 가장 정량적인 단 하나의 쟁점에만 주목하는 함정에 빠지곤 한다. 채점 도구는 그 함정을 피할 수 있게 도와준다.

채점 도구를 만드는 6단계 방법

채점 도구를 만들 때 당신은 선호하는 측정 기준으로 협상 쟁점을 정량화할 수 있다. 즉, 점수나 화폐 단위 또는 투자 자본 수익률 같은 각종 측정 기준을 쓸 수 있다. 물론 모든 쟁점에는 동일한 측정 기준을 적용해야 한다.

그런데 채점 도구에서 화폐 단위를 기준으로 활용할 때 주의 사항이 있다. 화폐 단위로 정량화되는 쟁점들이 채점 도구에서 차지하는 비중이 불균형하게 커지는 경우가 많다. 예컨대 고용 협상에서 연봉이라는 쟁점은 화폐 단위로 정량화돼 있지만 직함, 근무 장소, 승진 기회 같은 쟁점들은 그렇지 않다. 만약 당신에게 가장 중요한 쟁점이 향후의 승진 가능성인데도 '20만 달러의 연봉'에 너무 많은 가중치를 부여할 수도 있는 것이다. 이처럼 화폐 단위로 환산할 수 없는 쟁점들의 가치를 올바르게 산정하려면 점수처럼 다른 측정 기준을 활용하는 것이 좋다.

다음은 채점 도구를 만드는 6단계이다.

1. 목적의 목록을 작성한다.
2. 각 목적에 대한 최소 1개의 협상 쟁점을 도출한다.
3. 각 쟁점을 더 작은 쟁점으로 쪼갠다.
4. 쟁점의 우선순위를 정한다.
5. 각 쟁점의 상대적 중요도를 정한다.
6. 각 쟁점과 연관된 선택지를 검토해 평가값을 부여한다. 그 평가값에 해당 쟁점의 중요도를 곱해 점수를 도출한다. 그 점수가 바로 각 쟁점에 협상하는 선택지의 점수다.

육아 도우미를 고용하면서
배운 쟁점의 6단계

이제부터 나의 협상 사례를 통해 채점 도구의 위력과 채점 도구를 만드는 데 필요한 6단계를 설명하겠다. 나는 두 아들을 돌볼 보모를 고용한 적이 있다. 보모나 육아 도우미를 고용해 본 적이 있는 사람이라면 논의의 전형적인 주제가 시간당 급여라는 점을 알고 있을 것이다. 하지만 이 협상에서 내 목적은 시급보다 훨씬 폭넓었다.

나는 활기차고 사랑스러운 분위기에서 아이들을 오랫동안 정성스럽게 보살펴 줄 사람이 필요했다. 그리고 장기 계약에도 신경을 썼다. 보모를 바꾸면 나와 아이들에게 큰 부담이 된다는 점을 일찌감치 깨달았기 때문이다.

목적의 목록을 작성한다

나는 예비 보모의 요구 사항을 공략하고 우리 가족이 보모들이 선호하는 특별한 고용주라는 차별성을 강조하고자 했다. 물론 시급도 정해야 했지만 그것만으로는 내가 중요하게 여기는 모든 목적을 달성하기에 역부족이었다. 협상의 첫 번째 단계는 목적 목록을 작성하는 것임을 기억하길 바란다. 목적 목록을 작성한 뒤에는 각 목적에 대해 적어도 1개 이상의 협상 쟁점을 마련해야 한다.

각 목적에 대한 최소 1개 이상의 협상 쟁점을 도출한다

나는 장기간의 보살핌이라는 목적에 대해서 몇 가지 협상 쟁점을 도출할 수 있다고 여겼다. 나는 휴가 시간(휴가 시간은 보모가 우리 집에서 오래 일할수록 늘어났다), 의료 보험 혜택, 치과 진료 혜택(이 협상은 미국의 의료 보험 개혁 이전에 끝났다) 같은 쟁점을 생각해 냈다. 이 쟁점들은 예비 보모의 급선무도 공략할 수 있을 것 같았다.

나는 교육열과 충분한 자격을 겸비한 사람을 원했다. 그런 사람이라면 자기 계발의 기회를 늘리고 향후의 취업 준비를 고려할 것 같았다. 그래서 나는 교육학 석사 학위의 학비를 대 줄 수 있다는 조건을 내걸었다. 이렇게 하면 자기 계발과 취업을 고려하는 예비 보모의 필요 사항뿐만 아니라 교육열이 있는 사람과 장기 계약을 할 수 있는 나의 목적도 달성하는 것이었다.

나는 학기당 한 과목의 학비를 내 주겠다고 제안했는데, 결과적으로 학위를 딸 때까지는 8~10년이 걸린다. 일단 보모가 석사 학위를 딴 후에는 다른 일자리를 얻을 수도 있지만, 학위 과정을 마치기 전까지는 우리 집에서 일할 것이며 그 즈음이면 우리 아이들도 훌쩍 커서 더 이상 보모가 필요하지 않을 것이라 생각했다.

내가 교육학 석사 학위라는 조건을 내세운 이유는 그래야 교육열이 있는 사람을 고용할 가능성이 컸기 때문이다. 나는 교육열이 우리 아이들이 자라는 데 훌륭한 영양분이 될 것이라 생각했다. 또한 석사 학위는 탁월한 선별 수단이기도 했다. 내가 보모를 구하고 있을 때는 불황기였고, 교육열이 없거나 경기가 회복되면 다른 직종으로 옮겨 갈 사람은 들이고 싶지 않았다. 나는 교육에 진정한 관심이 있는 구직자들을 찾아내고 싶었고, 석사 학위 취득이라는 선택지가 이를 가능하게 했다.

지금 나는 '보모 쟁탈전'이 치열한 시카고의 노스쇼어 지역에 살고 있다. 이 지역 사람들은 공원에서 보모를 물색하고 친구들끼리 날을 잡아 예비 보모를 면담하기도 한다. 만약 내가 시급에만 집중했다면 장기 계약이라는 목적이 흔들릴 것이다. 물론 다른 부모들이 더 많은 시급을 제시하면 나는 보모를 놓칠 수도 있었다.

시급, 각종 혜택, 학비 지원 등은 모두 나에게 금전적으로 부담이 되지만 보모가 무척 귀한 지역에서 교육적 혜택을 제공하는 것은 돈보다 더 큰 의미가 있었다. 그리고 나를 특별한 고용주로 차별화하는 효과적인 방법이었다. 석사 학위와 각종 혜택을 테이블에 올리면 보모를 다른 집에 빼앗길 우려가 낮아지고, 보모도 나도 더 만족스러운 계약을 맺을 수 있을 것이라 생각했다.

각 쟁점을 더 작은 쟁점으로 쪼갠다

일단 각 목적에 대한 쟁점을 목록으로 작성했다면 그다음에는 쟁점을 더 작은 쟁점으로 쪼개야 한다. 우리는 범위가 넓은 쟁점을 협상하는 경우가 너무 많다. 시간 같은 문제를 잘게 쪼개어 그 밑바탕에 있는 하위 쟁점을 찾아내지 않고 마치 하나의 쟁점인 양 협상한다. 그러다 보면 자신과 상대방의 선호 사항이 어떻게 다른지 알 수 없게 된다.

예를 들어 어느 회계 법인이 프로젝트 시간을 두고 의뢰인과 협상하고 있을 때 서로가 프로젝트 시간을 바라보는 관점은 크게 다를 것이다. 그러나 이때 프로젝트 시간은 하나의 쟁점이 아니다. 프로젝트 시간은 그것을 떠받치는 여러 개의 하위 쟁점으로 분할돼야 한다.

여기서 하위 쟁점이란 1년 중의 특정 시기, 프로젝트의 총 지속 기간, 그 회계 법인이 일을 얼마나 빨리 시작할 수 있는가, 프로젝트 완수 기한은 언제인가, 일단 일을 시작했다가 중단한 뒤 나중에 다시 할 수 있는가, 아니면 지속적으로 수행해야 하는가 따위를 가리킨다. 대화가 그저 막연하게 '시간'에 초점을 맞춰지면 양쪽 모두 서로의 선호 사항의 중대한 차이점을 놓칠 수 있다.

회계 법인은 성수기와 비수기가 있기 때문에 1년 중의 특정 시기에 집중하는 반면, 의뢰인은 프로젝트의 지속 기간에 주안점을 둘 수 있다. 의뢰인은 프로젝트에 할애되는 총시간이 더 짧아진다면 다른 시기에 프로젝트를 진행하는 편을 더 좋아할 수 있다. 이렇듯 하나의 쟁점을 잘게 쪼개어 그 밑바탕의 쟁점들을 찾아내는 것이 매우 중요하다. 우리는 범위가 넓은 쟁점을 협상하는 경우가 너무 많다. 따라서 합의하지 못하면 그냥 타협하고 만다. 쟁점을 분할하기 전에는 절대로 타협하지 말길 바란다.

목적	협상 쟁점
• 보모의 급선무를 공략하기 • 장기간의 보살핌 • 우리 가족을 특별한 고용주로 　차별화하기 • 보모와 튼튼한 관계를 형성하기	• 시급 • 휴가 시간 • 의료 보험 혜택 • 치과 진료 혜택 • 교육학 석사 학위 학비 지원

[표4] 보모를 고용하는 협상에서의 목적과 쟁점

예를 들어 보모와의 협상에 등장한 휴가 시간이라는 주제를 검토해 보자. 이에 관한 보모와 나의 선호 사항은 정반대였다. 그녀는 긴 휴가를 원했고 나는 우리 가족의 일정을 잘 관리하고 싶었다. 그녀에게 긴 휴가를 주면 나는 우리 가족의 일정을 적절하게 관리할 수 없을 것 같았다. 결국 휴가 시간이라는 쟁점만 보면 그녀와 나의 선호 사항은 정반대였다.

그러나 우리는 그 쟁점을 2개의 하위 쟁점으로 쪼갰다. 바로 휴가 시기 선택권과 휴가 기간이다. 보모는 긴 휴가 기간을 원했지만 그 시기는 그리 신경 쓰지 않았다. 반면 나는 우리 가족의 일정에 따라 휴가 시기를 선택할 수 있으면 보모에게 휴가를 더 많이 줄 수 있었다. 즉, 그녀에게 휴가철에 2주, 봄방학 기간에 2주, 여름에 4주를 휴가로 줄 수 있었다. 결론적으로 내가 휴가 시기를 결정할 수 있으면 보모에게 최대 8주간의 휴가를 줄 수 있었고 내가 휴가 시기를 선택하지 못하면 4일의 휴가도 줄 수 없었다. 우리 가족의 일정을 관리할 수 없다면 굳이 휴가를 주고 싶지 않았기 때문이다. 만약 우리 두 사람이 휴가 시간이라는 단일 쟁점을 타협했다면 그녀는 7일의 휴가를 얻고 나는 그중 3일만 날짜를 선택할 수 있었을 것이다. 하지만 그것은 분명히 차선책이다. 쟁점을 분할하면 그녀도 나도 더 많이 만족할 수 있었다. 이렇듯 쟁점을 쪼개서 하위 쟁점을 확인할 때까지는 절대로 타협하지 말아야 한다.

쟁점의 우선순위를 정한다

일단 모든 쟁점을 확인했으면 쟁점의 우선순위를 정하는 네 번째 단계로 나아가야 한다. 네 번째 단계에서는 각 쟁점을 중요도 순으로 배치하면 된다. 그런데 이렇게 쟁점의 우선순위를 정하는 것만으로는 부족하다. 다음 단계가 필요하다.

각 쟁점의 상대적 중요도를 정한다

다섯 번째 단계는 각 쟁점의 상대적 중요도를 정하는 것이다. 당신이 가장 중시하는 쟁점은 당신이 두 번째로 중시하는 쟁점보다 얼마나 더 중요한가? 가장 중요한 쟁점은 35퍼센트의 가치가 있고, 두 번째 중요한 쟁점은 33퍼센트의 가치가 있는가? 아니면 가장 중요한 쟁점은 40퍼센트의 가치가 있고, 두 번째로 중요한 쟁점은 20퍼센트의 가치가 있는가?

각 쟁점과 연관된 선택지를 검토해 평가값을 부여한다

마지막 단계를 밟아 보자. 마지막 단계는 각 쟁점과 관련한 선택지를 확인하고 각 선택지를 검토해 평가값을 부여한 뒤 그 평가값에 각 쟁점의 중요도를 곱해 점수를 낸다. 그 점수가 바로 각 쟁점에 대해 협상하는 선택지의 점수다. 이로써 채점 도구를 활용해 배트나의 가치를 평가할 수 있게 됐다. 채점 도구는 유보점을 설정하는 데 보탬이 될 것이다.

배트나는 논의 중인 거래 조건과 다르기 마련이다. 따라서 쟁점 전체에서 배트나의 가치를 평가해야 한다. 이때 채점 도구가 요긴하게 쓰일 것이다. 또한 채점 도구는 자신의 우선 사항을 확인하고 다양한 거래 기회를 평가하는 데도 도움이 된다. 채점 도구가 없으면 정량적 성격이 짙은 쟁점이나 두드러진 쟁점에만 집중해서 나머지 쟁점들은 무시하게 될 것이다. 채점 도구를 쓰면 모든 쟁점에 집중할 수 있다. 그러므로 개인의 고용 협상을 포함한 모든 협상에서 채점 도구를 반드시 활용해야 한다.

후회 없이 이직하려면
어떻게 해야 할까?

지금까지 여러 장에서 고용 협상을 이야기했다. 알다시피 고용 협상에 임할 때는 올바른 쟁점을 테이블에 올려야 한다. 앞서 지적했듯이, 연봉만 협상하는 일은 없다고 여기길 바란다. 고용 협상에서는 고용주의 급선무를 공략하고, 자신을 차별화하고, 회사가 고용 협상과 관련한 선례를 만들지 않을 수 있는 방법을 부각하는 데 주력해야 한다. 자신의 배트나를 강화하고 선택지도 파악하고 있어야 한다. 또한 유보점을 결정하는 것도 매우 중요하다.

배트나는 유보점을 결정하는 가장 큰 요인이다. 유보점은 어떤 선택지를 다른 선택지보다 선호하도록 이끄는 특별한 몇 가지 요인을 배트나에 더하거나 빼는 방식으로 결정돼야 한다. 예컨대 다른 회사의 예비 고용주와 이직 문제를 협상하고 있을 때의 배트나는 현재의 고용주와 맺은 계약 조건이다. 이때 배트나는 유보점을 좌우하지만, 유보점은 현재의 계약 조건과 조금 다를 수 있다. 당신은 만약 다른 회사로 이직하면 실력을 입증하고 역량을 키우고 새로운 관계를 맺기 위해 정말 열심히 노력해야 한다고 생각할 수 있다. 그래서 배트나는 현재의 계약 조건이지만 유보점은 현재의 계약 조건에 20퍼센트를 더한 수준이라고 판단할 수 있다. 그런데 당신이 현재 회사에서의 역할과 상사를 싫어할 수도 있다. 이 경우 배트나는 변함없지만 유보점은 현재의 계약 조건에서 10퍼센트를 빼는 수준일 것이다.

자신의 배트나를 파악하고 유보점을 결정하는 일은 중요하다. 흔히 사람들은 직장에서 어떤 이유로 무척 낙담한 나머지 본인의 배트나와 유보점을 분석하지 않고 직장을 그만둔다. 그리고 채용 제안을 덥석 받아들였다가 나중에 그 제안이 유보점보다 못하다는 사실을 깨닫고 후회하기도 한다.

한 취업 준비생의 뼈아픈 실수

고용 협상에 나설 때도 채점 도구를 활용하는 것이 필수적이다. 그래야 정량적 성격이 짙은 쟁점(이를테면 연봉)이나 유난히 두드러진 쟁점에 집착하지 않을 수 있다. 전체보다 두드러진 쟁점에 집중하는 경향을 보여 주는 사례가 있다. 켈로그 경영 대학원 출신의 제자와의 경험이다. 그 학생은 출중한 배경과 놀라운 재능을 자랑하며 구직 과정에서 빛나는 성과를 거뒀다. 그는 6건의 채용 제안을 받았고 내게 그 제안에 따른 고용 협상을 도와 달라고 부탁했다. 나는 더할 나위 없이 기뻤다. 그리고 내가 모든 학생들에게 일러 주듯이, 그에게도 내 도움을 받고 싶다면 정교한 채점 도구를 활용해야 한다고 말했다. 그는 채점 도구를 쓰고 연락하겠다고 말했다. 몇 주 뒤에 그를 우연히 마주쳤다. 아직도 나의 조언을 듣고 싶은지 묻자 그는 여전히 채점 도구를 만드는 중이라고 대답했다. 또 몇 주가 지나자 나는 같은 질문을 했다. 그러자 그는 이미 취직을 했기 때문에 더는 도움이 필요하지 않다고 말했다.

그는 얼마 전에 생긴 아기를 키우고 있었는데, 나와 처음 상의했을 때 그가 제일 중요하게 여기는 조건이 바로 태어날 아기와 함께 시간을 보내는 것이라고 말했었다. 그는 원하는 위치도 있었다. 아내와 함께 도보 여행 같은 야외 활동을 즐기기 때문에 샌프란시스코만 지역을 좋아한다고 말했다.

나는 어느 회사를 선택했는지 물었다. 그는 자문 회사로부터 1건, 일반 회사로부터 5건의 채용 제안을 받았는데 소재지가 샌프란시스코인 회사는 자문 회사뿐이었다. 그는 샌프란시스코에 있다는 점 때문에 그 회사를 선택했다. 그러나 그 회사의 직원들은 월요일부터 목요일까지 장거리 출장을 해야 하는 것으로 유명했고, 그는 만 지역에 계속 머물 수는 없는 산업 전문화 분야를 맡게 됐다. 그는 샌프란시스코에 있는 일자리를 선택했지만 실제로는 매주 4일씩 다른 지역에서 활동해야 했다. 게다가 그가 제일 중요하게 여겼던 조건은 아기가 어느 정도 자랄 때까지 매일 저녁을 함께 보내는 것이었지만 실제로는 매주 4일씩 집을 비워야 했다.

그는 자신의 선택을 후회하는 것처럼 보였고 출장 때문에 어린 아들과 함께 있지 못하는 점을 무척 안타까워했다. 그는 지리적 위치라는 두드러진 쟁점을 바탕으로 결정을 내렸고 나머지 쟁점들을 간과했다. 만약 그가 채점 도구를 만들었더라면 이런 뼈아픈 실수를 피할 수 있었을 것이다. 채점 도구를 사용하면 쟁점을 정량화하고, 우선 사항을 평가할 수 있고, 우리가 흔쾌히 선택할 거래 기회를 신중하게 분석할 수 있다. 채점 도구는 우리가 매력을 느끼는 서로 다른 제안을 자세히 검토하게 만들기 때문에 더 창의적인 해법을 떠올리도록 돕는다.

진짜 중요한 조건은 겉으로 드러나지 않는다

현재의 일자리를 그만두고 싶다면 앞으로 무슨 일을 할지 결정함으로써 배트나를 마련하는 것이 중요하다. 다른 일자리를 구할 수도, 현재의 일자리를 고수할 수도 있다. 이때 유보점은 배트나로 결정될 것이다. 모쪼록 채점 도구를 활용해 배트나의 가치를 평가하길 바란다. 그래야 협상에서 다룰 모든 쟁점을 정량화할 수 있고, 정량적 성격이 가장 짙은 쟁점에 매몰되지 않을 수 있다. 채점 도구는 고용 협상에서 중요한 모든 쟁점에 집중하도록 도울 것이다. 덕분에 당신은 연봉처럼 쉽게 정량화할 수 있는 쟁점이나 위치 같은 두드러진 쟁점에 얽매이지 않고 직책, 책무, 발전 기회, 전망, 위험도, 위치, 유연성, 당신이 행사할 수 있는 영향력, 경험, 승진 가능성, 직함, 지분, 휴가 시간 등도 살펴볼 수 있을 것이다.

채점 도구를 갖추면 모든 쟁점을 고려할 수 있어 고용 협상을 더 효과적으로 대비할 수 있다. 많은 쟁점을 테이블에 올리고, 자신의 배트나를 명확하게 이해하고, 채점 도구로 배트나의 가치를 평가하고, 유보점을 알고 있는 상태에서 협상을 준비하면 당신은 스스로를 위해 두려움 없이 협상할 수 있을 것이다. 이어지는 몇몇 장에서 우리는 계속 전략을 세우며 당신에게 중요한 협상을 할 때 두려움을 떨쳐 내고 상대방과의 관계를 지키면서 성과를 극대화하는 방식으로 스스로를 지지하도록 도울 것이다.

양보할 수 없는 마지막 조건

▼

지금까지 우리는 성공적인 협상을 위해 올바른 쟁점을 테이블에 올리고, 배트나를 마련하고, 마지노선인 유보점을 결정하는 방법을 살펴봤다. 배트나가 유보점을 결정하는 중요한 요인이지만 어떤 선택지를 다른 선택지보다 선호하도록 이끄는 특별한 요인들 때문에 이 둘은 서로 똑같지 않을 수 있다는 점을 배웠다. 그리고 유보점을 설정할 때는 가장 두드러진 쟁점이 아니라 모든 쟁점에 초점을 맞춰야 한다는 사실도 배웠다. 채점 도구는 모든 쟁점을 정량화하는 데 도움이 될 수 있다.

이제 많은 무기를 갖췄지만, 아직 우리는 협상에 나설 준비가 되지 않았다. 사실, 준비 단계에서 가장 중요한 단계 하나가 남았다. 바로 협상의 가장 결정적인 요소 중 하나인 '목표'이다. 지금까지 우리는 얻어야 하는 것(우리의 유보점)에 대해서는 고민했지만 우리가 얻고 싶은 것(우리의 목표)에 대해서는 생각해 보지 않았다. 사람들이 협상을 두려워하는 까닭은 자신이 설정한 마지노선과 너무 근접한 지점에서 협상을 진행하기 때문인 경우가 많다. 다음 장에서는 과감한 목표를 세우는 요령에 집중해서 협상의 두려움을 줄이는 방법을 살펴보겠다. 그 방법을 터득하면 당신의 협상은 마지노선 부근에서 맴돌지 않고, 상대방의 유보점에 가까운 지점에서 이루어질 수 있을 것이다.

4장

당신만 아는
과감한 목표를 세워라

성과 높이기

협상을 분석할 때 가장 중요한 요소는 협상의 목표를 정하는 것이다. 협상에서 당신은 무엇을 원하는가? 무엇을 얻으려고 애쓰는가? 무엇을 이루고자 하는가? 연구에 따르면 목표가 협상의 결과를 좌우하기 때문에 목표를 과감하게 세우는 것이 필수적이다.

사람들이 대담한 목표를 세우지 못하는 이유는 그러다 거래를 놓치거나, 상대방에게 불쾌감을 주거나, 상대방과의 관계가 나빠질까 봐 걱정하는 등 이런 근거 없는 오해 때문이다. 하지만 실제로 과감한 목표 때문에 거래를 놓치지는 않을 것이다. 당신이 협상에서 발을 빼는 까닭은 목표를 달성하지 못해서가 아니라 유보점을 정하지 못했기 때문이다.

사람들은 자신의 목표가 과감하면 상대방이 불쾌감을 느끼고 협상에서 발을 뺄까 봐 염려한다. 그러나 당신의 목표는 상대방에게 불쾌감을 줄 수 없다. 당신의 목표가 상대방에게 알려진 바 없기 때문이다. 목표는 당신의 머릿속에만 들어 있다. 목표는 당신이 이루고자 하는 것, 당신이 노리는 것, 당신이 원하는 것을 둘러싼 당신의 마음가짐에 영향을 미친다. 모든 협상에서는 우리 자신의 사고가 최대의 제약으로 작용할 때가 많고, 우리 머릿속에 있는 생각은 목표 달성을 좌우하는 우리의 관점을 제한한다.

목표가 행동을 좌우하고
성과를 결정한다

목표는 당신이 상대방에게 내놓는 첫 번째 제안을 구체적으로 만들어 준다. 첫 번째 제안은 상대방에게 불쾌감을 줄 수도 있어 신중해야 한다. 하지만 목표를 과감하게 세운다고 당신이 손해를 입지는 않는다. 이런 목표는 상대방에게 표현하지 않고 당신의 머릿속에 있기 때문에 상대방에게 불쾌감을 주거나 상대방의 관계를 손상하지 않을 것이다. 그러므로 과감한 목표를 세우는 것을 겁내지 말고, 과감한 목표를 세우지 못하는 것을 겁내야 한다.

목표는 우리의 머릿속에서 행동을 좌우하고 기대치를 설정하며 성과를 결정한다. 목표는 협상의 상한선을 설정한다. 사실 목표보다 더 나은 성과를 얻을 가능성은 낮다. 결국 목표란 우리가 달성할 수 있는 최고의 성과이므로 과감하게 세울 수 없다면 모든 협상에서 심각한 대가를 치르게 될 것이다.

그러나 많은 협상가가 과감한 목표를 세우지 않는다. 흔히 자신이 원하는 것보다 자신이 얻어야 하는 것에 초점을 맞추는 실수 때문에 해마다 미국, 유럽, 일본, 영국 등지의 수많은 기업이 막대한 금전적 손해를 입는다. 미지근한 목표를 세웠다가 차선의 계약을 맺으면 당신과 상대방 모두 기대 이하의 성과를 거둔다. 상대방과의 관계가 나빠질까 봐 목표를 높게 잡지 못하지만 오히려 마지노선 근처에서 협상하게 될 때 관계가 나빠질 우려가 훨씬 큰 것이다.

사람들이 과감한 목표를 세우지 않는 이유

우리는 왜 공세적인 목표를 세우지 못할까? 바로 '정보 비대칭'이라는 근본적인 원인 때문이다. 협상에 뛰어드는 당신은 자신에 관한 모든 정보를 파악하고 본인의 강점뿐만 아니라 약점도 날카롭게 파악하고 있을 것이다. 예를 들어 당신은 이번 분기 말까지 반드시 거래를 맺어야 한다는 점을, 이번 주문을 놓치면 수지 타산을 맞출 수 없을 것이라는 사실을, 이 사업 기회를 놓치면 당신의 직원들이 해고될 것이라는 점을 알고 있다.

반면 상대방에 관해서는 아는 바가 훨씬 적다. 사람들은 보통 자신의 강점을 흔쾌히 공개하기 때문에 상대방의 강점은 알고 있지만 상대방의 약점은 많이 알지 못한다. 이렇듯 자신의 약점을 매우 잘 알고 상대방의 약점은 잘 모르는 정보 비대칭 때문에 공세적인 목표를 세우지 못한다. 목표는 상대방의 약점을 근거로 세워야 하기 때문이다.

상대방의 약점을 목록으로 작성하라

나는 사람들에게 상대방의 약점을 찾아서 목록으로 작성하라고 말한다. 상대방에게 대안이 있을까? 상대방이 나와 합의에 이르지 못하면 어떻게 할까? 상대방이 거래처를 바꾸는 데 어느 정도의 위험이 있을까? 상대방이 나와 거래하지 않으면 앞으로 어떻게 될까? 거래가 결렬되면 해고되는 사람이 있을까?

나는 협상가들이 상대방에게 불리한 조건들을 찾길 바란다. 협상의 목표는 상대방이 가진 대안의 약점으로 세워져야 한다. 그러려면 상대방의 배트나에서 약점을 찾아야 한다. 상대방의 배트나에는 그가 당신과 합의하지 못할 때의 대안이 담겨 있다. 그러므로 당신은 상대방의 배트나를 면밀하게 분석해서 상대방의 유보점을 추측하고 이를 바탕으로 당신의 목표를 세워야 한다.

안타깝게도 매우 능숙한 협상가들조차 상대방의 약점을 분석하지 않을 때가 많다. 나는 강의를 진행하면서 전문가들이 빠지는 덫 중 과감한 목표를 세우지 못하는 것을 강조한다. 전문가들조차 협상에서 흔히 달성되는 성과를 바탕으로 목표를 세우는 함정에 빠진다. 이들은 협상 경험이 많기 때문에 협상에서 전형적으로 달성되는 성과를 중시하고 이것이 그들이 협상에서 얻고자 하는 지표가 될 수 있다.

자신의 약점을 기준으로 거래하지 마라

우리는 타인보다 자신에게 초점을 맞추는 경향이 있기 때문에 상대방의 배트나의 약점을 검토하지 않는 경우가 많다. 언젠가 나는 어느 자문회사의 공동 경영자에게 협상 전략을 가르쳐 준 적이 있다. 나는 그에게 질문했다.

"거래처에서 당신 회사에 일을 맡기지 않는다면 그들은 어떻게 할 것 같습니까?"

"아마 다른 회사에 맡길 것 같습니다. 선택할 수 있는 곳이 많거든요."

나는 구체적으로 어느 회사를 선택할 것 같은지 물었다. 그는 잘 모르겠다고 답했다. 내가 더 집요하게 묻자 그는 거래처가 맥킨지와 거래할 것 같다고 털어놓았다.

나는 그 거래처가 당신의 회사와 맥킨지 중 어느 곳을 선호할 것 같냐고 물었다. 그는 자사가 지금 진행 중인 유형의 프로젝트를 더 많이 해 왔기 때문에 자신의 회사를 선호할 것 같지만, 만약 자신의 회사를 선택하지 않을 땐 맥킨지와 일할 것 같다고 말했다. 그의 말에 따르면 맥킨지는 거래처에 현장 팀을 파견 중이었다.

나는 맥킨지가 그 프로젝트 비용을 얼마나 청구할 것 같은지 물었고 그는 최소한 100만 달러를 요구할 것 같다고 대답했다. 내가 그에게 하루 전에 거래처 관계자들과 만난 자리에서 얼마의 비용을 요구했는지 묻자 그는 35만 달러를 요구했다고 말했다.

그의 회사와 맥킨지가 요구한 금액의 차이는 적어도 65만 달러였다. 의뢰처의 배트나는 맥킨지에 최소한 100만 달러를 지출하는 것이므로 우리는 거래처의 유보점이 최소한 100만 달러였다고 추정할 수 있다. 그런데도 그는 왜 35만 달러만 요구했을까? 그 제안의 근거는 무엇이었을까? 그는 거래처의 배트나를 검토하고 유보점을 추정하지 않았다. 대신 해당 프로젝트를 수행하는 데 필요한 비용(약 30만 달러)과 자신의 배트나와 유보점에 집중하며 제안을 내놓았다.

원가 기반 가격 결정의 위험성

자신이 부담할 비용과 자신의 유보점에만 주목한 것이다. 내가 강의를 진행할 때마다 참가자들에게 원가 기반 가격 결정 방식^{제품 제조나 유통에 드는 단위 원가에 일정액 또는 일정 비율을 추가해서 가격을 결정하는 방법-역주}을 따르는지 물으면 놀랍게도 75퍼센트 이상이 손을 든다.

나는 이 원가 기반 가격 결정을 '유보점 가격 결정'이라고 부른다. 지출 비용만으로 가격이 결정되므로 상대방의 약점은 완전히 무시되는 방식이다. 자신이 부담할 비용에 초점을 맞추면 자신의 유보점 근처에서 협상하게 된다. 결국 자신이 원하는 조건은커녕 자신이 수용할 만한 최악의 조건으로 협상하게 될 것이다.

물론 비용은 유보점을 설정하는 데 결정적인 요소이지만 목표와는 무관해야 한다. 당신의 목표는 당신을 둘러싼 그 어떤 사실을 근거로 삼으면 안 되기 때문이다. 당신의 목표는 상대방의 약점을 근거로 삼아야 한다. 의뢰인들이 원가 기반 가격 결정 방식을 고집하려 들 때, 나는 "저는 최악의 거래를 협상합니다"라고 적힌 업무용 명함을 찍으라고 핀잔을 주곤 한다.

자신의 유보점을 토대로 목표를 설정하면 최악의 거래를 협상하게 될 것이다. 모쪼록 상대방의 배트나의 약점을 토대로 과감한 목표를 세우길 바란다.

힘없는 구단주가 연고지 야구장을 지킨 비결

목표가 상대방의 약점을 근거로 삼는 것이라면 유보점은 배트나를 근거로 삼는 것이다. 그러므로 목표와 유보점은 서로 무관해야 한다. 이 둘은 전혀 별개의 것이어야 하고, 협상을 시작하기 전에 자신의 목표와 유보점을 모두 염두에 둬야 한다.

내 의뢰인 중에 프로 야구팀의 구단주가 있었다. 그는 연고지 야구장의 소유주와 협상을 하고 있었고 내게 "끔찍한 협상이 될 것 같습니다. 저는 힘이 전혀 없으니까요"라며 불만을 털어놓았다. 나는 배트나를 마련해 힘을 키우고 다른 도시들을 연고지로 고려해 보라고 말했다. 그는 연고지를 바꾸고 싶지 않다고 했다. 내가 이곳저곳을 둘러보며 다른 야구장을 찾아보도록 권해도 그는 같은 말만 되풀이했다. 그래서 나는 연고지를 바꿔 본 경험이 있는 팀을 만나 보자고 제안했다. 그는 "연고지를 바꾸고 싶지 않습니다"라며 확실히 못을 박았고, 바로 그 이유 때문에 협상이 난항을 겪을 것이라고 말했다.

나는 늘 의뢰인들의 배트나를 마련하고자 노력한다. 하지만 그는 이 과정을 원하지 않았다. 그러는 바람에 협상력은 약해졌지만 그렇다고 해서 목표에는 전혀 영향을 주지 않아야 했다. 나는 그가 연고지를 바꾸고 싶지 않다는 말을 친한 친구, 파트너, 아내, 어머니 등을 비롯한 그 누구에게도 되풀이하지 않아야 과감한 협상 목표를 세울 수 있다고 설명했다. 그는 머릿속이 복잡해 보였고 "연고지를 바꾸고 싶지 않다고 했으니 힘이 전혀 없네요"라고 재차 강조했다.

나보다 상대방의 대안이 더 형편없을 때

나는 협상력이 부족한 것은 그가 세워야 할 목표와는 아무런 관계가 없다고 설명했다. 그의 목표는 상대방이 가진 배트나의 약점을 근거로 세워져야 했다. 그래서 나는 그가 연고지를 바꾼다면 현재의 야구장 소유주가 어떻게 할지 생각해 보라고 권했다.

현재의 소유주는 야구장을 리틀 야구팀에게 빌려주거나 주말 벼룩시장을 여는 데 이용할 것 같았다. 그 어느 쪽도 매력적인 대안으로 보이지 않았다. 내 의뢰인의 대안과 유보점 역시 매력적이지 않았지만, 상대방의 것은 정말 매력이 없었다. 이는 내 의뢰인이 아주 과감한 목표를 세울 수 있다는 뜻이었다.

그의 유보점(자신의 취약한 배트나를 근거로 삼았다)과 그의 목표(상대방이 가진 배트나의 약점을 근거로 삼았다) 사이에는 넓은 공간이 있었다. 이렇듯 목표와 유보점은 서로 무관해야 한다. 각각 전혀 다른 자료에 근거를 두고 있기 때문에 목표와 유보점은 별개다. 목표는 상대방이 가진 배트나의 약점에 근거한 것이지만 유보점은 나의 배트나에 근거한 것이다.

협상을 준비할 때 목표와 유보점을 뚜렷하게 구별하지 못하는 사람들이 많다. 그들은 흔히 자신의 유보점에 초점을 맞추고 마지노선보다 살짝 좋은 목표를 정한다. 이는 유보점의 근처에서 형편없는 거래를 협상하며 시간을 허비하는 꼴이다.

잘 세운 전략만으로
원하는 것을 얻을 수 있을까?

지금까지 협상에서의 흥정 지대 *bargaining zone*를 주제로 다룬 저작들이 많이 발표됐다. 흥정 지대는 합의가 가능한 범위를 가리킨다. 실제로 어떤 사람들은 흥정 지대를 '합의 가능 지대 *ZOPA, zone of possible agreements*'라고 부른다. 흥정 지대는 구매자의 유보점과 판매자의 유보점 사이에서 만들어진다. 많은 사람이 흥정 지대의 개념을 다루지만 협상 시 흥정 지대의 전체 영역을 고려하지 않는 경우가 많다.

우리는 흥정 지대의 영역 중에서 우리의 유보점에 가까운 곳에서 협상하곤 한다. 이는 내가 형편없는 거래가 많다고 지적하는 이유이다. 흥정 지대의 전체 영역의 장점을 포착하기 위해서는 상대방의 배트나에서 약점을 살펴보고 이를 바탕으로 상대방의 유보점을 추정해서 과감한 목표를 세워야 한다. 자신의 유보점 근처가 아니라 상대방의 유보점 주변에서 협상해야 하는 것이다.

유능한 영업 팀의 성과가 저조했던 이유

나는 젊은 경영인 협회 *YPO, Young Presidents' Organization* 회원들에게 자주 강의를 한다. 이 협회는 40세 이전에 대표직에 오른 CEO들의 모임으로 창업 전문가, 가족 기업의 오너, 그리고 외부에서 영입된 특정 분야의 전문가들로 구성된 매우 인상적인 단체다. 나는 세계 곳곳에 있는 협회의 여러 지부에서 강의했고, 협회의 국제 본부를 위한 수업을 진행하기도 했다.

나는 이 국제 행사에서 CEO 한 명을 만났다. 그는 나에게 자기 회사의 국제 영업 팀을 지도해 달라고 부탁했다. 나는 2일간의 협상 전략 연수를 진행하기로 했다. 하지만 연수 장소에 도착하자마자 나는 그곳의 영업부 부사장이 연수에 관심이 없다는 사실을 알아차렸다. 그의 태도를 보니 그는 연수가 불필요하다고 생각하는 것 같았다. CEO는 전폭적인 신뢰를 표시하며 임직원들에게 나를 소개했지만 애석하게도 CEO는 그날 오후에 출장을 떠나야 했고 나는 협상 수업에 무관심한 부사장과 국제 영업 팀을 상대로 강의해야 했다.

연수 첫날 아침에 부사장은 모의 협상에 참가한 모든 수강생 중 가장 낮은 점수를 받았다. 이후 두 번째 모의 협상에서도 부사장이 가장 나쁜 성과를 거뒀다. 이튿날 아침, 세 번째 모의 협상에서도 부사장의 점수가 가장 낮았다. 우리가 세 번째 모의 협상을 토의할 때, 부사장은 내가 결코 잊지 못할 발언을 했다.

"저는 우리 회사에서 최종 체결자로 알려져 있습니다. 누구보다 많은 거래를 했고, 신속하게 거래를 마무리했죠. 그런데 지난 이틀간, 제가 유보점 근처에서 협상하는 바람에 형편없는 거래를 맺고 있다는 사실을 알게 됐습니다."

부사장이 팀원들 앞에서 본인의 잘못을 인정하는 데에는 엄청난 용기가 필요했을 것이다. 그는 이 잘못된 관행이 회사 전체에 팽배해 있다고 여겼다. 그 회사는 결코 협상 전략이나 협상 경험이 부족한 곳이 아니었고, 영업 팀에도 협상 경험이 풍부한 사람들로 가득했다. 하지만 자신들의 유보점에만 집중하고 원가 기반 가격 결정 방식을 고수하는 경향 때문에 회사의 마진 수준이 엉망이 되고 말았다.

영업 팀은 전략이 있지만 과감한 목표가 없었다. 목표란 협상의 최대 성과다. 대체로 우리는 우리가 설정한 목표보다 더 나은 성과를 거두지는 못한다. 따라서 과감한 목표를 세우지 않으면 손해를 입을 확률이 크다.

과감한 목표를 세우는 사람들에게 보상하고 있는가?

기업은 유보점에 집중하는 협상가에게 보상하는 사태를 방지하기 위해 판매 인센티브 방안을 신중히 마련해야 한다. 기업이 매출이나 시장 점유율만을 기준으로 영업 팀에게 인센티브를 지급하면 영업 팀은 과감한 목표를 세우지 않고 자사의 유보점에만 집중할 것이다. 그래서 나는 의뢰인들에게 자사 영업 팀에게 인센티브를 지급하는 방식을 재검토하도록 권한다. 그리고 영업 이사들이 성과를 극대화하게끔 유도하는지, 아니면 그저 거래를 체결하도록 부추기는지 분석하게 한다. 성과를 극대화하려면 영업 팀이 과감한 목표를 세워야 하고 회사가 매출이나 시장 점유율뿐만 아니라 마진, 목표 달성도, 수익성 향상 따위를 기준으로 영업 팀에게 인센티브를 지급해야 한다.

목표 달성에 근거한 보상은 까다로운 작업일 수 있다. 이런 기준이라면 선뜻 과감한 목표를 세우기가 쉽지 않기 때문이다. 실제로 내 의뢰인 중 한 명은 과감한 목표를 세우기가 만만찮다고 털어났다. 목표를 달성해야 할 책임이 있지만 달성하지 못하면 부정적인 평가를 받을 우려가 있기 때문이었다.

목표를 높게 잡도록 독려하고 현실적으로 평가하라

목표 달성과 연계된 실적 지표, 즉 목표의 수준이나 범위를 위축시킬 가능성이 있는 평가는 곤란하다. 회사는 매우 과감하고 이상적인 목표를 기준으로 직원들을 평가하고 싶지 않을 수도 있고 직원들은 경영진이나 이사진과 목표를 공유하고 싶지 않을 것이다.

그래서 나는 상대방이 가진 배트나의 약점을 근거로 매우 과감한 목표를 설정하도록 직원들을 독려하는 한편 더 현실적인 목표를 기준으로 직원들을 평가해야 한다고 생각한다.

당신이 얻고 싶은 것을 꼭 생각하라

목표는 회사의 비용이나 최근에 맺은 계약을 근거로 정하지 말아야 하며 사람들이 전형적으로 달성하는 것과 무관해야 한다. 목표는 상대방이 가진 배트나의 약점을 근거로 정해야 한다. 물론 당신이 상대방에게 무척 중요한 차별성을 제공할 수 있다면 상대방의 대안은 더 취약해진다. 그러려면 3장에서 살펴봤듯이 당신의 차별성을 협상 쟁점으로 바꿔야 할 뿐만 아니라 상대방의 대안을 신중하게 분석해야 한다.

나는 코로나19 위기를 겪은 사람들의 협상을 도와주면서 이 점을 아주 분명하게 확인했다. 세계적인 유행병에 따른 봉쇄 조치로 많은 기업이 타격을 입었고 특히 소규모 식당과 소매점이 치명적인 피해를 입었다. 여러 자영업자는 살아남기 위해 부동산 임대 계약을 재협상하고자 했다. 나는 미국 전역에 체인점을 둔 식당의 임대료 재협상을 자문한 적이 있다. 체인점의 관계자들과 이야기를 나눠 보니 임대료 문제를 맡은 노련한 협상 팀이 이미 자사의 모든 임대 계약과 그 밖의 고정 비용의 현황을 검토한 뒤 협상에서 얻어야 할 것을 결정한 상태였다. 협상 팀은 자사의 유보점을 알고 있었고 각 매장의 현재 위치를 유지하기 위해 각 건물주로부터 얻어야 할 것이 무엇인지 파악한 것이다.

그러나 나는 이들에게 얻어야 할 것뿐 아니라 얻고 싶은 것에 대해서도 생각해 보라고 조언했다. 나는 각 건물주가 취할 수 있는 선택들의 약점을 찾아서 협상의 목표를 세우도록 권했다. 또한 임차할 가능성이 있는 다른 소매점들과 자사 식당의 차별성을 논의 과정에서 부각해야 하고 그 차별성을 협상 쟁점으로 전환하면 건물주가 하는 선택의 약점을 강조할 수 있을 것이라고 덧붙였다.

제안의 약점을 파악하는 배트나 분석 도구

많은 협상가가, 그리고 앞서 언급한 식당 체인점의 협상 팀처럼 경험이 매우 풍부한 사람들조차 상대방의 약점을 바탕으로 협상 목표를 세우지 않는다. 그래서 나는 '배트나 분석 도구'를 추천한다. 이것은 상대방의 약점을 평가하기 위해 특별히 고안된 도구다.

배트나 분석 도구에는 상대방이 보유한 대안의 약점을 평가하는 10개의 질문이 담겼다. 각 질문의 답변에 1점부터 10점까지 점수를 부여해 보자. 1점은 상대방의 대안이 취약하다는 뜻이고 10점은 상대방의 대안이 강력하다는 뜻이다. 각 질문에 전부 답했다면 모든 점수를 합산한 뒤 10으로 나눠 평균 점수를 낸다.

평균 점수가 1~4점이면 상대방의 대안이 약하므로 공세적인 목표를 세

위야 한다. 따라서 평균 점수가 4점 이하인 응답자는 동일한 유형의 협상에서 사람들이 흔히 설정하는 목표보다 더 과감하게 세울 필요가 있다.

평균 점수가 5~7점이면 상대방의 대안이 평균 수준이라는 뜻이고, 따라서 동일한 유형의 협상에서 흔히 설정하는 전형적인 목표를 반영하면 된다.

평균 점수가 8점 이상이면 상대방의 대안이 강력하다는 뜻이다. 그러므로 응답자는 전형적인 목표를 반영해 나름의 목표를 세우더라도 달성하기가 만만찮을 것이다.

2가지 분석 도구를 활용하는 법

지금부터 2개의 배트나 분석 도구의 견본을 보여 줄 것이다. 하나는 고객과 협상할 때, 다른 하나는 납품업체와 협상할 때 활용하는 것이다. 나는 의뢰인들에게 이 견본에 담긴 질문을 검토한 뒤 각자의 사정에 맞게 '고객용'과 '납품업체용' 분석 도구를 각각 만들어 보도록 한다. 168쪽에 있는 [그림4]는 내가 의뢰인을 위해 만든 고객용 배트나 분석 도구다.

재화나 서비스의 구매자도 자신의 납품업체를 평가할 수 있기를 바랄 것이다 이는 [그림5]를 참고하라. 언젠가 내 의뢰인 중 한 명이 납품업체와 협상할 때 쓸 배트나 분석 도구도 만들어야 한다고 주장했다. 즉, 납품업체용 분석 도구와 그 납품업체의 영업 사원용 분석 도구를 모두 만들어야 한다는 말이었다. 일반적으로 개별 영업 사원의 배트나 분석 점수는 그 회사의 점수보다 낮을 것이다. 이 낮은 점수는 당신이 그 영업 사원과 협상하기 전, 목표를 세울 때 반드시 고려해야 한다.

[그림4]와 [그림5]에 나오는 배트나 분석 도구의 내용을 자신이 속한 회사나 업종에 맞는 질문으로 수정해도 되지만 특정 부문의 모든 고객과 특정 분야의 모든 납품업체와 협상할 때는 똑같은 10개의 질문을 활용해야 한다. 그래야 어느 거래처와 협상할 때 더 과감한 목표를 세워야 하는지를 상대적으로 평가할 수 있기 때문이다.

흔히 기업들은 거래처와 협상하기 전에 구체적인 목표를 세우지 않는다. 거시적인 목표가 있는 것은 좋지만 각 거래처가 가진 배트나의 약점을 반영한 구체적인 협상 목표도 세워야 한다. 회사 차원에서 그렇게 하지 않으면 영업 사원은 특정 거래처와의 협상이 평균적인 목표를 달성하지 못할 것이라는 이유를 항상 그럴듯하게 설명할 수 있을 것이다. 협상 결과가 평균적인 목표에 미치지 못할 듯싶은 거래처를 쉽게 파악할 수 있기 때문이다.

그러나 누구든 특정 거래처와 협상할 때 평균적인 목표보다 더 높은 목표를 세워야 한다고 주장하기는 어려울 것이다. 그리고 만약 모든 거래처에 대해 평균적인 목표나 그것보다 낮은 목표를 설정하면 당연히 그 평균적인 목표도 달성할 수 없다. 평균적인 목표를 달성하려면 각 거래처의 배트나를 분석해야 한다. 그래야 어느 거래처의 배트나가 취약한지 파악할 수 있고, 그곳과 협상할 때 평균적인 목표보다 훨씬 더 높은 수준의 목표를 설정할 수 있다.

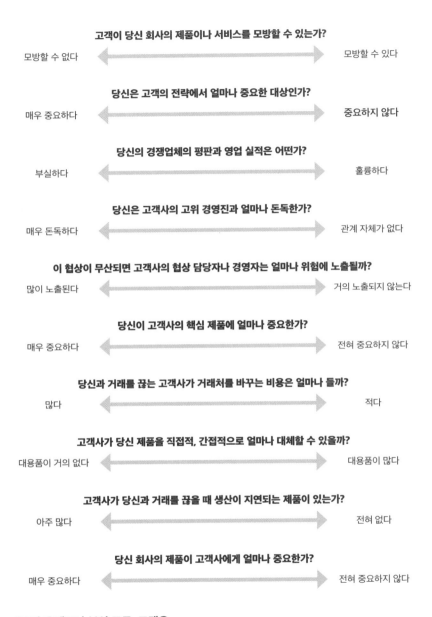

고객이 당신 회사의 제품이나 서비스를 모방할 수 있는가?

모방할 수 없다 ⟷ 모방할 수 있다

당신은 고객의 전략에서 얼마나 중요한 대상인가?

매우 중요하다 ⟷ 중요하지 않다

당신의 경쟁업체의 평판과 영업 실적은 어떤가?

부실하다 ⟷ 훌륭하다

당신은 고객사의 고위 경영진과 얼마나 돈독한가?

매우 돈독하다 ⟷ 관계 자체가 없다

이 협상이 무산되면 고객사의 협상 담당자나 경영자는 얼마나 위험에 노출될까?

많이 노출된다 ⟷ 거의 노출되지 않는다

당신이 고객사의 핵심 제품에 얼마나 중요한가?

매우 중요하다 ⟷ 전혀 중요하지 않다

당신과 거래를 끊는 고객사가 거래처를 바꾸는 비용은 얼마나 들까?

많다 ⟷ 적다

고객사가 당신 제품을 직접적, 간접적으로 얼마나 대체할 수 있을까?

대용품이 거의 없다 ⟷ 대용품이 많다

고객사가 당신과 거래를 끊을 때 생산이 지연되는 제품이 있는가?

아주 많다 ⟷ 전혀 없다

당신 회사의 제품이 고객사에게 얼마나 중요한가?

매우 중요하다 ⟷ 전혀 중요하지 않다

[그림4] 배트나 분석 도구: 고객용

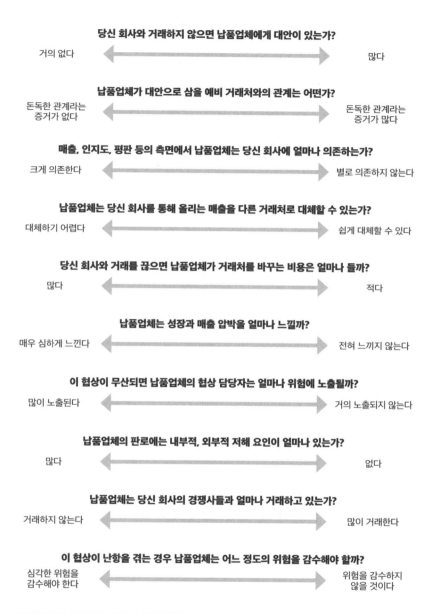

당신 회사와 거래하지 않으면 납품업체에게 대안이 있는가?

거의 없다 ⟷ 많다

납품업체가 대안으로 삼을 예비 거래처와의 관계는 어떤가?

돈독한 관계라는
증거가 없다 ⟷ 돈독한 관계라는
증거가 많다

매출, 인지도, 평판 등의 측면에서 납품업체는 당신 회사에 얼마나 의존하는가?

크게 의존한다 ⟷ 별로 의존하지 않는다

납품업체는 당신 회사를 통해 올리는 매출을 다른 거래처로 대체할 수 있는가?

대체하기 어렵다 ⟷ 쉽게 대체할 수 있다

당신 회사와 거래를 끊으면 납품업체가 거래처를 바꾸는 비용은 얼마나 들까?

많다 ⟷ 적다

납품업체는 성장과 매출 압박을 얼마나 느낄까?

매우 심하게 느낀다 ⟷ 전혀 느끼지 않는다

이 협상이 무산되면 납품업체의 협상 담당자는 얼마나 위험에 노출될까?

많이 노출된다 ⟷ 거의 노출되지 않는다

납품업체의 판로에는 내부적, 외부적 저해 요인이 얼마나 있는가?

많다 ⟷ 없다

납품업체는 당신 회사의 경쟁사들과 얼마나 거래하고 있는가?

거래하지 않는다 ⟷ 많이 거래한다

이 협상이 난항을 겪는 경우 납품업체는 어느 정도의 위험을 감수해야 할까?

심각한 위험을
감수해야 한다 ⟷ 위험을 감수하지
않을 것이다

[그림5] 배트나 분석 도구: 납품업체용

점수가 낮을수록 과감한 목표를 세운다

앞서 인용한 식당 체인점의 협상 팀은 각 매장이 입점한 건물을 분석하면서 배트나 분석 도구에 나오는 10가지 질문을 던졌다. 그리고 각 건물주가 얼마나 입점을 원하는지, 해당 건물의 공실률은 어느 정도이고 앞으로는 어떨지, 자사의 매장이 그곳의 상권 확장에 얼마나 기여하고 임대료 상승을 유발할지 등을 평가했다. 모든 질문에 답변한 뒤 우리는 점수에 따라 목표를 설정하고자 했다.

점수가 1~4점인 건물: 우리는 향후 12~16개월간 임대료를 면제받고 그 뒤로는 임대료를 할인받는다는 과감한 목표를 세웠다.

점수가 5~7점인 건물: 6~10개월간 임대료를 면제받고 세금 같은 일부 고정 비용을 낸다는 목표를 세웠다.

점수가 8~10점인 건물: 상대방으로부터 많은 것을 얻기 힘들다는 점을 알고 있었다. 그래서 우리는 일단 6~10개월간 임대료 면제를 추진하되 큰 기대를 걸지 않았다.

점수가 가장 낮은 건물주와 먼저 접촉하다

우리는 건물주를 접촉하는 순서를 정할 때 이 점수를 활용했다. 점수가 가장 낮은 건물주와 먼저 접촉하기로 했다. 협상에 성공한 경험이 생긴다면 다른 건물주들에게 보여 줄 선례가 될 것이라고 판단했기 때문이다.

나에게 자문을 요청하기 전에 그들은 이미 몇몇 건물주와 접촉해 대화를 나눴지만 임대료를 면제받거나 할인받지는 못했다. 그래서 그들은 내가 제시하는 전략에 회의적이었다. 그러나 그들이 접촉했던 건물주들의 배트나 분석 점수를 보니 협상이 실패한 이유가 명확히 드러났다. 다른 건물주들에 비해 배트나 분석 점수가 높았기에 당연히 강력한 외부 대안을 보유하고 있었고, 다른 건물주들만큼 애가 타지 않았던 것이다.

배트나 분석 점수가 낮은 건물주들에게 초점을 맞추고 목표를 과감하게 설정하자 협상 팀은 생각지도 못한 성과를 올릴 수 있었다. 여러 건물주와 임대료를 조정해 고정 비용을 크게 절약한 덕분에 식당 체인점은 봉쇄 조치로 인한 영업 차질과 식탁 간 2미터 거리 두기에 따른 수용 인원 감소라는 악조건에서 살아남을 수 있었다. 임대료 인하가 그들의 생존 비결이었고, 각 건물주가 가진 배트나의 약점을 근거로 과감한 목표를 세운 것이 이를 가능하게 했다.

배트나 분석 도구가 없다면 "다른 사람에게 임대하겠지"라거나 "다른 거래처를 이용하겠지"라며 안일하게 생각했을 수도 있다. 하지만 우리는 상대방이 누구에게 임대할지, 어느 거래처를 이용할지, 어느 납품업체를 상대할지, 어느 구매자와 거래할지 매우 구체적으로 파악한 뒤 당신의 제안과 비교해 상대방의 대안에서 약점을 찾아내야 한다.

배트나 분석 도구는 상대방이 가진 배트나의 약점을 깊게 파고들 수 있는 훌륭한 도구다. 이 10가지 질문을 잘 활용하면 상대방의 사업에서 어떤 일이 일어나고 있는지 평가하고 그들의 대안에서 약점을 발견할 수 있을 것이다.

배트나 분석 도구로
얻을 수 있는 5가지

배트나 분석 도구를 활용하면 과감한 목표를 세울 수 있다. 앞서 살펴본 사례에서 확인할 수 있듯이 협상의 순서도 정할 수도 있다. 만약 여러 명과 협상을 진행해야 한다면 무작위로 시작하지 말고 배트나가 취약한 상대방과 먼저 협상하기를 바란다. 그러면 초반에 성과를 올릴 가능성이 커지고 당신의 신뢰도가 쌓이면서 새로운 선례를 만들 수 있다.

배트나 분석 도구는 협상가들이 쟁점을 추가해 상대방의 대안에서 약점을 드러내는 방법, 별개의 협상 건을 하나로 묶는 기회를 포착하는 방법을 알려 준다. 또한 협상 노선과 태도를 통일하고 협상가들의 실적을 평가하는 효과적인 도구이기도 하다.

상대방의 배트나를 조금씩 약화시키기

상대방의 강점이 무엇인지 파악할 수 있다. 예를 들어 상대방의 평균 점수는 4.3점이지만 개별 항목의 점수는 높을 수 있다. 상대방의 배트나를 조금씩 약화시킬 방법을 고안할 때는 이 분석 도구가 꼭 필요하다. 가령 이 분석 덕분에 당신이 지금 상대방의 고위 경영진과 탄탄한 관계를 맺지 못하고 있다는 사실을 확인할 수 있다. 일단 그 점을 파악하면 고위 경영진과의 관계를 증진함으로써 상대방의 협상력을 약화시킬 수 있다.

쟁점을 추가해 상대방의 약점을 강조하기

배트나 분석 도구에 담긴 개별 질문을 면밀하게 분석하면 상대방의 대안에서 약점을 강조하기 위해 추가해야 할 쟁점이 무엇인지 알 수 있다. 예컨대 당신이 개별 질문을 상세히 검토한 결과, 상대방이 어떤 프로젝트를 단기간에 완수해야 하는 상황에서 뾰족한 대안이 없고 다른 거래처는 당장 그 프로젝트를 맡을 형편이 되지 않는다. 이때 당신은 상대방에게 뾰족한 대안이 없다는 사실을 강조하기 위해 프로젝트 착수 날짜, 완수 날짜, 그리고 언제까지 완수하겠다는 보증 등을 협상 테이블에 올릴 수 있다. 이 모든 쟁점은 상대방의 약점을 부각할 것이다.

별개의 협상 건을 하나로 묶기

배트나 분석 도구는 별개의 협상 건을 하나로 묶는 기회를 잡을 때도 쓰인다. 대기업이 다른 대기업을 상대로 협상할 땐 여러 건의 협상을 진행하기 마련이다. 나는 대기업 관계자들에게 개별 협상 건에 대한 상대방의 배트나를 분석하도록 권장한다. 예를 들어 2건의 협상이 진행되고 있는데 상대방의 대안 중 1건은 취약하고, 다른 1건은 강력하다면 2건의 협상을 하나로 묶는 편이 좋다. 그러면 대안이 취약한 협상 건을 활용해서 대안이 강력한 협상 건에서 더 많은 성과를 올릴 수 있다.

사례를 하나 소개하겠다. 어느 대기업은 예전부터 서로 다른 2개의 부서가 동일한 고객과 개별적으로 접촉하고 있었다. 그들은 이 배트나 분석 도구를 활용하는 법을 배운 뒤, 2개의 부서가 각 협상에 대한 고객의 배트나를 분석하면 유리한 고지에 오를 수 있다는 점을 깨달았다. 그리고 고객의 배트나 중 1건은 취약하고 다른 1건이 강력하다는 사실을 알게 되면서 이 2건의 협상을 하나로 묶어 진행하면 회사의 이익이 더욱 커질 것으로 예상했다. 예상은 적중했다.

팀원들의 협상 노선과 태도를 통일하여 성과 높이기

배트나 분석 도구는 협상 노선과 태도를 통일하는 데 일조할 수 있다. 즉, 협상 팀의 모든 구성원이 상대방의 대안에서 약점을 찾고 정량화할 수 있게 만들어 준다. 나는 협상 팀의 구성원들이 각자 분석 도구의 10가지 질문에 답한 뒤 서로의 점수를 비교하기를 권한다. 그렇게 서로의 분석 결과를 공유하고, 상대방이 가진 대안의 약점에 집중하며 이를 정량화하면 과감한 목표 때문에 상대방에게 불쾌감을 주거나 거래를 놓칠지 모른다는 두려움이 줄어들 것이다.

협상 노선과 태도를 통일하기 위해서는 협상 팀 *deal team*과 협상 실무 팀 *table team*을 구별해야 한다. 협상 팀은 협상 계획 수립, 전략 개발, 진척 사항 감독, 협상 승인 등의 과정에 관여하는 대규모 다기능 팀이 포함된다. 협상 실무 팀은 협상 팀의 하위 조직으로, 직접 테이블에 앉아 상대방과 협상하는 것을 임무로 삼는다.

협상 팀의 모든 구성원이 분석 도구의 10가지 질문에 답하고 점수를 매기는 것이 이상적이다. 그래야 모두의 시각이 반영된 평가를 내릴 수 있기 때문이다. 상대방과 자주 교류하는 사람보다 그렇지 않은 사람이 상대방의 약점을 더 명확하게 파악하는 경우가 종종 있다. 영업 사원처럼 상대방과 밀접하게 접촉하다 보면 간혹 상대방의 배트나를 과대평가하는 경우가 있다. 상대방으로부터 그 대안의 강점에 관해 자주 들었기 때문이다. 반면 그렇지 않은 구성원은 상대방의 약점을 더 객관적으로 평가하는 경우가 많다. 각 구성원이 독립적으로 배트나 분석 도구의 질문에 답하고 점수를 매기면 각자의 독특한 전문 지식 모두를 활용할 수 있을 것이다.

어느 금요일 오후에 나는 어떤 대형 기술 기업에서 협상 강좌를 진행하고 있었다. 한 여성 참가자는 그 기업의 모든 부서에서 차출해 구성한 대규모 협상 팀의 일원이었고, 매우 중요한 고객과 협상을 진행하고 있었다. 협상 실무 팀은 다음 주에 있을 고객과의 협상에서 내놓을 제안을 검토하고 있었다. 그녀는 협상 실무 팀 소속이었지만 고객 관계 담당자는 아니었다. 그녀는 내 강의를 듣고 배트나 분석 도구로 점수를 매기며 고객의 배트나가 매우 취약하다는 사실을 알아냈다. 평균 점수가 2.6점에 불과했다. 그녀는 몹시 혼란스러웠다. 당시 협상 실무 팀은 고객과의 협상에 대해 아주 평범한 수준의 목표를 검토하고 있었기 때문이다. 그녀는 협상 실무 팀이 지금보다 훨씬 과감한 목표를 설정해야 한다고 생각했지만 고객 관계를 담당하는 영업 이사의 판단은 다를 것 같았다. 나는 그녀에게 협상 실무 팀원 각자가 배트나 분석 도구의 질문에 답하고 점수를 매기게 하게끔 권했다.

그녀는 당장 배트나 분석 도구를 팀원들에게 보내면서 2~3분 동안 짬을 내서 질문에 답하고 점수를 매긴 뒤 결과를 보내 달라고 했다. 팀원들의 채점 결과는 최저 2점, 최고 2.8점이었다. 이는 고객의 배트나가 매우 취약하고, 따라서 협상 실무 팀이 협상의 목표를 과감하게 설정해도 된다는 의미였다.

그녀는 이 결과를 토의하고 협상 목표를 수정하기 위해서 금요일 늦은 오후에 화상 회의를 열기로 했다. 이후 협상 실무 팀은 처음보다 2배가 넘는 목표를 세웠고 이렇게 과감해진 목표를 반영해서 첫 번째 제안의 내용을 완전히 수정했다. 협상 실무 팀은 그 다음 주에 훨씬 더 과감한 목표를 설정해서 협상에 임했다. 결과적으로 처음에 요구하려고 했던 것보다 50퍼센트 더 높은 수준의 성과를 거뒀다.

협상가들의 실적 평가하기

배트나 분석 도구는 고위 경영진이 자사의 협상가들의 실력을 평가하는 도구가 되기도 한다. 마치 검은 장막 뒤의 협상 과정을 슬쩍 엿볼 수 있는 틈 같은 것이다. 리더는 흔히 매출을 근거로 직원을 평가한다. 그러나 실제로 직원이 비교적 대안이 취약한 거래처를 상대한다면 누구나 매출을 올릴 수 있다. 반면 어떤 직원은 비교적 대안이 강력하고 까다로운 거래처를 상대한다. 그렇기 때문에 매출만을 기준 삼아 영업 사원들의 실적을 비교하면 이런 차이를 간과할 수 있다.

배트나 분석 도구를 활용하면 직원들의 실적을 한층 더 깊이 있게 비교할 수 있다. 그리고 개별 협상가들이 마땅히 도달해야 할 실적 수준에 비해 그들이 얼마나 더 좋은 실적을 올렸는지 평가할 수 있다. 여기서 관건은 영업 사원이 적절한 마진 수준에서 가능한 매출을 실제로 올렸는지, 고객이 점점 자사에 의존하도록 유도했는지, 고객사의 고위 경영진과 관계를 맺고 있는지, 고객이 거래처를 바꿀 필요가 없다고 생각할 만한 수준의 서비스를 제공했는지 등이다.

나는 의뢰인들에게 배트나 분석 도구를 고객 관계 관리 도구$^{CRMS, customer\ relationship\ management\ tools}$에 포함하도록 권한다. 그렇게 하면 고객 관계 관리 팀도 이 분석 점수를 바탕으로 보고서를 작성하고 이를 매출 및 마진 보고서와 연관시킬 수 있다. 그리고 누가 까다로운 거래처를 상대하고 있는지를 파악할 수 있다.

또한 어떤 직원이 까다로운 거래처를 상대로 얼마나 높은 실적을 올리고 있는지 신속하게 평가할 수 있다. 끝으로 고객의 배트나를 조금씩 약화시키는 1급 영업 사원들을 돋보이게 할 수 있고, 배트나 분석 점수가 낮은 고객을 상대로 늘 부실한 거래를 맺는 직원과 영업 팀의 원가 기반 가격 결정 방식을 지적할 수도 있다.

실제로 내 의뢰처인 어큐먼 솔루션즈$^{Acumen\ Solutions}$는 배트나 분석 도구를 자사의 고객 관계 관리 도구에 편입했다. 이 결정에는 어큐먼 솔루션

즈가 세계 도처의 기업들을 상대로 세일즈포스*SalesForce, 고객 관계 관리 솔루션을 중* *심으로 한 클라우드 컴퓨팅 서비스를 제공하는 미국 기업-역주* 의 프로그램 실행 문제를 자문하는 회사인 점이 크게 작용했다.

CEO인 데이비드 주브란*David Joubran* 은 배트나 분석 도구가 "영업 팀을 한 층 더 깊이 있게 평가하는 데 기여했다"라고 말한다. 지금까지는 매출만을 평가해 왔지만 이제는 영업 팀의 업무 과정도 평가할 수 있는 것이다. 팀원들이 적절한 목표를 세우고 있는지, 거래처의 사업 영역에서 발자취를 확대하고 고객사의 고위 경영진과 끈끈한 관계를 맺고 있는지, 우리회사의 전문성을 강조하고 있는지 등 배트나 분석 도구는 이 같은 질문에 해답의 실마리를 제공한다.

상대방을 과대평가하지 마라

사람들은 내게 상대방의 배트나를 정확하게 평가하지 못하면 어떻게되는지 묻곤 한다. 그럴 때마다 나는 그런 일은 흔하게 일어나지만 딱 한가지 실수만 주의하면 된다고 대답한다. 바로 상대방의 강점을 과대평가하는 경우다. 상대방의 대안을 과소평가하는 경우는 걱정거리가 아니다. 상대방의 배트나를 과소평가한 나머지 지나치게 과감한 목표를 세우는경우는 문제가 되지 않는 것이다. 물론 너무 공격적인 제안을 내놓게 되겠지만 처음 설정한 목표는 달성하기 힘들다는 점을 생각하면 이는 협상과정에서 조정할 수 있다. 그러므로 목표를 달성할 수 없을 듯해도 발을 빼지 말아야 한다.

그러나 상대방 대안의 강점을 과대평가하면 너무 작은 목표를 세우고 소심한 태도로 제안하게 될 것이다. 이것은 큰 문제다. 첫 번째 제안은 조심스러운 탓에 번복할 수 없기 때문이다. 어쩌면 당신은 이런 문제를 겪어 본 적이 있을 것이다. 당신이 제안을 내놓자마자 상대방이 잽싸게 제안을 받아들인 것을 보고 더 많은 것을 얻을 수 있었다는 사실을 깨달으며 아차 싶었던 순간 말이다. 과감한 목표를 설정해 양보의 여지를 남겨둘 필요성은 8장에서 다루도록 하겠다.

하자 있는 케이크를
싸게 구입하다

나는 기업 관계자들에게 모든 협상에 배트나 분석 도구를 활용하라고
말한다. 이 도구는 당신이 일자리를 얻거나 연봉 협상을 할 때도 유용하
게 쓸 수 있다. 물론 일상생활의 모든 협상 상황에 적용하지는 않겠지만
그래도 이런 분석을 거쳐 각 협상에서 과감한 목표를 설정해야 한다. 구
체적으로 말하자면, 비록 10가지 질문으로 세심하게 분석하는 대신 즉석
에서 서둘러 평가하는 수준에 그치더라도 상대방의 배트나에서 약점을
찾아 목표를 세워야 한다.

몇 년 전 내가 겪은 사례 하나를 소개하겠다. 아이들이 어렸을 때 우리
가족은 밤에 게임을 즐겼고 가끔 어린 자녀를 둔 다른 가족과 함께했다.
내 아이들이 7살과 3살이었을 때, 우리는 켈로그 경영 대학원 동료의 가

족을 초대해서 함께 식사하고 보드게임을 하기로 했다. 그날은 성^聖 패트릭의 날이었기 때문에 나는 후식으로 먹을 레프러콘 *leprechaun, 황금을 숨긴 곳을 가르쳐 준다고 하는 아일랜드의 요정-역주* 모양의 쿠키를 사기 위해 근처에 있는 제과점에 들렀다.

7개의 케이크와 다음 날 문을 닫는 빵집

나는 쿠키를 살 20달러만 들고 차에서 내렸다. 제과점에 들어가 현관 옆의 진열대에 있는 여러 개의 쿠키를 살펴보고 있는데 아이들이 벽 쪽의 대형 냉장 진열대로 다가갔다. 진열대 안에는 엄청나게 큰 성 패트릭의 날 2단 케이크가 있었다. 위층에는 레프러콘 모양의 장식물이, 아래층에는 황금색 단지가 있었고 위에서 아래로 황금색 초콜릿 동전이 흘러내리고 있었다. 아이들은 유리 진열대에 양손을 얹은 채 이 놀라운 케이크를 더 가까이 보려고 했다.

"엄마, 이것 좀 보세요!" 아이들이 외쳤다. 나는 쿠키를 사야 한다고 말했지만 녀석들의 눈은 케이크에서 떨어질 줄 몰랐다. 케이크는 69달러였는데 내 호주머니에는 20달러밖에 없었다. 나는 아이들에게 쿠키의 모양이 얼마나 멋진지 이야기했다. 그래도 녀석들은 여전히 케이크를 보고 있었다.

그때 나는 진열대에 케이크가 몇 개 남아 있지 않다는 사실을 깨달았고, 제과점은 1시간 뒤에 문을 닫을 예정이었다. 각 케이크의 표면에는 화이트 케이크인지, 옐로우 케이크인지, 초콜릿 케이크인지를 알려 주는 작은 플라스틱 장식이 붙어 있었다. 그중 장식이 없는 케이크가 하나 있었고 나는 이것을 구실로 협상을 시도해 볼 수 있다는 생각이 들었다.

나는 아이들에게 말했다. "우리는 20달러밖에 없는데 이 케이크는 69달러야. 엄마가 이 케이크를 20달러 밑의 가격으로 살 수 있으면 이걸 가져가고, 그럴 수 없으면 쿠키를 사야 한단다"라고 말이다. 그리고 문제의 케이크를 집어 들었다. 나는 빠르게 분석한 결과 그 케이크를 판매하는 제과점의 배트나는 취약할 것으로 판단했다.

진열대에는 맛을 표시한 플라스틱 장식이 꽂힌 케이크가 최소 7개 더 있었는데 크기가 커서 장식이 없으면 그 누구도 케이크의 맛을 알 수 없을 것으로 보였다. 1시간 뒤에 제과점은 문을 닫을 예정이었고 다음 날에는 문을 열지 않는다. 따라서 1시간 내로 팔리지 않는 케이크는 아예 팔 수 없을 가능성이 컸다.

나는 상대방이 가진 배트나의 약점을 재빨리 분석한 뒤 과감한 목표를 세우며 케이크를 들고 계산대로 향했다. 나는 케이크를 내려놓으며 물었다. "이 케이크는 무슨 맛이죠?" 점원은 케이크를 살펴보더니 "맛을 표시한 장식이 빠져서 무슨 맛인지 알 수가 없네요"라고 대답했다. 나는 점원에게 이렇게 말했다.

"어머, 당신이 맛을 모르면 이 케이크는 팔기 어렵겠네요. 다른 케이크가 7개나 더 있고 곧 영업도 끝나는데 무슨 맛인지 모르는 케이크를 사려는 사람은 없을 것 같아서요. 오늘 우리 집에 손님이 오기로 했는데 손님들이 어떤 맛을 좋아할지 모르겠어요. 그래서 운에 맡겨 보려고 하는데, 괜찮으면 저에게 이 케이크를 10달러에 파시면 어떨까요?"

나는 점원과 협상한 끝에 20달러 이하의 가격으로 케이크를 사서 집으로 돌아왔다. 아이들은 무척 좋아했다. 저녁 식사 후에 우리는 상자에서 케이크를 꺼냈고 내 동료의 두 아들과 우리 아이들은 황금색 단지와 초콜릿 동전을 보더니 기쁨의 환호성을 질렀다. 내 동료가 "이야, 정말 예쁘네"라고 말하자 막내가 "엄마가 진짜 싸게 샀어요"라고 대답해 조금 당황스럽기도 했다.

내가 케이크를 싸게 살 수 있었던 비결은 무엇일까? 제과점의 배트나의 약점을 알고 과감한 목표를 세웠기 때문이다. 복잡한 비즈니스 협상에서는 배트나 분석 도구를 활용해 상대방이 갖고 있는 대안의 약점을 분석해야 한다. 일상생활에서 이 분석 도구를 그리 자주 활용하지는 않겠지만 그래도 상대방의 약점을 반드시 찾아야 한다. 최고의 협상 성과를 얻고 싶다면 과감한 목표는 필수다. 이는 제과점의 일화처럼 일상적인 협상 상황에도, 비즈니스 협상에도, 그리고 당신의 일자리 협상에도 적용된다.

상대방의 상황이 변하면
목표도 바꿔야 한다

지금까지 상대방의 배트나에서 약점을 평가해 협상 목표를 설정하는 과정이 얼마나 중요한지 살펴봤다. 당신이 현재 관계를 맺고 있는 고객이나 납품업자나 파트너의 배트나는 계속 변하기 때문에 정기적으로 분석해야 한다. 그리고 자신의 협상 전략을 개발할 때는 상대방의 배트나가 어떻게 바뀔지도 고려해야 한다. 상대방의 배트나는 고정적이지 않다. 함께 일하기 시작한 뒤에도 이전보다 강력해지거나 취약해질 수 있다. 그러므로 이것이 시간의 흐름에 따라 어떻게 달라질지 분석하는 것이 중요하다.

배트나의 위력을 분석하면 계약 기간, 가격 책정 전략, 단계적 프로젝트 수행 같은 협상 전략의 여러 요소를 결정하는 데 필요한 정보를 얻을 수 있다.

계약 기간

예컨대 상대방의 배트나가 시간의 흐름에 따라 점점 강력해질 듯하면 장기 계약을 추진하는 것이 좋다. 강력해진 후에 다시 협상하게 되면 불리해지기 때문이다. 반대로 상대방의 배트나가 시간의 흐름에 따라 조금씩 취약해질 듯하면 단기 계약을 맺는 것이 좋다. 상대방이 당신에게 더 의존하게 됐을 때 다시 협상하게 되면 유리해질 것이다. 계약 자동 갱신 조건을 무심코 수용하는 기업들, 그리고 단기 계약이 유리해 보이는 상황에서 장기 계약에 덜컥 합의해 버리는 기업들이 많다. 상대방이 가진 배트나 위력을 세심하게 분석하면 성공적인 협상 전략을 세우는 데 필요한 정보를 얻을 수 있다.

가격 책정 전략

이 분석은 협상 시 가격을 책정할 때도 도움이 된다. 납품업자들은 흔히 '문간에 발 들여놓기*foot in the door, 일단 상대방이 수락하기 쉬운 것을 요청하고 나서 상대방이 수락하면 그보다 더 어려운 것을 요청하는 기법-역주*' 전략을 구사하려고 한다. 즉, 나중에 가격을 올리려는 속셈을 품은 채 우선은 아주 낮은 가격을 제시해 관계를 맺고 일감을 따내려고 할 것이다.

납품업자가 일감을 따낸 뒤 고객의 배트나가 취약해지면 그 전략은 효과를 볼 수 있을 것이다. 반면 고객의 배트나가 강력해지면 전혀 효과를 내지 못할 것이다. 예를 들어 납품업자만이 그 고객의 심각한 골칫거리를 해결해 줄 수 있었는데 해법이 있는 다른 거래처들도 많이 생기면 납품업자가 문간에 발 들여놓기 전략으로 제시한 낮은 가격은 마치 '머리부터 들이밀기 *door in the face, 일단 무리한 것을 요청함으로써 두 번째 부탁이 덜 무리해 보이도록 해 상대방의 수락을 이끌어 내는 기법-역주* ' 전략에서 쓰이는 높은 가격으로 보일 수 있다. 납품업자가 고객과 거래하기 시작한 뒤 고객의 배트나가 강력해지면 애초의 그 낮은 가격은 납품업자가 앞으로 받을 수 있는 가장 높은 가격이 된다. 이렇듯 가격을 책정할 때는 시간의 흐름에 따라 상대방의 배트나가 어떻게 변할지 고려하는 것이 중요하다.

단계적 프로젝트 수행

토목 회사, 건설 회사, 자문 회사는 의뢰처를 위해 지금 진행하고 있는 프로젝트를 단계적으로 수행하는 문제를 고려할 때도 의뢰처의 배트나의 위력 변화를 알아야 한다. 프로젝트를 진행하기 시작한 뒤 의뢰처의 배트나가 강력해지면 당신은 프로젝트를 단계적으로 수행하고 싶지 않을 것이다. 의뢰처의 대안이 많아질 것이고, 한 단계가 끝날 때마다 다른 회사에 일을 맡길 기회가 생기기 때문이다.

반면 프로젝트를 진행하기 시작한 뒤 의뢰처의 배트나가 취약해지면 당신은 프로젝트를 단계별로 수행하고 싶을 것이다. 의뢰처의 대안이 취약해진 상태에서는 향후의 작업 단계를 유리한 고지에서 협상할 수 있기 때문이다.

의뢰처를 위해 프로젝트를 단계별로 수행할 때 기업들은 다음 단계의 작업에 대한 수수료의 견적을 미리 제시하는 경우가 많다. 하지만 위력 분석에 입각하면 굳이 향후 작업 단계의 수수료를 미리 책정해 제시할 필요는 없다. 나중에 의뢰처의 배트나가 더 약해질 때 협상하면 되기 때문이다. 이렇듯 프로젝트를 단계적으로 수행하면서 향후 작업 단계의 수수료를 미리 책정해 제시하지는 말아야 한다.

자기가 원하는 방식대로 계약의 틀을 짜고 싶으면 상대방의 배트나가 시간의 흐름에 따라 어떻게 바뀔지 고려하는 것이 중요하다. 이것은 고객이나 납품업자나 파트너와 협상할 때도 적용된다. 그리고, 개인적 고용 협상에서도 마찬가지이다.

구직자와 직장인을 위한
협상의 목표 세우는 법

    당신은 고용 협상에서 과감한 목표를 세우고 싶을 것이다. 그러나 사람들은 자신이 얻어야 하는 바에 집중하다가 뜻대로 되지 않으면 고용주의 제안을 받아들이는 경우가 너무 많다.

    자기가 얻어야 하는 바에 집착하지 말고 자기가 원하는 바에 초점을 맞춰야 한다. 고용 협상은 큰 이해관계가 달린 협상이므로 철저한 준비가 필요하다. 우선 자신의 차별성을 찾고 이를 무기 삼아 고용주를 어떻게 공략할지 고민하라. 고용 협상에서 차별화는 것은 필수다. 선례를 만들지 않으면서도 회사가 당신에게 뭔가를 해 줄 수 있는지 입증해야 한다.

    차별화는 상대방의 배트나를 약화시키기도 한다. 당신이 특별할수록 고용주가 다른 사람을 채용할 여지가 줄어든다. 능력과 역량을 부각할수록 고용주의 배트나는 더 취약해질 것이다.

자신의 차별성을 확보한 뒤에는 배트나 분석 도구를 통해 상대방이 가진 배트나의 약점을 분석하고, 그 약점에 근거해 협상 목표를 설정하기 바란다. [그림6]은 개인의 고용 협상에서 배트나 분석 도구를 활용하는 방법의 한 예시다. 각자의 실력과 역량을 참고해 배트나 분석 도구의 질문을 수정해도 좋다.

당신이 이미 회사에 고용된 상태이거나 매우 독특한 쓰임새가 있거나 비범한 능력을 갖고 있는 경우, 당신은 상대방의 배트나가 비교적 취약할 수 있다는 점을 눈치챌 것이다. 반면 여러 명의 비슷한 구직자 중 한 사람이거나 회사가 정기적으로 많은 인원을 채용하고 있거나 회사가 당신의 실력을 그리 탐내지 않는 경우, 고용주와 채용 담당자의 배트나는 비교적 강력할 것이다.

당신의 목표는 상대방이 가진 배트나의 약점에 근거해야 한다. 그런데 간혹 회사 차원의 배트나는 비교적 강력한데 채용 담당자나 상사의 배트나는 취약한 경우가 있다. 즉, 당신이 이미 회사에 고용된 상태인 경우 회사 차원에서는 당신이 별로 필요하지 않아도 채용 담당자나 상사는 당신의 역할에 주목할 수 있다. 이때는 회사와 채용 담당자 및 상사의 배트나를 별개로 분석해 점수를 매긴 뒤, 둘 중 낮은 점수를 근거로 목표를 설정해야 한다.

고용 협상에 임하는 구직자들은 다른 구직자들이 흔히 얻어 내는 바에 초점을 맞추는 경향이 있다. 그러나 모쪼록 당신은 상대방의 대안에서 약점을 찾아 분석한 뒤 협상 목표를 세우길 바란다.

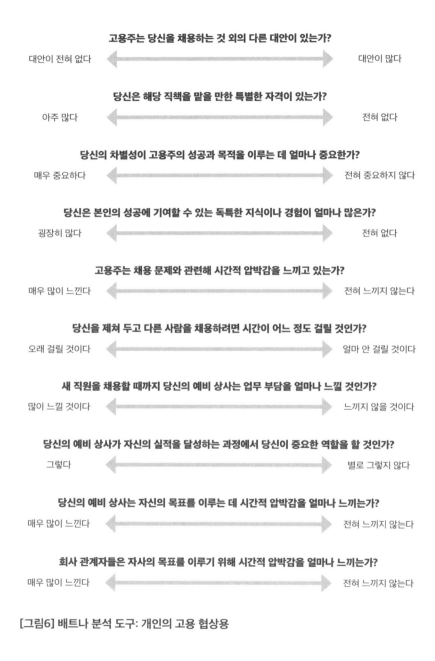

고용주는 당신을 채용하는 것 외의 다른 대안이 있는가?

대안이 전혀 없다 ◄──────────────► 대안이 많다

당신은 해당 직책을 맡을 만한 특별한 자격이 있는가?

아주 많다 ◄──────────────► 전혀 없다

당신의 차별성이 고용주의 성공과 목적을 이루는 데 얼마나 중요한가?

매우 중요하다 ◄──────────────► 전혀 중요하지 않다

당신은 본인의 성공에 기여할 수 있는 독특한 지식이나 경험이 얼마나 많은가?

굉장히 많다 ◄──────────────► 전혀 없다

고용주는 채용 문제와 관련해 시간적 압박감을 느끼고 있는가?

매우 많이 느낀다 ◄──────────────► 전혀 느끼지 않는다

당신을 제쳐 두고 다른 사람을 채용하려면 시간이 어느 정도 걸릴 것인가?

오래 걸릴 것이다 ◄──────────────► 얼마 안 걸릴 것이다

새 직원을 채용할 때까지 당신의 예비 상사는 업무 부담을 얼마나 느낄 것인가?

많이 느낄 것이다 ◄──────────────► 느끼지 않을 것이다

당신의 예비 상사가 자신의 실적을 달성하는 과정에서 당신이 중요한 역할을 할 것인가?

그렇다 ◄──────────────► 별로 그렇지 않다

당신의 예비 상사는 자신의 목표를 이루는 데 시간적 압박감을 얼마나 느끼는가?

매우 많이 느낀다 ◄──────────────► 전혀 느끼지 않는다

회사 관계자들은 자사의 목표를 이루기 위해 시간적 압박감을 얼마나 느끼는가?

매우 많이 느낀다 ◄──────────────► 전혀 느끼지 않는다

[그림6] 배트나 분석 도구: 개인의 고용 협상용

당신이 회사에서 일하게 된다면 시간의 흐름에 따라 고용주의 배트나가 바뀔 것이다. 당신이 탁월한 실적을 올리면 회사는 당신에게 더 의존하게 되고 회사의 배트나는 점점 취약해질 것이다. 당신의 성과가 훌륭하고 고객을 잘 관리하면 상사는 당신의 역할을 높이 평가할 것이고 회사의 배트나는 취약해질 것이다. 회사의 배트나가 취약해질 때 당신의 목표는 더 과감해져야 한다. 그렇게 하면 급여 인상, 자기 계발, 승진 등을 모색할 기회를 잡을 수 있다.

마지노선을 넘지 않았다면 포기하지 마라

도입에서 언급했듯이 개인적인 고용 협상에 나서기를 꺼리는 사람이 많다. 흔히 그들은 고용주가 먼저 승진, 임금 인상, 자기 계발 기회 등에 관해 이야기하기를 기다린다. 여성이 남성보다 이런 덫에 빠질 가능성이 더 높지만 많은 남성도 예외는 아니다.

사람들이 고용 협상을 꺼리는 이유는 상대방의 기분을 상하게 해 그 사람과의 관계가 나빠질까 봐 걱정하기 때문이다. 원하는 것을 요청하고 싶어도 고용주가 들어주지 않으면 포기해야 할 것 같기 때문에 협상이 꺼려진다고 말하는 사람들이 많다. 나는 이렇게 말하는 사람들에게 포기해야 할 때는 목표를 이루지 못할 때가 아니라 유보점을 달성하지 못하는 경우라고 일깨워 준다. 유보점은 자신의 배트나를 토대로 도출하는 것이고 협상 목표와는 무관하다. 협상 목표는 상대방이 보유한 대안의 약점을 근거로 설정하는 것이다. 고용주의 배트나가 시간의 흐름의 따라 대체로 취약해질 것으로 전망되고, 특히 당신이 매우 뛰어난 실적을 올리는 직원이라면 더 과감한 목표를 세우고 대담하게 협상해도 좋다.

새로운 일자리를 구할 때도 고용주의 배트나가 시간의 흐름에 따라 어떻게 변할지 분석하는 것이 필수적이다. 해마다 나는 경영학 석사 과정 졸업을 앞둔 여러 학생들에게 조언을 해 준다. 학생들은 고용주와 무엇을 협상해야 하는지 골몰하는데, 내가 이들에게 조언해 줄 때마다 고용주의 배트나가 시간의 흐름에 따라 어떻게 변할지를 자주 언급하곤 했다.

예를 들어 이들은 입사 3년 차에 유럽으로 근무지를 옮기거나, 4년 차에 재무 담당 부서에서 근무하거나, 2년 차에 일찌감치 승진 심사를 받고 싶을 수 있고 이런 희망 사항을 미리 협상하고 싶을 것이다.

대개의 경우 나는 그들에게 경영학 석사 과정 졸업자들을 채용하는 과정에서는 해당 직책을 선호하는 지원자가 많기 때문에 고용주의 배트나가 강력하다는 점을 고려하라고 한다. 하지만 실력이 뛰어난 켈로그 경영대학원 출신들이 일하기 시작하면 고용주의 배트나는 대체로 취약해질 것이다.

일반적으로 취업 이후의 이런저런 희망 사항은 회사의 배트나가 강력할 때 미리 협상하지 말고 훗날 회사의 배트나가 취약해졌을 때 협상하는 것이 좋다. 물론 예외도 있다. 예컨대 고용주가 정말 원하는 경력을 가진 유능한 지원자라면 채용 여부와 관련한 회사의 배트나는 취약할 것이고, 그 학생은 입사 이후의 희망 사항을 미리 협상할 수 있을 것이다. 물론 그런 경우는 비교적 드물다.

고용주의 배트나를 분석하고 그것이 시간의 흐름에 따라 어떻게 변할지 예측하는 것이 중요하다. 동시에 상사의 배트나도 고려해야 한다. 상사의 배트나는 고용주의 배트나보다 훨씬 뚜렷하게 취약해지는 경우가 많다. 상사는 업무와 관련해 당신에게 기댈 수밖에 없는 상태일 수 있고, 자신의 연간 목표를 달성하려면 당신의 도움이 필요할 수 있다. 상사는 당신을 대체할 사람을 단기간에 구할 수 없고 당신이 없으면 잔업에 시달릴 것이라고 여길 수 있다. 따라서 당신은 굳이 이직 카드를 꺼낼 필요 없다. 그냥 회사의 배트나와 상사의 배트나가 갖고 있는 약점을 각각 평가하고 과감한 목표를 세우면 된다.

목표는 성과의 최대치를 의미한다

▼

　1장부터 4장까지의 단계를 모두 밟았다면 협상 준비를 완료했다고 볼 수 있다. 우선 목적을 먼저 고려하고 목적을 협상 쟁점으로 바꿈으로써 어떤 쟁점을 테이블에 올릴지 깊이 고민했다. 그다음 쟁점 현황판에 쟁점들을 올리고 이를 분석했다. 이야기 전달 쟁점을 많이 확보해 상대방의 관심사에 초점을 맞추고, 이를 이용해서 절충 쟁점과 논쟁적 쟁점에서 얻어 내고자 하는 바를 얻을 수 있도록 말이다. 그리고 협상력을 강화하기 위해 배트나를 마련했다. 이는 유보점(마지노선)을 결정하기도 한다.

　끝으로 목표를 과감하게 세우기 위해서 상대방의 배트나에서 약점을 분석했다. 성과를 높이고 싶다면 과감한 목표는 필수적이다. 목표는 곧 협상의 최대 성과를 가리키기 때문이다. 일반적으로 우리는 우리가 이루고자 하는 수준보다 더 나은 성과를 거둘 수 없다. 그러므로 목표는 과감하게 세워야 한다.

　이처럼 철저하게 준비하면 협상을 앞둔 당신의 두려움이 줄어들 것이다. 상대방과의 관계가 나빠지거나 협상이 말싸움으로 변질되거나 거래를 놓치거나 나쁜 조건으로 거래할지도 모른다는 온갖 두려움은 이런 준비들로 줄일 수 있다. 이 준비 과정을 모두 밟은 사람은 두려움을 뒤로하고 자신감 있게 협상을 시작할 수 있다.

상대방이 원하는 것을
먼저 제안하라

주도권 가져오기

상대방보다 먼저 제안해야 할까, 아니면 상대방이 먼저 제안할 때까지 기다려야 할까? 최선의 협상 전략은 준비를 잘하고 먼저 제안하는 것이라는 매우 명확한 연구 결과들이 있지만 이는 여전히 협상을 둘러싼 가장 뜨거운 논점 중 하나다.

먼저 제안하는 것에 근거 없는 두려움을 느끼는 사람들이 많다. 상대방에게 불쾌감을 주거나 상대방이 협상에서 발을 뺄까 봐 걱정하는 것이다. 이런 두려움 때문에 상대방이 먼저 제안하도록 기다리다가 결국 매우 불리한 위치에서 협상하게 된다. 이 걱정은 첫 번째 제안에 포함할 쟁점에 대한 잘못된 생각에서 비롯된다. 첫 번째 제안에는 논쟁적 쟁점뿐만 아니라 여러 개의 이야기 전달 쟁점과 절충 쟁점도 포함해야 하기 때문이다.

5장에서는 첫 번째 제안에 모든 쟁점을 포함해야 하는 이유를 살펴볼 것이다. 첫 번째 제안에는 상대방의 필요 사항이나 문제에 초점을 맞추는 명분도 포함해야 한다. 상대방의 필요 사항에 초점을 맞춘 쟁점을 완비하고 나만의 차별성을 확보하면 협상은 전혀 두렵지 않다.

지금부터 상대방보다 먼저 제안해야 하는 이유와 그렇게 할 수 있는 효과적인 방법을 집중적으로 살펴보겠다. 올바른 전략에 따라 협상을 시작하면 두려움은 줄어들고 더 나은 결과를 얻을 것이다.

먼저 말하는 사람이 이기는
3가지 이유

먼저 제안해야 하는가 아니면 상대방이 주도하도록 기다려야 하는가? 의뢰인들과 가장 열띠게 토론하는 주제이지만 이 문제의 연구 결과는 무척 명확하다. 상대방보다 먼저 제안을 내놓는 사람들이 더 나은 성과를 거둔다. 그런데 사람들은 왜 상대방이 협상을 주도하도록 기다려야 한다고 생각할까?

내가 인용한 연구 결과는 비교적 최근인 지난 20년 동안 발표된 것이다. 이전에는 상대방에게 주도권을 넘기는 편이 유리하다는 주장이 많았다. 심지어 유명한 협상 강사들조차 "먼저 말하는 사람이 진다"라고 말했을 정도다. 그러나 최근의 연구들은 먼저 말하는 사람이 이기고 누구나 준비만 잘하면 크게 이길 수 있다고 주장한다.

첫 번째 이유, 앵커링 효과

먼저 말하는 사람이 이기는 첫 번째 이유는 앵커링 효과*anchoring effect*를 확보할 수 있기 때문이다. 앵커링 효과는 일단 사람들의 머릿속에 어떤 숫자나 개념이 각인되면 나중에 그 출발점에서 벗어나기 힘들다는 현상으로 이는 여러 연구에서 증명됐다.

내가 학생들을 두 그룹으로 나눠서 서로 다른 교실에 모았다고 치자. 나는 숫자가 적힌 공이 들어 있는 항아리를 들고 교탁 앞에 서 있다. 첫 번째 교실에서는 5,000이라는 숫자가 적힌 공을 학생들에게 보여 준다. 두 번째 교실에서는 50,000이라는 숫자가 적힌 공을 학생들에게 보여 준다. 그다음 각 교실의 학생들에게 전 세계에 있는 맥도날드 매장이 몇 개인지 추측해 보라고 말한다.

앵커링 효과에 따르자면 50,000이라는 숫자를 본 학생들이 5,000이라는 숫자를 본 학생들보다 맥도날드 매장의 개수를 월등하게 많이 추산할 것이다. 공에 적힌 숫자가 학생들의 머리에 각인된 결과다. 학생들은 이 숫자가 맥도날드 매장의 수와 무관하다는 사실을 알면서도 기준점에서 충분히 벗어나지 못한다. 이 현상은 고착과 조정 오류*anchoring and insufficient adjustment bias*라고 불린다.

이처럼 공에 적힌 숫자와 매장의 수가 서로 무관하다는 사실을 알면서도 매장의 개수를 추정하는 데 영향을 미친다면 당신이 협상에서 먼저 제안하고 그 제안의 타당성을 보여 줄 때 나타날 앵커링 효과는 어느 정도일지 생각해 보길 바란다. 앵커링 효과는 먼저 제안할 때 얻을 수 있는 엄청난 이점이다.

두 번째 이유, 협상 쟁점을 선점할 수 있다

먼저 말하는 사람이 이기는 두 번째 이유는 논의할 쟁점의 범위를 당신이 정할 수 있기 때문이다. 한마디로 당신이 협상 테이블을 차릴 수 있다. 상대방에게 주도권을 넘기면 그는 단 하나의 쟁점만 테이블에 올리겠지만, 그 반대의 경우에는 당신이 쟁점의 범위를 정할 수 있다. 그러면 여러 개의 이야기 전달 쟁점을 테이블에 올려 상대방의 관심사에 초점을 맞추고, 논쟁적 쟁점과 절충 쟁점에서 더 많은 것을 얻을 수 있다.

지금 당신이 고객과 협상하고 있다고 가정해 보자. 고객에게 주도권을 넘기면 고객은 가격 인하를 요구할 것이다. 고객이 협상 테이블을 차렸고, 그 위의 유일한 쟁점은 가격이기 때문이다. 반대로 당신이 주도한다면 코로나19를 계기로 드러난 안정적인 공급망의 중요성을 강조하고 다수의 기업이 이 문제로 어려움을 겪고 있음을 지적하며 대화를 시작할 수 있다. 그다음 고객이 공급망을 확보할 수 있는 방안을 제시할 수도 있다. 아울러 예비 재고를 보관해 주기, 필요하면 주문을 빨리 처리해 주거나 주문량을 늘려 주기, 2개 이상의 생산 시설의 이점 등 여러 가지 가능성을 논의할 수 있다. 당신은 가격 외에 고객에게 중요한 많은 쟁점을 테이블에 올려 뒀기 때문에 가격만 상의하지는 않을 것이다.

세 번째 이유, 논의의 틀을 짤 수 있다

먼저 말하는 사람이 이기는 세 번째 이유는 당신이 논의의 틀을 짤 수 있기 때문이다. 당신이 쟁점을 테이블에 올렸기 때문에 논의의 틀도 짤 수 있다. 바로 앞에서 가정한 사례로 돌아가 보자. 당신은 가격 인상 문제를 논의하고 싶다고 말할 필요가 없다. 대신 코로나19를 계기로 한 지역의 공급망이 막힐 때 예비 재고를 갖춘 튼튼한 공급망이 얼마나 절실한지를 강조하고 고객이 항상 안정적으로 납품받을 수 있게끔 적극적으로 노력하겠다는 식으로 대화의 틀을 짜면 된다. 그다음 다중화 수준, 예비 재고의 양, 납품 위치, 납품 시간 등을 변경하는 3개의 제안을 내놓으며 지난해보다 20~30퍼센트 더 높은 가격을 제시할 수 있다.

이렇게 논의의 틀을 짜서 '공급망 유지'라는 고객의 급선무에 초점을 맞추는 방식에 주목하길 바란다. 먼저 제안하면 쟁점의 범위를 정하고 논의의 틀을 짤 수 있는 엄청난 이점을 챙길 수 있다.

먼저 제안하면 당신은 무엇을 논의할지 정할 수 있고 강력한 출발점을 마련할 수 있다. 그러면 상대방은 당신의 제안 중에서 마음에 들지 않는 부분을 지적해야 한다. 반면 상대방이 먼저 제안하면 당신은 그 제안에서 흠을 찾아야 한다. 상대방과의 관계를 고려하는 사람이라면 상대방의 제안을 비판하면서 협상을 시작하기보다는 자신이 먼저 제안한 뒤 상대방의 반응을 살피는 편을 선호할 것이다.

상대방에게 끌려다닐 때 발생하는 문제

상대방을 이끌어 갈 때의 이점과 상대방에게 이끌려 갈 때의 위험이 여실히 드러나는 구체적인 사례를 소개하겠다. 내 의뢰처 중 4대 회계 법인으로 꼽히는 곳이 있다. 만약 그 회계 법인이 의뢰처에게 협상의 주도권을 넘기면 의뢰처는 수수료 20퍼센트 인하를 원한다고 말할 것이다. 한마디로 현재 수수료보다 20퍼센트 낮은 금액이라는 기준점을 잡고 대화의 틀을 짤 것이며 가격이라는 논쟁적 쟁점만 테이블에 올릴 것이다. 그렇게 되면 회계 법인의 공동 경영자는 의뢰처의 제안을 수용해서 자사의 재무 상태에 타격을 입히거나, 거절의 이유를 제시함으로써 의뢰처와의 관계를 훼손할 수밖에 없다. 이처럼 상대방에게 주도권을 넘기면 손해를 보거나 관계가 나빠지거나 둘 중 하나의 상황을 겪을 수밖에 없다.

다행히 이 공동 경영자는 주도권을 행사했다. 우선 그는 코로나19로 초래된 심각한 보건 위기와 경제 위기를 의뢰처가 극복할 수 있도록 돕는 데 집중하는 것이 자기 회사의 방침이라고 말했다. 의뢰처에 대해 어느 회계 법인보다 잘 알고 있으므로 의뢰처가 안정적으로 공급받는 수단을 확보하고, 비용을 절감하고, 효과적인 위치를 잡도록 도울 수 있다고 말했다. 그러고 나서 다음과 같은 협상안을 제시했다.

1. 서비스 범위 확대
2. 작업 일정
3. 의뢰처의 CEO에게 "다른 기업들은 어떻게 위기를 극복하는가?"라는 주제의 인사이트 특강 제공
4. 과거에 의뢰처와 거래한 적 있는 팀원들을 다시 모아 팀 구성
5. 의뢰처가 항상 공동 경영자에게 연락해 의논할 수 있고, 공동 경영자가 향후 4개월 동안 매주 수요일 오후 2시에 열리는 줌 화상 회의

에 참여한다는 조건

6. 다양한 서비스의 수수료

7. 확대된 서비스에 대한 대량 구매 할인

8. 의뢰처가 해당 회계 법인을 통해서만 비용 절감 분야의 자문을 받기
   로 하는 경우 추가 할인

그렇게 하면 수수료 인상을 기준점으로 잡으면서 새로운 서비스 분야
로 발자취를 확대하고, 의뢰처의 CEO와 관계를 형성하고, 과거에 의뢰처
와 거래한 적 있는 팀을 통해 차별성을 부각하고, 자사의 전문 지식을 강
조하고, 의뢰처의 의존도를 점진적으로 높일 수 있을 것이다. 무엇보다
의뢰처에게 수수료를 인하할 수 없다며 완고한 인상을 풍기는 대신에 유
연하고, 도움이 되고, 배려심 있는 인상을 줄 수 있었다.

첫 번째 제안은
잠재의식을 건드린다

어떤 사람들은 왜 상대방이 먼저 제안하기를 바랄까? 선제적 제안의 이점을 강조하는 연구 결과를 부정하는 이유는 무엇일까? 왜 선제적 제안의 당위성에 그토록 강력하게 반발할까? 항상 상대방에게 주도권을 넘기는 전략을 쓴 노련한 협상가들은 본인의 경험으로 효과를 봤기 때문에 그 전략이 옳다고 믿는다. 그들은 늘 상대방에게 주도권을 넘기고도 협상에 성공했을 것이다. 하지만 만약 그들이 먼저 선수를 쳤다면 얼마나 더 큰 성과를 올릴 수 있었는지는 알지 못하는 것 같다.

최근에 나는 이런 협상 철학을 가진 의뢰인으로 만났다. 그는 투자 은행업 경력이 있는 사업 개발 분야 종사자였다. 그는 상대방이 선수를 치도록 해야 한다고 철석같이 믿고 있었다. 늘 상대방에게 주도권을 넘겼고 그 결과가 좋았기 때문이었다. 그는 내게 협상을 주도해야 한다는 주장을 얼마나 확신하는지 물었다. 나는 100퍼센트 확신한다고 대답했다. 먼저 말하는 사람이 이기는 법이라는 사실을 알고 있었기 때문이다.

선제적 제안의 효과는 잠재의식에서 발생한다

사람들은 과연 무엇이 두려워 상대방이 주도하기를 바라는 것일까? 그는 만약 우리가 먼저 제안을 내놓으면 상대방이 선수를 쳤을 때보다 낮은 수준의 요구를 하게 될 수도 있다고 주장했다. 사람들이 상대방에게 주도권을 넘기고 싶어 하는 이유는 자신이 먼저 제안했다가 자칫 흥정 지대(합의가 가능한 범위)를 좁혀서 손해를 볼까 봐 걱정하기 때문이다.

그러나 과감하지 못한 요구가 흥정 지대를 좁힐 수도 있다. 그러므로 상대방의 배트나에서 약점을 분석하고 과감한 목표를 세운 뒤 먼저 제안해야 하는 것이다. 이런 식으로 잘 준비하면 흥정 지대가 좁아질 위험이 낮아지고 앵커링 효과의 이점을 확보할 수 있다.

내가 상담하는 학생들과 의뢰인들은 상대방이 원하는 것을 알기 위해서 주도권을 넘긴다고 말한다. 그들은 상대방이 무엇을 원하는지 듣고자 하며, 상대방의 선제적인 제안을 통해 정보를 입수할 수 있다고 믿는다. 하지만 상대방이 먼저 제안하면 어떤 기준점에 묶일 수 있고 그에 따라 협상의 성과도 영향을 받을 것이다. 많은 협상가가 상대방이 설정하는 기준점을 무시할 수 있다고 믿으며 기준점에 묶이지 않고 정보를 얻을 수 있을 것이라고 주장한다. 안타깝게도 현실은 전혀 그렇지 않다. 앵커링 효과는 잠재의식 수준에서 일어나기 때문에 우리는 그것을 극복할 수 없다. 나는 앵커링 효과를 연구했는데도 아직 이 효과를 극복하지 못하고 있다.

상대방이 선제적 제안으로 설정하는 기준점을 우리가 무시할 수 없듯이, 상대방도 우리가 선제적 제안으로 설정하는 기준점을 무시할 수 없을 것이다. 이렇듯 협상을 주도하면 매우 유리한 고지에 설 수 있다. 그러나 먼저 제안하려면 준비가 필요하다. 준비의 관건은 상대방의 배트나에서 약점을 평가하는 것이다. 그래야 자신감 있게 협상을 주도하며 흥정 지대를 좁힐 위험도 낮출 수 있다.

정보가 부족해도 먼저 제안하라

상대방에 대해 전혀 아는 바가 없으면 배트나의 약점을 평가하기도 힘들다. 사실 상대방의 배트나에 관한 정보는 구매자와 판매자 사이에 약간의 비대칭성이 있다. 일반적으로 판매자가 구매자보다 상대방의 배트나를 훨씬 더 깊이 파악한다.

판매자는 자신의 고객은 물론이고 자신의 경쟁자들에 대해서도 알고 있다. 그러나 정보가 거의 없는 구매자라도 먼저 제안하는 편이 낫다. 선제적 제안의 이점은 구매자와 판매자 모두에게 적용된다. 물론 특정 업종에서 주로 누가 협상을 주도하는지에 관한 기준이 있긴 하지만, 그 기준이 최선의 전략을 이해하고 활용해서 유리한 고지를 차지하는 것을 대체할 수는 없다.

정보의 비대칭성을 완화하는 방법

판매자에 관한 정보가 부족한 구매자는 2가지 방법으로 향후의 위험을 완화할 수 있다.

첫째, 제안 요청서를 통해 판매자의 정보를 입수한다. 구매자는 제안 요청서를 바탕으로 배트나를 도출해 최종 협상 단계에 진출할 판매자를 결정한 뒤 협상 테이블에서 먼저 제안을 내놓을 수 있다.

둘째, 매우 공세적인 제안을 내놓는다. 이 방법은 상대방과의 관계가 중요하지 않은 일회성 협상(이를테면 자동차 구매 협상)에서 효과적이다.

그러나 상대방과의 관계가 중요한 협상에서는 바람직한 접근법이 아니다. 이런 고려 사항이 있기 때문에 되도록 상대방에 관한 많은 정보를 파악해야 한다. 상대방의 배트나에서 약점을 평가해서 과감한 목표를 설정하고, 그 목표보다 더 공세적인 첫 번째 제안을 구상하고, 상대방의 필요 사항에 초점을 맞추는 명분을 마련한 뒤 상대방보다 먼저 제안할 수 있도록 최선을 다해야 하는 것이다. 지금부터는 공세적 제안과 비상식적 제안의 차이점을 알아보겠다.

원하는 것을 주는 능력이
곧 설득력이다

　제안은 얼마나 과감해야 할까? 만약 비상식적으로 인식되는 제안을 내놓으면 2가지 위험이 생긴다. 첫 번째, 상대방이 극단적인 반응을 보이고 협상이 교착 상태에 빠질 가능성을 높아진다. 두 번째, 당신의 제안이 터무니없는 것으로 인식되면 상대방으로부터 신뢰를 잃는다.

　연구 결과에 의하면 사람들은 타당한 범위를 훨씬 뛰어넘는 요구에 본능적으로 불쾌감을 느끼고 이런 제안에 대해서는 공세적인 역제안을 할 가능성이 크다. 당연하게도 첫 번째 제안이 극단적으로 느껴지면 협상은 교착 상태에 빠질 위험이 크다.

　신뢰 문제는 상대방과의 관계를 중요시하는 정도와 연관이 있을 것이다. 상대방과의 관계를 중시하면 비상식적인 제안이 아니라 공세적인 제안을 내놓을 것이다. 과감한 제안과 비상식적인 제안의 차이는 적절한 명분에 달려 있다. 합당한 명분이 없으면 과감한 것이 아니라 비상식적인 것이다. 이 둘의 차이는 문화별로 다를 수 있기 때문에 해당 문화의 규범을 적용할 필요가 있다. 이번 장에서는 자신의 차별성이 상대방의 급선무를 공략하는 방식에 초점을 맞추는 설득력 있는 메시지를 고안해서 제안의 명분을 마련하는 요령을 검토할 것이다. 또한 상대방의 관심사에 집중하는 것과 메시지의 틀을 올바르게 짜는 것의 중요성도 살펴보겠다.

나의 차별성이 상대방의 문제를 해결한다면?

경험이 풍부한 협상가들도 설득력 있는 메시지를 고안하지 못하는 경우가 많다. 그들은 어떤 말을 해야 할지 고민하는 대신, 자기가 얻고 싶은 것만 생각하고 협상 테이블로 향한다.

그러나 명분을 마련할 때는 상대방에게 초점을 맞추고 당신의 차별성이 상대방의 급선무를 공략하는 방식에 집중해야 한다. 그렇게 하기 위해서는 상대방이 무엇이 필요한지 알아야 한다. 상대방의 도전 과제는 무엇인가? 상대방은 무엇을 달성해야 하는가? 상대방의 문제는 무엇인가?

앞서 2장에서 살펴봤듯이 상대방이 상장 기업이면 그 회사의 분기별 수익 결산 실적 보고 회의 내용을 통해 정보를 수집할 수 있다. 상장 기업이 아니라면 상대방의 목표에 관심을 기울이고 상대방이 무엇을 이루려고 애쓰는지 발견해야 한다. 당신의 차별성이 상대방의 모든 필요 사항을 충족시키지는 못하겠지만 당신의 메시지는 그 차별성이 상대방의 구체적인 필요 사항을 공략하는 방식에 초점을 맞춰야 한다.

'나'가 아니라 '당신'을 언급하는 전술

나는 의뢰인들에게 대명사를 유의하라고 한다. 상대방에게 제시할 명분에 '나는', '나를', '우리는', '우리를' 같은 표현을 포함하지 않도록 하자. 사람들은 자기중심적인 경향이 있어 상대방보다 자신에게 초점을 맞추기 마련이다. 당신은 이 점을 의식해야 하고 상대방에게 맞는 명분을 마련해 이런 경향을 극복해야 한다. 명분을 마련할 때는 첫 문장에서 자신이 아니라 상대방이 언급되도록 하자. 이 간단한 전술은 상대방에게 지속적으로 초점을 맞추는 데 도움이 된다.

상대방에게 초점을 맞추는 명분을 확보하는 일이 어렵다면 당신의 제안에는 이야기 전달 쟁점이 충분히 포함되지 않았을 것이다. 따라서 목적의 목록과 협상 쟁점 목록을 다시 점검해야 한다. 당신의 목적 목록에 상대방의 급선무 공략하기, 자신을 차별화하기, 상대방과 관계를 구축하기 같은 목적이 있는지 확인하고 각각의 목적과 협상 쟁점을 연결하라. 쟁점 현황판으로 분류해 보면 협상 쟁점은 대부분 이야기 전달 쟁점이다. 이야기 전달 쟁점을 테이블에 더 많이 올리면 상대방에게 초점을 맞추는 제안을 내놓기가 더 수월해질 것이다.

경력 단절의 위기에서
승진의 쾌거를 이룩한 비결

자기 중심적인 경향은 개인적인 고용 협상에서 한층 더 뚜렷하게 나타난다. 내 의뢰인 중에는 마이애미를 중심으로 활동하는 CEO가 있다. 그런데 뉴욕의 어느 기업에서 그에게 CEO를 제안했다. 하지만 제안을 받아들이면 가족 전체가 뉴욕으로 가야 했다. 뉴욕 기업의 이사회는 1년 계약을 제시했다. 그는 내게 전화를 걸어 도움을 부탁했다. 뉴욕으로 삶의 터전을 옮기려면 장기 계약이 필요하다고 말했다. 아내는 직장을 그만둬야 하고 아이들은 전학해야 하므로 최소한 2년 계약이 필요하다는 것이다. 나는 장기 계약을 원한다는 의사를 어떤 식으로 표시할 예정인지 물었다. 그는 내게 말한 그대로 말할 것이라고 대답했다. 나는 예비 고용주에게 말하기 전에 연락해 줘 다행이라고 말했다.

나는 대화의 초점을 상대방의 급선무로 돌리라고 권했다. 그 기업의 이사회가 왜 그를 채용하려고 하는지, 그가 어떤 일을 해 줬으면 하는지 궁금했기 때문이다. 그는 이사회가 자신을 영입해 흑자 전환을 노리고 있다고 설명했다. 알고 보니 그 기업은 몇 년간 마진이 감소했고 평판도 심하게 추락했다.

우리는 5년 안에 흑자 전환을 이루려는 이사회의 희망 사항에 초점을 맞추며 명분을 궁리했다. 그가 내놓을 제안에는 향후 5년간의 흑자 전환 규모를 산정할 척도가 포함됐다. 그리고 3년 뒤에 계약 연장 여부를 평가하는 조건의 5년 계약, 흑자 전환 평가와 연계된 실적별 보너스, 그리고 연봉도 포함됐다.

그는 이러한 명분을 마련한 뒤 매우 만족스러운 채용 조건과 5년 계약을 따냈다. 장담컨대 그가 만약 흑자 전환을 계획하는 상대방의 급선무에 주목하지 않고 자신의 가족 이사 문제와 관련한 어려움을 호소했다면 결코 흡족한 성과를 올리지 못했을 것이다.

개인적인 호소를 삼가라

이번에는 한 사례를 통해 상대방의 급선무에 주목할 뿐만 아니라 자신의 차별성이 그 급선무를 공략하는 방식을 강조하는 것이 가장 바람직하다는 사실을 배울 것이다. 사례의 주인공은 켈로그여성리더센터에서 진행하는 고위 여성 지도자 프로그램에 등록한 한 여성이다. 평소에 나는 여성들이 기업의 고위직에 오를 수 있도록 열심히 지원해 왔다. 따라서 그녀가 직장을 그만두고 싶다고 했을 땐 무척 걱정스러웠다. 그녀는 출장을 너무 많이 다니는 바람에 자녀들이 자신을 엄마라고 부르는 대신 이름을 불러 몹시 속상했고 당장 일을 관두려고 했다.

나는 일단 출장 횟수를 줄일 방법이 있는지 확인하는 차원에서 고용주와 협상해 보라고 설득했다. 연구 결과에 따르면 여성은 남성에 비해 직장 생활에 만족하지 못하면 협상을 시도하지 않고 직장을 그만둘 가능성이 크다. 이런 경향은 여성 임원들에게 매우 부정적인 영향을 끼친다. 개선의 여지가 있을 법한 상황에서 그저 도피하고 고용주와의 관계가 나빠지는 경우가 많기 때문이다. 기업들은 일반적으로 당신의 이직을 원하지 않을 것이므로 당신이 대안을 상의해 보지도 않은 채 퇴직을 선택하면 불쾌감을 느끼는 경우가 많을 것이다. 따라서 퇴직하기 전에 일단 회사와 협상해 보는 편이 낫다.

그녀는 생명 공학 회사에서 근무하며 CEO에게 직보하는 위치에 있다. 그녀는 고위직을 향해 달리고 있었는데 퇴직 시 그 꿈이 미뤄지거나 삐걱댈 듯싶었다. 나는 한번 그만두면 되돌릴 수 없다고 말했고 직장을 떠나기 전에 상사와 대화를 나누며 상황을 수습할 방안을 찾도록 권했다.

상사와 어떤 식으로 대화를 나눌지 묻자 그녀는 아이들과 함께 지내는 시간이 너무 적기 때문에 출장 횟수와 시간을 줄일 필요가 있다는 점을 강조하고 싶다고 대답했다.

물론 자신의 상황에 주목하는 것은 자연스러운 현상이다. 그리고 고용 협상에 임할 때는 자신의 급선무와 희망 사항이 무척 중요해 보이기 마련이다. 그러나 이때는 자신의 희망 사항이 상대방의 급선무를 해결하는 데 어떤 식으로 도움이 될지 고민하고 고용주와 상사의 급선무에 초점을 맞춘 이야기 전달 쟁점을 테이블에 더 많이 올려야 한다. 나는 그녀에게 앞으로 출장을 줄이고 내근을 더 자주 하면 회사에 어떤 이익이 돌아가는지 생각해 보라고 했다. 때마침 그녀의 회사에서 개발한 2가지 약품이 식품의약청의 허가를 받은 지 얼마 되지 않았다.

그 회사는 지금까지 2가지 약품을 한꺼번에 허가받은 적이 없었다. 그러나 그녀는 대형 제약 회사에 다닌 경력이 있고 2가지 약품을 동시에 시장에 내놓은 경험이 많았다. 그녀는 2가지 약품을 상품화하는 과정에서 회사에 보탬이 될 수 있었다.

그녀는 상사를 만나 2가지 약품을 신속하게 상품화하는 작업이 회사의 성공과 어떻게 연결되는지 설명하고 분석가들이 상품화 능력을 중시한다는 점과 상품화 여부가 이듬해의 회사 평판을 가장 크게 좌우할 것이라는 점을 강조했다. 또한 자신이 2가지 약품의 상품화 작업을 주도할 적임자이지만 그렇게 하려면 매일 사무실에서 팀원들과 함께 일할 수 있어야 한다고 설명했다. 또한 다른 사람도 해당 분야의 고객을 설득할 수 있겠지만 자신이 여러 개의 팀을 조율하고, 전략적 방향을 제시하고, 2개의 약품이 시장에서 상업적 성공을 거둘 만한 위치에 서도록 하는 데 적합하다고 주장했다.

다행히 그녀는 정말 좋은 조건으로 상사와의 협상을 마무리했다. 출장

시간이 대폭 줄었을 뿐 아니라 승진도 하고 연봉도 올라갔다. 만일 그녀가 자녀들과 더 많은 시간을 보내고 싶으니 출장을 줄여 달라고 말했다면 이런 성과는 거두지 못했을 것이다.

이 사례에서 알 수 있듯이 협상에서는 자신의 사정을 호소하기보다 상대방의 급선무에 초점을 맞추는 제안을 내놓아야 더 많은 성과를 거둘 수 있다.

딜러의 관심사에 주목하면
가격을 낮출 수 있다

일회성 거래에서도 상대방의 급선무에 초점을 맞춘 명분을 제시하면 유리한 고지를 차지할 수 있다. 앞서 언급했듯이 만약 내가 자동차를 산다면 상대방과의 관계를 고려할 때 내놓을 만한 제안보다는 더 비상식적으로 느껴지는 제안을 내놓을 것이다.

나는 친구들이나 가족들이 자동차를 살 때 길잡이 역할을 자주 맡는다. 나는 그들에게 판매자의 희망 소매가격은 보지 말고 대리점에 들어가 먼저 제안을 내놓으며 선수를 치라고 말한다. 굳이 희망 소매가격을 알고 싶다면 대리점이 문을 닫는 일요일이나 저녁 시간에 가라고 일러 준다. 그러나 창문에 붙은 가격표를 유심히 살피다 보면 당신은 희망 소매가격을 첫 번째 제안에 포함시킬 것이다. 나는 당신이 그렇게 하지 않길 바란다. 대신에 미리 송장 가격^{invoice price, 판매자가 자동차 제조업체로부터 자동차를 사 오는 가격-역}주, 특정 모델에 대한 반환금^{holdback, 판매자가 자동차를 판매한 후 받는 돈으로 송장 가격의 2-3퍼센트에 해당한다-역주}, 광고비, 거주 지역에 따른 특별 인센티브 등을 파악하는 것이 좋다.

이 정보들을 미리 파악한 뒤 대리점으로 가서 먼저 제안을 내놓으면 된다. 대리점에서 직접 자동차를 구입할 때는 송장 가격에서 반환금, 특별 인센티브, 광고비를 뺀 뒤에 5,000~1만 2,000달러를 뺀 가격으로 협상을 시작하는 것이 좋다. 물론 그 가격으로 자동차를 구입하기는 힘들겠지만 최소한 송장 가격보다 더 낮은 가격을 시작점으로 삼는 효과가 있다.

비성수기를 노려라

이처럼 매우 공세적인 제안을 출발점으로 삼을 때도 구매자는 본인이 아니라 자동차 영업 사원의 관심사와 대리점의 필요 사항에 초점을 맞춘 명분을 마련하는 것이 좋다.

나는 자동차 구매자들에게 월말이나 분기 말, 그리고 가능하다면 날씨가 나쁜 시기에 사라고 추천한다. 날씨가 나쁜 시기에는 밖으로 나가 대리점 주차장을 걸어 다니고 시운전을 하고 싶은 사람이 비교적 적다. 자동차를 구매하려는 사람이 적으면 대리점의 배트나가 약해지기 때문에 구매자는 더 과감한 목표를 설정할 수 있다.

대부분의 자동차 영업 사원들이 수수료를 최대한 챙기려면 월말까지 많이 판매해야 하고 상당수의 대리점은 새로운 물량을 받기 위해 분기 말까지 자동차를 많이 팔아 치우려고 한다. 그러므로 월말, 분기 말 혹은 날씨가 좋지 않을 때 구매 협상에 나서면 과감한 목표를 세울 수 있다. 대리점 주차장의 자동차를 빨리 처분해야 하는 판매자의 처지에 초점을 맞춘 명분이 있다면 선제적 제안을 쉽게 내놓을 수 있다.

논의의 3가지 차원: 관심사, 권리, 권력

나는 내 차별성이 상대방의 급선무를 어떻게 충족시키는지 주목하게 만들고 싶고, 권리나 권력보다는 상대방의 관심사에 초점을 맞추는 자세를 유지하고 싶다. 말문을 열 때 우리는 관심사, 권리, 권력이라는 3가지 차원 중 하나를 발언할 수 있다. 1988년, 윌리엄 유리^{William Ury}와 진 브렛^{Jeanne Brett}과 스티븐 골드버그^{Stephen Goldberg}는 우리가 타인과 소통할 때 어느 차원에 초점을 맞춰야 하는지 조언했다.

그들의 주장에 의하면 '관심사' 중심적인 언급은 상대방이 어떤 것을 원하는지, 왜 그것을 원하는지에 주목한다.

'권리' 중심적인 진술은 우리가 맺은 계약의 내용, 합의 사항, 방침 내용, 사안의 공정성 여부 등을 강조한다.

'권력' 중심적인 언급은 협박의 의미가 담겨 있다. 권력 중심적인 발언은 일감을 끊거나 납품을 보류하거나 담당자를 배제하고 고위 경영자와 대화하거나 상대방을 고소하겠다는 으름장일 수 있다.

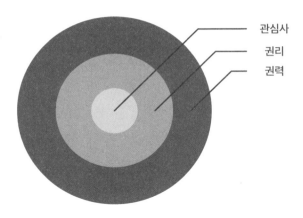

관심사
권리
권력

[그림7] 논의의 3가지 차원

　그림에서 확인할 수 있듯이 논의의 3가지 차원은 동심원 모양으로 설명할 수 있다. 정중앙의 원에는 관심사, 그 다음 원에는 권리, 테두리 원에는 권력이 자리한다.

　이 3개의 동심원으로 이뤄진 표적은 마치 수정 구슬 같다. 1988년, 유리와 브렛과 골드버그는 우리가 말문을 열기 전에도 상대방의 반응을 예측할 수 있다는 사실을 입증했다. 당신이 관심사에 초점을 맞추고 있으면 상대방도 관심사에 초점을 맞추고 있을 가능성이 높다. 그러다 관심사를 향한 초점을 거두고 권리를 강조하면 상대방도 최소한 권리에 초점을 맞출 것이며 한술 더 떠 권력을 언급할 가능성도 훨씬 크다.

　이렇게 갈등이 고조되는 현상을 피하려면 관심사를 향한 초점을 유지해야 한다. 이러한 초기 연구 결과를 증보한 논문에서 앤 리틀^{Anne Lytle}과 진 브렛과 데브라 샤피로^{Debra Shapiro}는 상대방이 계속 관심사에 초점을 맞추도록 유도하려면 본인도 관심사에 초점을 고수해야 한다고 말한다. 그리고 권리나 권력에 초점을 맞추면 강한 권력을 지닌 쪽에게 유리한 결과로 이어지는 경우가 많다고 주장했다.

경쟁이 치열한 유치원에 입학하게 된 대화의 기술

그런데 스스로가 관심사에 초점을 맞추고 있는지는 어떻게 확인할 수 있을까? 만약 당신이 과거에 누가 뭐라고 말했는지, 누가 무슨 일을 했는지, 누가 무슨 약속을 했는지를 언급하고 있다면 당신은 관심사에 집중하고 있지 않을 가능성이 높다. 어떤 논의에서 과거를 돌이켜 보고 있다는 것은 상대방의 관심사에 집중하지 않는다는 의미일 것이다.

관심사에 집중하기 위해서는 미래를 강조해야 한다. 사업을 어떻게 진척시킬 수 있을지, 문제를 어떻게 해결해서 한 걸음 더 나아갈지, 어떻게 다시 힘을 합칠 수 있을지 고민하는 미래 지향적 태도를 갖추면 관심사에 초점을 유지하기가 수월할 것이다.

과거를 돌이켜 보는 사람은 권리나 권력에 초점을 맞추고 있을 가능성이 높다. 이렇듯 협상에서는 관심사를 향한 초점을 고수해야 하는데, 특히 당신의 권력이 더 약할 때 중요하다. 권력이 약한 사람이 논의의 중점을 권리로 옮기면 결국 그 논의의 초점은 권력으로 향할 것이고 패배를 맛볼 것이다.

관심사에 초점을 맞추기란 말처럼 쉽지 않다. 개인적으로 나는 내가 옳다고 느낄 때 더욱 그렇다. 그때마다 논의의 차원을 관심사에서 권리나 권력으로 옮기려는 경향이 있는데, 그런 유혹을 이겨 내고 관심사에 집중하는 것이 나에게 훨씬 도움이 되는 자세다. 그래서 나는 동심원 모양의 표적을 종이에 그리며 관심사를 향한 초점을 견지하려고 애쓰곤 한다.

유치원 입학 담당자의 관심사에 주목하다

내 맏아들인 배럿이 아기였을 때, 우리 가족은 배럿을 유치원에 보내는 문제로 고민하고 있었다. 내가 정말 좋아하는 유치원이 한 곳 있었지만 입학을 기다리는 대기자가 무척 많았다. 게다가 그 유치원에 다니는 자녀가 없거나 유치원 이사회에서 활동하지 않는 학부모들은 아이를 입학시키기 어려운 곳이었다. 그래서 나는 1년 전부터 미리 이사회에 참여해 자원봉사를 하기로 마음먹었다. 그래야 내년 가을에 아이가 입학할 확률이 높아질 것 같았다.

시간이 흘러 입학 날짜가 돌아와 우리는 입학을 신청했다. 그 유치원의 방침은 기존 원생의 형제자매를 우선 입학시킨 뒤 이사회 소속 학부모들의 자녀를 입학시키고 나서 남은 자리를 다른 학부모들에게 배정하는 것이었다. 입학 담당자가 전화를 걸어 왔다. 그녀는 남은 자리가 4개밖에 없다고 말했다. 그러면서 이사회 소속 학부모는 5명인데 자리는 4개만 남아 있어 추첨을 실시했고, 배럿이 탈락했다며 안타까워했다. 결국 배럿은 대기자 명단에 올랐다. 내가 원한 결과가 전혀 아니었다.

그때 나는 배럿이 그 유치원에 입학해야 훗날 가장 알맞은 대학교에 들어갈 수 있다고 확신했던 것 같다. 나는 입학 담당자의 안내를 듣고 무척 실망했지만, 내 머릿속에서 뭔가 잘못된 것 같다는 생각이 스쳤다. 그녀는 형제자매가 함께 다니도록 하는 것이 유치원의 방침인데, 이사회 소속 학부모 중 한 사람에게 쌍둥이가 있었고 쌍둥이 중 1명을 입학시키고 나니 나머지 1명도 자동적으로 입학하게 됐다고 말했다.

그때 나는 전화기를 잡은 채 서랍에서 메모지를 꺼냈고 그 위에 동심원 모양의 표적을 그렸다. 추첨을 어떤 식으로 했는지 묻자 그녀는 이사회 소속 학부모 자녀 5명의 이름을 적어 모자에 넣은 뒤 하나를 꺼내고, 또 하나를 꺼내고 나서 쌍둥이 중 1명의 이름이 나왔기 때문에 나머지 1명이 자동적으로 4번째 자리를 차지하게 됐다고 말했다.

나는 코넬대학교 대학원생 시절 통계학을 가르친 적이 있다. 따라서 그녀가 진행한 추첨 방식이 잘못됐다는 점을 알 수 있었다. 내가 볼 때 그녀는 다른 3명의 아이에 비해 쌍둥이가 더 쉽게 입학할 수 있도록 확률을 바꿔 버렸다. 나는 방금 그려 놓은 동심원 모양의 표적을 내려다봤다. 분명히 그녀는 추첨을 잘못 진행했다. 따라서 나는 그 점을 지적하고 싶은 유혹을 느꼈다. 하지만 그랬다가는 곧 권력 차원으로 넘어갈 가능성이 컸다. 그때 나는 권력이 약한 을이었고, 유치원은 갑이었다.

나는 수학적 오류를 지적하는 대신 다른 학부모들에게도 추첨 결과를 알렸는지 물었다. 물론 그녀는 자녀의 입학이 허용된 학부모들에게 추첨 결과를 통보했다고 대답했다. 알다시피 좋은 소식은 나쁜 소식보다 먼저 알리기 마련이다. 추첨을 다시 할 수는 없었다.

나는 형제자매를 함께 다니도록 하는 유치원의 방침을 존중하지만, 앞으로 그 방침을 이행하는 방식을 의논했으면 좋겠다고 말했다. 나는 만약 내년에 네쌍둥이가 입학을 신청하면 어떤 식으로 추첨할지 연구할 필요가 있다는 점을 강조했다. 그리고 자녀의 이름이 아니라 학부모의 이름으로 추첨을 진행해야 한다고 덧붙였다. 추첨 방식의 오류에 관해서는 한마디도 하지 않았다.

그런 다음 입학 담당자를 직접 찾아가서 전후 사정을 설명하고 추첨 방식을 바꿀 필요성을 언급했지만 추첨을 다시 할 이유는 없다고 말했다. 오히려 나는 혹시 자리가 날지 모르니까 각 학급의 최대 정원을 살펴봐 달라고 부탁했다. 그녀가 이사들 간의 원만한 관계를 유지하는 데 관심이 있다는 사실을 알고 있었기 때문에 나는 이사들과 갈등을 겪고 싶지는 않다는 점을 분명히 밝혔다. 만약 입학 담당자에게 추첨 방식의 오류를 지적했다면 어떻게 됐을까? 나는 권리 차원으로 넘어가 그녀의 관심사인 '원만한 관계 유지'를 방해하게 됐을 것이다. 그녀는 추첨 방식을 고안한 장본인이 아니었다. 아마 그 유치원에서는 늘 그렇게 추첨을 진행했을 것이다. 권리 차원으로 넘어가면 갈등이 생겼을 것이고, 그렇게 되면 배럿이 입학하는 데 도움이 되지 않을 듯싶었다.

나는 권리 차원으로 초점을 옮기면 권력 차원으로 넘어갈 것이고, 결국 배럿이 그 유치원에 입학할 확률이 떨어질 것이라고 생각했다. 그녀의 관심사에 집중하는 것이 배럿의 입학 확률을 높이는 데 더 유리할 것으로 판단한 것이다.

그녀와의 대화는 긍정적이면서도 생산적이었다. 그녀는 각 학급의 최대 정원을 재검토했고, 학급당 정원을 늘릴 수 있다는 결론을 내렸다. 덕분에 배럿은 입학에 성공했다. 다행히 전략이 통했지만 솔직히 말해 이런 상황에서 권리에 초점을 맞추지 않기가 힘들다. 내가 옳다고 확신할 때 나는 그 점을 강조하고 싶은 유혹을 느끼지만 상대방의 관심사에 집중하는 것이 더 전략적이기 때문에 동심원 모양의 표적을 그리며 관심사에 집중하려고 애쓴다.

마음을 움직이는
이득 틀과 손해 틀

제안을 생각할 때는 상대방에게 초점을 맞추고 상대방의 관심사를 부각하면서 논의의 틀을 올바르게 짜야 한다. 이 과정은 협상이나 분쟁 해결을 준비할 때 가장 강력한 영향을 미치는 도구 중 하나이기 때문에 그 의미를 이해할 필요가 있다.

대니얼 카너먼과 아모스 트버스키 *Amos Tversky*는 사람들이 이득 앞에서는 위험을 회피하고, 손해 앞에서는 위험을 추구한다는 사실을 알아냈다. 그들은 이 현상을 인간의 행동을 기술하는 데 필수불가결한 '전망 이론 *prospect theory*'으로 설명했다.

카너먼은 이 이론을 발전시킨 연구 성과를 인정받아 2002년에 노벨 경제학상을 받았다. 영광스럽게도 나는 카너먼을 만나 논문을 공동으로 집

필했다. 그리고 카너먼의 초청으로 프린스턴대학교에서 논문을 발표했을 때, 나는 자택으로 초대를 받아 카너먼과 그의 훌륭한 배우자인 앤 트레이스만^{Anne Treisman}과 함께 저녁 식사를 하기도 했다. 그는 전 세계의 사회 심리학자들과 경제학자들에게 영감을 주는 경이로운 학자이다.

1979년에 카너먼과 트버스키는 사람들이 이득 앞에서는 위험을 회피하고 손해 앞에서는 위험을 추구한다고 설명했다. 즉, 더 많은 이득을 얻을 수 있지만 위험한 기회보다는 확실한 이득을 선호하는 반면, 확실한 손해보다는 더 큰 손해를 입을 위험을 선호한다. 우리는 이미 확보한 이득을 유지하려 하고 더 많은 이득의 가능성보다는 확실한 이득을 선호하며 손해를 싫어한다.

그리고 우리는 확실한 손해를 받아들이는 것보다는 더 큰 손해의 위험을 감수하는 것을 선호한다. 이 개념을 축구 경기에 비유해 설명해 보겠다. 직접 축구를 했거나 축구 경기를 본 적 있는 사람은 아마 알 것이다. 어떤 팀이 경기 후반부에 이기고 있을 때는 뒤로 물러나고 더 방어적인 플레이를 펼칠 것이다. 반면 지고 있을 때는 위험을 더 추구한다. 특히 경기가 끝나기 직전의 몇 분 동안에는 골키퍼까지 앞으로 나가며 공격에 온 힘을 다할 것이다.

지키고 싶다면 이득 틀, 바꾸고 싶다면 손해 틀

전망 이론에 따르면 우리는 이득 앞에서는 위험을 회피하고 손해 앞에서는 위험을 추구한다. 그리고 손해는 이득보다 2 대 1의 비율로 더 커 보인다. 한마디로 우리는 같은 규모라면 이득보다 손해를 2배 더 심각하게 느낀다.

이 현상은 당신의 협상 전략에 어떤 영향을 미칠까? 우선 상대방이 어떻게 행동하기를 바라는지 자문해 보자. 혹시 당신은 상대방이 현재 상태를 유지하고 앞으로도 계속 그렇게 하기를 바라는가? 아니면 현재 상태에서 벗어나 새로운 것을 하기를 원하는가? 하던 대로 행동하는 것은 위험을 회피하려는 태도다. 그러므로 현재 상태를 유지하고 싶다면 이득을 강조해야 한다. 이득 틀에 속하는 용어로는 이익, 이점, 증가, 증진, 향상, 가치, 수입, 확대, 가치 제안 등을 꼽을 수 있다.

반면 상대방이 새로운 행동을 하도록 유도하고 싶다면 손해를 강조함으로써 상대방이 위험을 추구하도록 해야 한다. 손해 틀의 용어로는 위험, 경쟁 위협, 비용, 위험 노출도, 취약성 등이 있다. 나는 항상 의뢰인들에게도 현재 상태를 유지하고 싶다면 이득을 강조하고, 현재 상태에서 탈피하고 싶다면 손해를 강조하라고 일러 준다.

우리가 원하는 대로 사람들이 행동하게 하려면 이 2가지 틀을 매우 의도적으로 선택할 필요가 있다. 이 개념을 설명하기 위해 나는 내가 상담해 주는 임원들에게 그들이 속한 조직에서 변화를 주도하려고 시도한 적 있는지 묻곤 한다. 대부분이 변화를 성공적으로 추진하기가 정말 어렵다고 입을 모은다. 하지만 위기가 찾아오면 변화를 선도하기가 훨씬 더 수월하다고 대답한다.

위기가 찾아오면 손해 틀이 형성되므로 사람들은 위험을 더 추구하고 평소와 다른 일도 기꺼이 시도하려고 한다. 하지만 변화하자고 위기가 찾아오기를 기다릴 수는 없다. 위기를 넘기려면 미리 능동적으로 변화를 추진해야 하는데 문제는 우리가 변화의 틀을 완전히 잘못 짜는 경우가 많다는 것이다. 흔히 사람들은 변화로 얻을 수 있는 이익, 이점, 발전 등에 초점을 맞추지만 연구 결과에서 밝혀졌듯이 사람들이 변화하는 것은 손해를 피하기 위해서지 잠재적 이득을 얻기 위해서가 아니다. 변화하고 싶다면 변화하지 않았을 때 생기는 위험에 초점을 맞춰야 한다.

우리는 이 사실을 최근의 코로나19 사태로 생생히 확인했다. 코로나19 사태가 벌어지자 많은 조직이 평상시 같았으면 훨씬 더 오랜 기간이 필요했을 법한 사업상의 변화를 빠르게 추진하게 됐다. "위기를 낭비해선 안 된다"라는 흔한 인용구는 사람들이 손해 앞에서는 위험을 추구하고 기꺼이 변화에 나선다는 사실에서 나온 말이다. 가상 환경에 맞춰 신속하게 사업에 변화를 꾀한 기업들이 얼마나 많은지 생각해 보자. 기업들은 신기술에 재빨리 적응했다. 위기를 계기로 형성된 손해 틀 때문에 발 빠른 움직임이 촉진됐다. 만약 기업들이 그저 원격 재택근무에 따른 이익만 고려했다면 2020년 이전에는 결코 가능하지 않았을 것이다.

협상을 할 때 당신은 아마 상대방이 지금과는 다른 행동을 하도록 유도하고자 애쓸 것이다. 가령 당신은 고객이 당신 회사의 새로운 제품을 구매하도록 하거나, 납품업자가 품질 관리를 잘하도록 자극하거나, 잠재적 인수자가 당신의 회사를 사들이도록 유도하거나, 파트너가 추가 지분을 제공하도록 독려하려고 할 것이다.

일반적으로 협상을 진행할 때 우리는 상대방이 현재 상태에서 벗어나도록 하려고 노력하기 때문에 손해 틀을 선택하는 경우가 많다. 협상을 준비할 때 고려하도록 지금까지 내가 일러 준 여러 힌트가 어떻게 당신을 손해 틀로 안내하는지 주목하길 바란다.

지금까지 나는 상대방의 급선무와 도전 과제를 생각하고, 상대방이 가진 대안의 약점을 분석하고, 당신의 차별성이 상대방의 급선무를 공략한다는 메시지를 고안하라고 말했다. 이 모든 힌트는 손해 틀을 고려하기 위한 것이다. 협상을 준비할 때 당신은 주로 손해 틀을 짜게 될 것이기 때문이다.

손해를 강조하면
변화하고 싶은 심리

　당신이 장비 제조업체의 영업 이사라고 치자. 당신은 고객이 당신 회사의 장비를 구매하도록 하려고 애쓰는 중이다. 그런데 고객은 지금까지 늘 회사의 경쟁사에서 장비를 구매해 왔다. 당신은 아마 당장 고객에게 찾아가 당신 회사의 장비를 쓰면 좋은 점이나 그 장비가 얼마나 더 빠르게 작동하는지 말해 주고 싶을 것이다. 그러나 고객은 새로운 장비로 더 많은 가치를 확보할 수도 있다는 위험한 기회보다 현재의 납품업체로부터 얻는 확실한 가치를 선호할 것이다. 이 점을 명심해야 한다.

　1979년에 카너먼과 트버스키가 설명했듯이 사람들은 더 많은 이득을 얻을 수 있는 위험한 기회보다 확실한 이득을 선호한다. 기업들은 현재의 납품업체로부터 확실히 얻을 수 있는 가치를 다른 납품업체로부터 더 많이 얻을 수 있을 법한 잠재적 가치보다 선호한다. 그러므로 만약 고객이 당신 회사의 제품을 구매하게 만들고 싶으면 이득이 아니라 손해를 강조해야 한다. 경쟁사가 판매하는 장비가 고장이 날 위험과 그것을 사용하지 못하는 데 따른 비용을 거론한 뒤 당신 회사에서 판매하는 장비의 독특한 환기 장치의 장점을 설명하면 고객이 당신 회사와 거래할 가능성이 더 커질 것이다. 손해를 부각하지 않으면 예비 고객이 현재 상태에서 벗어나도록 유도하기 어렵다.

왜 이득보다 손해를 강조해야 하는가?

나는 항상 의뢰인들에게 틀 짜기의 중요성을 지적한다. 4대 회계 법인으로 꼽히는 내 의뢰처는 어느 세계적 기업을 상대로 발자취를 확대하기 위한 방안을 논의한 적이 있었다. 그때 미국에는 세법이 잇따라 바뀌었고 내 의뢰처의 공동 경영자는 자기 회사의 고객사인 그 세계적 기업에 절세 서비스를 제공할 수 있도록 도와 달라고 내게 요청했다. 그는 새로운 세법에 맞춰 해외 주재원 프로그램을 재정비하면 300만 달러를 절세할 수 있다고 말할 생각이었다. 나는 그에게 고객사가 해외 주재원 프로그램을 수정하지 않을 때 입는 손해를 강조해서 논의의 틀을 짜도록 권했다.

그는 고객사에게 "세법이 새로 제정되는 바람에 기존의 해외 주재원 프로그램이 신규 세법에 저촉됐고, 적어도 그해에 300만 달러의 비용이 초래될 것이며 해외 주재원 프로그램을 즉시 수정하지 않으면 2년 안에

600만 달러, 3년 안에 900만 달러의 비용이 발생할 것"이라고 설명했다. 그는 막대한 비용을 강조하면서 해외 주재원 프로그램을 당장 변경할 것을 권했다. 다행히 손해 틀은 적중했고 고객사는 그에게 의뢰를 맡겼다.

이득보다 손해를 부각해야 긴박감을 유발할 수 있다. 이득은 얻으면 좋은 것이다. 기회가 닿거나 시간이 되면 더 많이 얻으려고 한다. 반면 손해는 긴박감을 유발한다. 사람들은 손해를 피해야 한다는 긴박감을 느낀다. 앞서 인용한 사례에서 내 의뢰처인 회계 법인의 공동 경영자는 그날 바로 고객사가 관련 업무를 의뢰해 주기를 원했다. 손해를 강조해 긴박감을 유발하려고 한 것이다.

만약 당신이 회사를 다른 사람에게 넘기려 하고 있다면 상대방이 현재 상태에서 벗어나 당신의 회사를 당장 사들여 주기를 바랄 것이다. 이때 이득 틀 용어를 쓰면서 회사를 인수하는 데 따른 혜택이나 창출할 수 있는 가치, 상승효과를 설명할 수는 있어도 긴박감을 유발하지는 못할 것이다. 상승효과는 회사 매매 같은 거래에서 자주 언급되지만 예비 구매자가 당장 회사를 인수하도록 유도하지는 못한다.

상승효과를 강조하는 이득 틀에는 긴박감이 부족하다. 따라서 예비 구매자는 앞으로 어느 시점이든 회사를 사들일 수 있다고 생각할 것이다. 그러므로 당신은 예비 구매자가 회사를 사들이면 사업상의 위험을 피할 수 있다는 점을 강조하며 손해 틀을 활용해야 한다. 예비 구매자의 경쟁자들이 회사 인수에 관심을 쏟도록 유도해 당신의 배트나를 마련하는 것도 강력한 손해 틀을 짜는 데 일조할 수 있다. 당신 회사에 눈독을 들이는 곳이 많다는 점과 경쟁자들이 회사를 인수하는 경우 예비 구매자에게 미칠 위험을 부각할 수 있기 때문이다.

나는 창업자들이 회사를 판매하는 과정을 돕고 있다. 내가 볼 때, 어떤 회사가 다른 회사를 사들이는 가장 강력한 동기는 경쟁사에게 해당 회사를 뺏기고 싶지 않은 마음이다. 그러므로 경쟁사가 해당 업계에서 발자취를 확대할 위험을 언급하면 강력한 손해 틀을 짤 수 있다. 예비 구매자들은 경쟁사가 갑자기 나타나 매물을 낚아챌 위험을 감수하고 싶지 않을 것이고, 서둘러 거래를 맺어야겠다는 긴박감을 느낄 것이다.

손해와 두려움의
차이점을 알아야 한다

나는 틀 짜기를 가장 강력한 영향을 미치는 도구 중 하나로 꼽는다. 제안을 마련할 때는 명분의 틀을 효과적으로 짜야 한다. 지금까지는 손해 틀의 위력을 논의했고, 앞으로는 손해와 두려움의 차이점을 분명히 해 두고 싶다. 두려움으로는 변화를 추진할 수 없다. 두려움은 사람들을 무기력 상태에 빠트리고 사람들이 현재의 행동을 고수하게끔 한다. 이 책의 주제는 협상할 때 생기는 두려움을 없애는 것이다. 두려움이 사라져야 그로 인해 초래되는 마비 상태에서 벗어날 수 있다. 심리학 연구에 의하면 두려움은 다음과 같은 영향을 미친다.

"두려움에 휩싸이면 섬뜩함을 경험한다. 싸우지도 도망가지도 않는다.

사실, 아무것도 하지 않는다. 고민하고, 곱씹고 불평하지만 아무 행동도 하지 않는다."

역효과를 부른 금연 공익 광고

상대방이 현재 상태에서 벗어나게 만들고 싶으면 두려움이 아니라 손해를 강조해야 한다. 두려움과 손해의 차이는 공익 광고에서 엿볼 수 있다. 사실 효과가 없는 공익 광고가 많다. 그 이유는 공익 광고가 이득 틀을 이용해 마스크 착용의 혜택이나 금연의 이점이나 암 검사의 가치를 강조하기 때문이다. 이득 틀에 입각한 메시지는 상대방이 현재 상태에서 벗어나도록 유도하기 힘들고, 따라서 바람직한 행동 변화를 이끌어 낼 가능성이 낮다.

그런데 어느 시점부터 공익 광고의 제작자들은 손해 틀을 활용해서 메시지를 전달하기 시작했다. 초기의 그런 시도 중 하나는 시커먼 폐의 사진이 등장한 금연 광고였다. 그러나 그 광고는 실패했다. 손해를 뛰어넘어 두려움을 전달했기 때문이다. 흡연자들은 시커먼 폐 사진을 보면서 자기 폐도 이미 시커멓게 변했을까 봐 겁이 났고, 오히려 그 때문에 계속 담배를 피웠을 것이다. 그 금연 광고는 흡연자들을 두려움에 떨게 했지만 애석하게도 그들의 행동을 바꾸지는 못했다. 어쩌면 문제를 더 악화시켰을지 모른다. R. F. 잡 박사는 다음과 같이 지적했다.

"심한 두려움이나 불안을 일으키는 메시지는 바람직하지 않은 행동, 예컨대 담배를 찾는 행동을 유발할 수 있다. 따라서 그 자체로 불안을 줄여 주는 데 특히 비효과적일 것이다."

메시지에 효과를 주려면 손해를 강조해야 하고 손해를 피할 수 있는 정확한 방법을 담아야 한다. 그런 메시지의 탁월한 사례가 있다. 아기가 엎드린 자세가 아니라 반듯하게 누운 자세로 잘 수 있도록 보살펴 유아 급사 증후군을 예방하려는 '바로 눕혀 재우기' 운동이었다. 그 운동에 담긴 메시지는 끔찍한 유아 사망 사건을 떠올리게 했지만 아기를 바로 눕히면 아기가 숨지는 비극적 사건을 예방할 수 있다는 점을 분명히 알렸다.

손해 틀에 입각한 이 운동은 빛나는 성공을 거뒀다. 아기를 바로 눕혀 재우면 유아 급사 증후군을 예방할 수 있다고 인식하는 사람들의 비중이 2000년에는 전체의 50퍼센트였지만 2010년에는 80퍼센트로 늘어났고 '바로 눕혀 재우기' 운동을 시작한 뒤 유아 급사 증후군으로 사망한 사례가 꾸준히 줄어들었다.

손해를 강조하는 메시지는 사람들이 현재 상태에서 벗어나도록 하는 데 효과적이지만 혜택과 이점 같은 이득을 강조하거나 두려움을 유발하는 메시지는 그렇지 않다.

사람들은
이야기가 있는 제안을 좋아한다

틀 짜기는 제안의 명분을 마련할 때 반드시 활용해야 하는 강력한 도구다. 흔히 영업자들은 객관적인 자료를 바탕으로 명분을 마련하면 상대방이 기존의 납품업체와 거래를 끊고 자기들과 거래할 것이라고 여긴다. 그러나 자료는 영향력 있는 수단이 아니다. 자료는 중요하지만 영향력 있는 수단을 연계할 필요가 있다. 자료만으로는 납품업체의 태도를 바꾸기 힘들기 때문이다.

연구 결과에 의하면 사람들은 이야기가 동반될 때 자료를 더 확실히 기억한다. 서사 구조의 밀도에 따른 개인의 정보 기억량에 관한 실험이 있었다. 실험 결과, 이야기의 내용과 무관하게 서사가 촘촘할수록 이해력과 회상 능력이 향상됐다.

아모스 트버스키와 대니얼 카너먼이 수행한 연구 결과에 따르면 우리는 뚜렷하고 쉽게 떠오르는 사건이 그렇지 않은 사건보다 일어날 가능성이 크다고 판단한다. 그러므로 메시지의 주목도를 높이는 최선의 방법 중하나는 메시지를 강화하는 이야기를 곁들이는 것이다.

상대방이 위기를 느낄 만한 이야기를 덧붙여라

예를 들어 내가 사이버 보안 서비스를 제공하는 회사의 관계자이고, 나는 지금 우리 회사의 서비스를 판매하기 위해 예비 고객을 설득하는 중이다. 나는 사이버 보안 수준을 높이면 얻는 이점을 거론하지 않을 것이다. 이득 틀에 입각한 메시지는 예비 고객이 우리 회사의 서비스를 이용하도록 만들기 어렵기 때문이다. 그 대신 사이버 보안 공격의 위험을 부각하고 우리 회사의 위협 사냥*threat hunting, 사이버 보안 위협을 능동적으로 식별해 제거하는 행위-역주* 서비스로 상시적인 위협을 지속적으로 감시해야 할 필요성을 거론할 것이다. 이 손해 틀은 고객이 현재 상태에서 벗어나게끔 하는 데 훨씬 더 효과적이다.

만약 메시지를 강화하고 고객의 머릿속에 더 확실히 각인하고 싶으면 작년의 사이버 공격 횟수를 언급하고, 관련 기업들에 막대한 영향을 미친 대규모의 데이터 유출 사례 2가지를 제시할 것이다. 이야기와 정확한 틀 짜기 전략을 병행하면 더 효과적이고 훨씬 더 인상적인 메시지를 만들 수 있다.

설득력 있는 메시지의 주요 특징

상대방에게 첫 번째 제안을 내놓기 전에 설득력 있는 메시지를 만들어야 한다. 메시지는 당신의 차별성이 상대방의 급선무를 공략하는 방식에 초점을 맞춰야 한다. 또한 상대방의 관심사에 주목해야 하고, 제안의 틀은 올바르게 짜여 있어야 한다. 상대방이 현재 상태를 유지하기를 바라면 이득 틀에 속하는 용어를 강조하고, 상대방이 현재 상태에서 벗어나기를 원하면 손해 틀에 속하는 용어를 강조해야 한다. 이 모든 사항은 개인적인 고용 협상을 비롯한 각종 협상에서 결정적인 역할을 할 것이다.

개인적인 고용 협상에서의 제안과 설득력 있는 메시지

사람들은 개인적인 고용 협상을 할 때 크게 두려워하곤 한다. 협상을 주도해야 할지 기다려야 할지 고민하고, 무슨 말을 해야 할지 걱정한다. 나는 개인적인 고용 협상에 관한 조언을 부탁하는 의뢰인들, 가족들, 친구들, 그리고 이들의 지인들에게까지도 자주 상담을 해 준다. 이제부터는 고용 협상 시 먼저 제안하는 것의 중요성을 알아보겠다.

직원이 고용주에게
먼저 제안할 수 있을까?

협상에서 먼저 제안하면 엄청난 이점을 챙길 수 있다. 유리한 출발점에서 논의를 시작할 수 있고, 대화의 틀을 짜서 올바른 쟁점을 테이블에 올리고, 상대방과의 관계를 증진하는 위치에 설 수 있기 때문이다.

모든 협상에서 선수를 치면 좋겠지만 개인적인 고용 협상에서는 그렇게 할 수 없을 때가 있다. 일단 고용 제안을 받은 뒤 협상을 시작하는 것이 유리한 경우가 있다. 그리고 비슷한 조건의 구직자들과 함께 대규모 면접을 보는 사람이거나, 비교적 나이가 적은 사람은 보통 고용 조건이 정해져 있기 때문이다.

예비 고용주는 "당신을 채용하고 싶습니다. 조건은 이렇습니다"라고 말할 것이다. 어느 경우든 확실한 고용 의사를 밝히기 전까지는 협상을 시작하지 않는 것이 유리하다. 만약 제안을 받지 않은 상태에서 협상을 시작하면 오히려 제안을 받을 가능성이 낮아질 수 있다. 이런 이유로 구직자는 고용주가 고용 제안을 내놓을 때까지 기다릴 수밖에 없고, 고용 제안에는 대체로 조건이 딸려 있다. 협상을 주도하고 싶어도 고용주가 선수를 치기 마련이다.

당신을 원하는 고용주에게 보여야 할 태도

하지만 경력이 차츰 쌓이면 고용 협상에서 선수를 칠 수 있는 기회가 생긴다. 고용주는 당신을 채용하고 싶다는 의사를 보이고 당신에게 어떤 조건을 원하는지 물을 것이다. 현재의 고용주와 협상을 진행하고 있을 때도 항상 먼저 제안을 내놓아야 한다. 권한이 더 큰 자리를 맡아 달라는 요청이 있다면 새로운 책무, 핵심 지표, 인수 계획, 일정표, 직함, 급여, 실적별 보너스 등에 관한 제안을 내놓으며 주도권을 행사해야 한다. 마찬가지로, 당신이 새로운 역할을 맡고 싶을 때도 먼저 제안하라. 그러면 우리가 앞서 살펴본 모든 이점을 확보할 수 있을 것이다.

앵커링 효과의 이점은 고용 협상에서 더 폭넓게 얻을 수 있다. 고용 협상에서는 제안을 주고받는 횟수가 비교적 적기 때문이다. 자동차나 주택을 구매하려는 경우에는 양쪽이 서로 제안과 역제안을 여러 차례 주고받지만 고용 협상은 다르다. 나는 의뢰인들과 친구들에게 고용 협상에서는 제안을 서너 번쯤 주고받도록 권한다. 당신이 제안하고, 상대방이 반응하고, 당신이 매듭을 지으면 된다. 또는 당신이 제안하고, 상대방이 반응하고, 당신이 역제안을 내놓고, 상대방이 매듭을 지으면 된다. 따라서 이미 고용 제안을 받았다면 현재의 고용주와 협상을 진행할 때처럼 선수를 치면서 유리한 출발점을 확보하는 것이 특히 중요하다.

이야기 전달 쟁점을 포함하라

첫 번째 제안은 연봉만이 아니라 모든 쟁점에 주목해야 한다. 이때 자신의 차별성이 어떻게 고용주의 급선무를 공략할 수 있는지를 강조하는 이야기 전달 쟁점을 포함할 필요가 있다. 책무, 성공 지표, 지표 달성 일정표, 진척 상황 발표 계획, 실적별 보상 여부 같은 쟁점은 훌륭한 이야기 전달 쟁점이다. 실적별 보상 여부를 쟁점으로 포함하는 것은 자신감을 전달할 수 있는 효과적인 방법이다.

예를 들어 기존의 모든 고객을 유지하면서 신규 고객을 10퍼센트 늘리면 기본급의 20퍼센트를 추가로 받는다는 실적별 보너스 같은 조건부 조항은 당신의 자신감을 상대방에게 분명하게 전달하는 효과가 있기 때문에 훌륭한 이야기 전달 쟁점이 될 수 있다.

협상에서 조건부 조항을 활용할 때는 객관적으로 측정할 수 있고 양쪽 모두가 알고 있는 지표를 포함해야 한다. 예컨대 당신은 수익성 증가율을 지표로 삼고 싶지는 않을 것이다. 당신과 고용주가 사업의 수익성에 관한 정보를 파악하는 경로가 서로 다를 수 있고, 수익성의 개념을 둘러싼 통제력에서 차이가 날 수 있기 때문이다. 그러므로 신규 고객 확보나 매출 달성을 지표로 삼는 편이 낫다. 매출은 객관적이고 측정할 수 있고 당신과 고용주 모두 알고 있는 지표다.

당신이 다른 회사와 제휴 계약을 맺고자 하는 회사의 관계자라고 치자. 만일 상대 회사가 매출 기록을 담당하고 있으면 당신은 상대 회사가 매출에 대해 더 많이 알고 있지는 않을까 하고 걱정할지도 모른다. 실제로 그렇다면 당신은 양쪽 회사 모두가 알고 있는 객관적이고 측정할 수 있는 다른 지표를 물색할 것이다.

평소 나는 고용 협상에 임하는 모든 사람들에게 조건부 조항을 제안에 꼭 포함하라고 일러 준다. 6장에서 소개하겠지만 나는 그들의 제안에 포함된 3개의 선택지 중에서 1개나 2개의 선택지에는 조건부 조항을 포함하라고 조언한다.

조건부 조항은 고용주에게 당신의 자신감을 효과적으로 강조할 수 있는 이야기 전달 쟁점이다. 또한 나름의 차별성으로 성과를 올린 경험이 잘 드러난 이야기를 곁들이는 것도 중요하다. 채용 면접을 보는 사람들은 본인의 능력을 강조할 수 있는 명확한 이야기를 준비하라는 조언을 자주 듣는다. 그러나 이는 면접에서만 중요한 게 아니다. 누군가에게 제안을 할 때도 자신의 차별성을 부각하는 이야기를 들려줘야 하고, 평소에 고용주를 위해 일하면서 보여 준 실력을 뽐내는 이야기를 들려줘야 한다.

앞서 지적했듯이 사람들은 이야기가 있는 자료를 더 효과적으로 기억한다. 당신의 뛰어난 실력을 보여 주는 이야기는 당신의 뛰어난 실력이 더 자주, 더 쉽게 발휘될 것처럼 보이게 만들 것이다. 당신만큼 당신의 실력에 많은 관심을 쏟는 사람은 없다. 그러므로 당신이 이룩한 성과를 보여 주는 설득력 있는 이야기를 들려줘야 하고, 남들이 당신의 실력을 인식하는 관점에 영향을 미쳐야 한다.

당신이 선수를 칠 때
주의해야 할 것들

제안에는 논쟁적 쟁점(연봉, 내부 직함)이나 절충 쟁점(착수 일정, 이사 경비, 외부 직함)과 더불어 모든 이야기 전달 쟁점이 포함돼야 한다. 당신의 차별성이 고용주의 급선무를 어떻게 공략할 수 있는지 강조하는 이야기까지 말이다.

또한 권리나 권력이 아니라 고용주의 관심사에 초점이 맞춰져야 한다. 당신이 어떤 회사에 다니고 있는데 당신보다 실적이 저조한 어떤 직원이 연봉을 더 많이 받는다고 치자. 현재의 고용주와 협상하고 있을 때, 당신은 지금보다 더 많은 연봉을 달라고 말하고 싶겠지만 그렇게 말하면 곤란하다. 여러모로 말썽의 소지가 있는 발언이기 때문이다.

권리나 권력에 초점을 맞추지 마라

첫째, 그런 식의 지적은 연봉이라는 하나의 쟁점에만 초점을 맞춘다. 따라서 고용주와의 대화가 논쟁으로 변할 우려가 있다.

둘째, 불공정성을 강조하는 발언은 상대방의 관심사가 아니라 권리에 초점을 맞추기 때문에 위험하다. 알다시피 우리가 권리에 초점을 맞추면 상대방은 권리나 권력으로 초점을 옮길 것이다.

이렇듯 당신이 권리에 초점을 맞추면 고용주도 권리에 초점을 맞춰 방어적인 태도를 보일 것이다. 특정 직원이 당신보다 연봉을 더 많이 받을 만하다는 증거를 제시할 수도 있고 혹은 아예 권력으로 초점을 옮겨서 현재의 임금 체계가 마음에 들지 않으면 다른 직장을 알아보라고 말할지도 모른다.

어느 경우든 고용주의 관심사에 집중하는 경우보다 원만한 대화가 이뤄지기는 힘들다. 그러므로 이때는 회사가 내년 목표를 달성하려는 과정에서 마주한 장애물을 거론하고, 회사가 그 장애물을 극복하고 목표를 달성하는 데 당신의 차별성이 어떻게 일조할 수 있는지를 강조해야 한다.

제안의 틀을 올바르게 짜라

지금 나는 그저 당신의 차별성이 고용주의 목표를 달성하는 데 어떻게 일조할 수 있는지뿐만 아니라 고용주가 구체적인 장애물을 극복하는 데 어떻게 일조할 수 있는지까지 논의하도록 조언하고 있다. 왜냐면 당신이 고용주를 상대로 승진이나 연봉 인상을 요구하는 상황을 가정하고 있기 때문이다. 이런 상황에서는 고용주가 현재 상태에서 벗어나도록 해야 한다. 상대방이 현재 상태에서 벗어나게 만들려면 상대방이 위험을 감수하도록 유도할 필요가 있다.

앞서 살펴봤듯이 사람들은 이득보다 손해 앞에서 위험을 추구한다. 따라서 이때는 상대방이 맞이한 장애물, 경쟁 위협, 당신이 줄여 줄 수 있는 사업상의 위험 같은 손해 틀 용어를 제안에 포함해야 한다. 제안으로 고용주가 위험을 극복하는 과정에서 당신의 차별성이 어떻게 도울 수 있는지를 강조하는 것이다. 얼핏 직급이 아주 높은 임원만 할 수 있는 것처럼 보이지만 웬만한 선임 직원들도 충분히 가능한 일이다.

아르바이트생에서 지점장이 되는 방법

관련 사례를 하나 인용하겠다. 내가 즐겨 찾는 아이스크림 가게가 있다. 가게의 본점은 시내의 아름다운 광장 가까이에 있고, 인근의 조그맣고 그림 같은 마을의 계곡 옆에 지점이 있다. 이 계곡은 지역민들이 여름에 물놀이를 즐기는 명소라서 아이스크림을 팔기에 완벽한 장소다. 오후에 물놀이를 즐긴 뒤 맛있는 아이스크림을 사 먹으면 금상첨화이기 때문이다.

그런데 아이스크림 가게를 비롯한 지역의 많은 가게가 코로나19라는 걸림돌을 만났다. 종업원들이 감염을 우려해 손님을 상대하기를 꺼린 것이다. 여러 식당과 상점의 주인들은 종업원을 충분히 확보하려고 애썼다. 내 단골 아이스크림 가게도 영향을 받았다. 어느 일요일 오후에 나는 아이스크림을 사러 계곡 옆에 있는 지점에 들렀지만 가게 문은 닫혀 있었다. 화창한 한여름의 일요일 오후였음에도 문을 닫은 이유는 본점에 손님이 몰리는 바람에 지점에 배치할 종업원이 없었기 때문이다.

만약 내가 본점에서 일하는 종업원이라면 나는 지점장을 맡을 능력이 있다고 자부할 것이다. 이미 본점에서 일하고 있기 때문에 편안한 마음으로 지점의 영업 문제를 해결할 방법을 고용주에게 먼저 제안할 수 있다. 내가 매우 믿음직한 직원이라는 점, 고등학교 3학년인 나에게는 나와 함께 일하고 싶어 하는 친구들이 많다는 점, 그리고 내가 친구들에게 미치는 영향력이 워낙 커서 그들이 정해진 모든 날에 지점으로 출근하고, 교대 시간을 지키고, 즐거운 마음으로 손님들을 상대하고, 마스크를 착용한 채 일하도록 만들 수 있다는 점이 나만의 차별성이다.

또한 나는 고용주에게 찾아가 지점이 문을 닫아서 입은 손해와 지역민들이 다른 가게를 이용하는 데 따른 경쟁 위협을 거론할 수 있다. 내 친구의 가족 6명이 아이스크림을 사려고 지점에 들렀다가 문이 닫혀 있어서 다른 가게에 들렀는데 그곳의 아이스크림이 정말 맛있었다고 말한 이야기도 들려줄 수 있다. 그다음 지점장 자리에 앉혀 달라고 제안할 것이다.

일단 내가 맡을 책무 2가지는 아이스크림을 퍼 주는 종업원을 채용하는 일과 매장을 관리하는 일이다. 다른 책무로는 코로나19 기간 동안 안전한 방식으로 일하도록 교육하기, 손님들에게 양질의 서비스를 제공하기, 매일 문을 열도록 지점의 일정을 철저히 관리하기가 포함될 것이다. 나는 성실한 종업원들이 배치된 매장의 지속적인 영업이라는 목표를 이룰 수 있다는 자신감이 충만한 나머지 매일 정해진 시간에 문을 여는 데 따른 실적별 보너스도 제안할 것이다.

이상은 고용 협상에서 올바른 쟁점을 테이블에 올리는 것과 설득력 있는 메시지를 고안하는 것이 얼마나 중요한지 생생히 보여 주는 가상 사례다. 6장에서는 여러 개의 제안으로 메시지를 강화하는 방법과 그 제안을 구성하는 방법을 검토하겠다.

올바른 명분으로 선수를 쳐라

▼

많은 사람이 먼저 제안하기를 꺼린다. 하지만 이는 끔찍한 실수다. 상대방에게 주도권을 넘기면 협상은 상대방에게 유리하게 시작될 것이다. 그가 원하는 대로 논의의 틀을 짜고, 원하는 쟁점만 테이블에 올릴 테니 말이다. 비록 협상을 주도하는 상황이 꺼려지더라도 정작 당신이 더 우려해야 하는 상황은 상대방이 협상을 주도하는 경우라는 것을 잊지 말자.

이런 두려움은 올바른 명분을 마련할 때 사라진다. 그리고 선수를 쳐야 하고 제안에 담을 설득력 있는 메시지를 만들어야 한다. 이 메시지는 자신이 아니라 상대방에게 초점을 맞춰야 하고 자신의 차별성이 상대방의 급선무를 공략하는 방식을 강조해야 하며 그 틀이 올바르게 짜여야 한다.

상대방이 현재 상태에서 벗어나도록 유도할 것인가? 그렇다면 '손해 틀' 용어를 강조해야 하고, 상대방이 현재 상태를 유지하도록 하려면 '이득 틀' 용어를 강조해야 한다. 그리고 둘 중 어느 틀을 선택하든 그 효과를 높이기 위해서는 인상적인 이야기도 곁들여야 한다.

일단 설득력 있는 메시지를 마련했으면 메시지를 강화할 제안을 도출해야 한다. 6장에서는 제안 1개가 아니라 3개를 이용해 메시지를 강화하는 방법을 살펴보겠다.

6장

상대에게 선택권을 주고
신뢰를 얻어라

여러 제안 동시에 하기

흔히 우리는 상대방이 불쾌감을 느끼거나 협상에서 발을 뺄까 봐 걱정하느라 먼저 제안하기를 두려워한다. 이때 1개가 아닌 3개의 제안을 갖고 협상 테이블로 향하면 그런 두려움을 줄일 수 있고 설득력을 강화하는 제안을 내놓을 수 있다.

6장에서는 서로 동등한 여러 개의 제안을 동시에 내놓는 방법을 집중 조명할 것이다. 단 하나의 제안이 아니라 여러 제안을 활용해야 하는 이유와, 설득력 있는 메시지를 전달하기 위해서 수준이 동등한 제안들을 가장 효과적으로 구성하는 방법을 검토한다.

제안 3개를 동시에 내놓고 협상을 시작하면 상대방을 논의에 끌어들이고 당신이 유연하고 협조적이라는 인상을 풍길 수 있다. 결국 상대방과 좋은 관계를 더 쉽게 맺을 수 있을 것이다. 여러 개의 제안을 내놓으며 주도권을 행사하면 협상의 두려움이 사라지고 많은 전략적 이점을 챙길 수 있다. 단 하나의 제안을 내놓는 대신 다수 동등 동시 제안을 활용하면 그 전략적 이점에 힘입어 상대방과 관계를 맺을 뿐만 아니라 성과도 극대화할 수 있을 것이다.

수준이 동등한
3가지 제안을 내놓아라

다수 동등 동시 제안*MESO, Multiple Equivalent Simultaneous Offer* 이란 서로 동등한
여러 개의 제안을 한꺼번에 내놓는 기법이다. 보통 나는 3개의 제안을 내
놓도록 권한다. 이 3개의 제안은 모두 당신에게 비교적 동일한 가치가 있
기 때문에 서로 '동등한 것'으로 평가되지만 상대방은 각각의 가치를 전혀
다르게 평가할 것이다. 나는 3개의 제안을 각각 선택지 A, 선택지 B, 선
택지 C로 부른다. 거래가 아니라 선택을 중심으로 논의의 틀을 짜고 싶기
때문이다. 사람들은 선택하기를 좋아한다. 상대방이 이 3개의 제안 중에
서 하나를 고르지 않을 수도 있지만 일단 상대방에게 선택할 기회를 주면
당신은 협상에서 엄청난 전략적 이점을 챙길 수 있다.

왜 1개가 아니라 3개인가?

우선 제안을 여러 개 활용하면 더 강력한 앵커링 효과를 챙길 수 있다. 제안 3개를 한꺼번에 내놓으면 상대방이 우선적으로 여기는 정보를 더 많이 얻을 수 있고 상대방의 선호 사항을 평가할 수 있다.

또한 협조적이고 유연하다는 인상을 풍기면서도 공세적인 태도를 취할 수 있다. 앞으로 집중적으로 살펴보겠지만 이 제안을 활용하면 당신의 차별성을 강조하면서 설득력 있는 이야기를 전달할 수 있을 뿐 아니라 당신이 중시하는 쟁점을 더 오래 고수할 수도 있다. 가장 중요한 점은 서로 동등한 여러 개의 제안을 내놓을 때 최고의 성과를 내면서 상대방과의 관계도 형성할 수 있다는 사실이다.

그러나 노련한 협상가들조차 여전히 단일 제안 전략을 쓰는 경우가 많다. 1개의 제안만 내놓는 것이 일종의 규범인지는 몰라도 다수 동등 동시 제안을 활용하는 편이 훨씬 더 전략적이다.

성과를 극대화한다

제안을 여러 개 내놓는 사람들이 단 하나만 내놓는 사람들보다 더 나은 성과를 거둔다는 연구 결과가 있다. 당신이 더 나은 성과를 거둘 수 있는 비결은 아마 앞으로 살펴볼 여러 가지 전술 덕분일 것이다. 그런데 내가 다수 동등 동시 제안을 활용하면 상대방 역시 더 나은 성과를 거둔다는 연구 결과도 있다.

관계를 형성한다

다수 동등 동시 제안을 활용하면 하나의 제안만 내놓는 경우보다 상대방이 당신을 더 좋아할 가능성이 있다. 즉 다수 동등 동시 제안은 당신의 성과를 극대화할 뿐 아니라 상대방과 관계를 형성할 때도 도움이 된다.

유연하고 협조적이라는 인상을 풍긴다

여러 개의 제안을 내놓을 때 상대방과 좋은 관계가 형성되는 이유는 무엇일까? 상대방에게 선택할 기회를 주면 더 유연하고 협조적인 사람으로 인식된다는 연구 결과가 있다. 사람들은 실제로 3개의 제안 중에서 1개를 고르지 않더라도 일단 선택권을 갖길 바란다. 그러므로 여러 개의 제안을 활용하면 성과를 극대화하는 동시에 상대방과의 관계를 맺을 수 있는 것이다. 한마디로 다수 동등 동시 제안의 핵심 이점은 관계 형성과 성과 극대화를 동시에 꾀할 수 있다는 사실이다.

더 공세적인 출발점을 확보한다

다수 동등 동시 제안을 활용하면 선제적 제안의 과감성을 더 높일 수도 있다. 5장에서 언급했듯이 상대방과의 관계를 고려해야 하는 상황에서는 과감하지만 비상식적이지 않은 제안을 내놓을 필요가 있다. 상대방에게 초점을 맞추고 당신의 차별성이 상대방의 급선무를 공략하는 방식에 주목하는 근사한 명분을 도출해야 하는 것이다. 부적절한 제안을 했다가 신뢰를 잃으면 곤란하다.

매우 공세적인 단 하나의 제안이 상대방과의 관계를 훼손할 뿐 아니라 당신의 성과에 부정적인 영향을 미칠지도 모른다는 연구 결과가 있다. 그 연구 결과에 의하면 공세적인 제안은 공세적인 역제안을 촉발한다.

하지만 서로 동등한 여러 개의 제안을 동시에 내놓으면 유연하고 협조적인 사람으로 보이기 때문에 공세적인 역제안을 유발하지 않으면서 상대방에게 더 많이 요구할 수 있다는 연구 결과가 있다.

부동산 가격까지 낮추는 선택권의 힘

앞서 검토했듯이 서로 동등한 여러 개의 제안을 동시에 내놓을 때 더 나은 성과를 거둘 가능성이 있는 이유 중 하나는, 더 공세적인 지점에서 출발할 수 있는 데다 상대방의 적대적인 반응을 유발할 우려가 낮기 때문이다. 또한 여러 개의 제안은 앵커링 효과에 따른 2가지 구체적인 이점도 낳을 수 있다.

첫째, 여러 개의 제안은 단 하나의 제안보다 더 복잡하다. 그리고 연구 결과를 통해 우리가 알고 있듯이 복잡성은 더 강력한 앵커링 효과를 촉진한다. 여러 개의 제안은 단 하나의 제안보다 더 강력한 출발점을 만들어낼 가능성이 있다. 복잡할수록 앵커링 효과는 더 커질 것이다. 게다가 최근 연구에 의하면 당신이 여러 개의 제안을 이용할 때 상대방은 당신의 제안을 더 신뢰하고 더 많은 시간을 할애해 그것을 검토할 것이다. 여러 개의 제안은 단 하나의 제안보다 더 진실되게 인식되고 더 진지하게 다뤄진다. 이 진실성 효과 때문에 상대방은 당신의 제안을 더 오랫동안 검토하고 결국 앵커링 효과가 커져 당신은 더 나은 성과를 올리게 될 것이다.

집주인의 마음을 움직인 진실성 효과

나는 시카고 지역에서 주택을 구매하려고 했을 때 진실성 효과를 체험했다. 남편과 함께 주택 여러 채를 둘러보던 중 부동산 중개인이 미시간 호 *Lake Michigan* 인근에 있는 어느 집을 소개했다. 정말 마음에 드는 집이었지만 우리가 원한 가격대에서 한참 벗어나 있었다. 그러나 나는 주택의 매물 가격에 단념하는 사람이 아니다. 판매자가 가진 배트나의 약점에 따라 매물 가격이 현저하게 내려갈 수 있다는 점을 알고 있기 때문이다.

나는 그 집의 가격을 깎아 보기로 마음먹었다. 알고 보니 집주인은 그 집을 손수 지었고 곧 은퇴해서 시내로 이사할 예정이었다. 나는 집주인 가족이 되도록 쉽게 이사할 수 있는 방법에 주목하는 메시지를 생각해 냈고 이사할 때 어떤 가구를 남겨 둘지와 관련한 3개의 제안을 마련했다. 나는 우리 부부가 두 아들을 키울 그 아름다운 집을 정성껏 가꿀 것이라는 점을 강조했다. 또한 집주인 가족이 시카고의 아파트로 되도록 간편하게 이사할 수 있기를 바란다는 점도 전달했다.

선택지 A에서 나는 쉽게 이사할 수 있도록 집과 모든 가구를 구매할 의사가 있다고 말했다.

선택지 B에서는 그들이 남길 모든 가구를 정성껏 관리하겠다고 했다.

선택지 C에서는 만약 가구를 몽땅 갖고 가도 괜찮으니 그렇게 하라고 했다.

우리는 집주인 가족이 되도록 쉽게 이사하게끔 도울 수 있는 방법에 주목하는 메시지를 떠올렸다. 우리가 제시한 가격도 선택지별로 달랐다. 선택지 A에 제시된 가격이 가장 비쌌고 선택지 C의 가격이 가장 쌌지만 3가지 가격 모두 집주인이 부른 호가보다 최대 40퍼센트쯤 낮았다.

우리가 낮은 가격대를 제시하자 부동산 중개인들은 몹시 불편한 기색을 보였다. 그들은 호가가 너무 낮아 우리가 집주인에게 신뢰를 잃고 아무런 답도 얻지 못할 것이라고 했다. 나는 우리의 제안이 과감한 점은 인정했지만 답이 올 것이라고 확신했다. 다수 동등 동시 제안은 상대방의 급선무에 주목하는 이야기의 틀을 짜는 전략이기 때문이다.

협상에서 이야기 전달 쟁점을 제시하면 이야기를 통해 상대방의 필요 사항에 초점을 맞출 수 있다는 이점이 있다. 우리 부부는 3개의 제안과 연관된 각기 다른 이야기 전달 쟁점을 마련했고 집주인의 필요 사항을 공략하는 데 집중했다. 나의 경험에 따르면 상대방에게 초점을 맞추는 메시지를 활용하면 상대방이 반응하지 않을 우려가 훨씬 줄어든다.

눈치를 보아하니 부동산 중개인들은 그처럼 어처구니없을 만큼 낮은 가격을 제시하면 자기들의 평판이 떨어질까 봐 걱정하는 것 같았다. 그래서 그들의 평판이 떨어지는 일이 없도록 내가 집주인을 직접 만나 제안하겠다고 말했다. 그런데 집주인 가족은 내가 대리인과 만나기를 원했다. 나는 동의했고 대리인에게 3개의 제안을 내놓았다. 3개의 제안은 모두 집주인 가족이 편안하게 이사하도록 하는 데 초점이 맞춰져 있었다.

다행히 집주인 가족으로부터 역으로 제안이 왔다. 그들의 역제안에도 3개의 선택지가 있었다. 3개의 역제안에 제시된 가격은 모두 처음의 가격보다 훨씬 낮았다. 다수 동등 동시 제안 전략 덕분에 우리는 유리한 출발점을 확보했고 집주인 가족은 가격을 크게 낮췄다. 가격을 10퍼센트만 깎을 수 있을 것이라 예측했던 부동산 중개인들은 어안이 벙벙해졌다.

우리 부부는 집주인 가족의 첫 번째 역제안에서 엄청난 양보를 얻어 낸 것이다. 우리가 3개의 제안을 하지 않았다면 이런 성과를 거둘 수 없었을 것이다. 하나의 제안만 내놓았다면 아마 집주인의 심기를 건드렸을 것이고 공격적인 역제안을 받았을 것이다. 다행히 다수 동등 동시 제안 덕분에 우리의 첫 번째 제안은 더 믿을 만한 것으로 보였고, 우리는 유연하고 협조적인 사람들로 인식됐다.

우리는 다른 사람들이 제시했다가 집주인에게 퇴짜를 맞은 가격보다 현저하게 낮은 가격으로, 그리고 원래 집주인이 부른 호가보다 매우 낮은 가격으로 그 집을 살 수 있었다. 확신컨대 다수 동등 동시 제안 전략은 우리가 지난 16년 동안 사랑을 쏟은 이 집을 사는 데 결정적인 역할을 했다.

(물론 협상 도중에 우리는 이 집만 고집하지는 않았다.)

여러 개의 제안이
질 좋은 정보를 가져다준다

　동등한 여러 개의 제안을 내놓으면 상대방의 우선 사항과 선호 사항에 관한 질 좋은 정보를 얻을 수 있다. 하나의 제안만 내놓을 땐 질문을 던져 정보를 알아내는 경우가 많지만 다수 동등 동시 제안을 활용하면 상대방의 반응을 관찰해서 정보를 얻을 수 있다. 그러면 질문으로 정보를 수집하는 것보다 훨씬 양질의 정보를 확보할 수 있다.

　물론 질문도 상대방이 원하는 것을 알아내는 데 도움이 되지만, 여러 개의 제안을 한 뒤 상대방의 반응을 살피면 각 쟁점의 가치를 파악할 수 있고 상대방이 자기가 원한다고 말하는 바를 얻기 위해 무엇을 기꺼이 포기할 것인지까지 알아낼 수 있다.

상대방이 기꺼이 포기할 수 있는 것을 찾아라

3장에서 내가 보모와 협상하는 과정을 살펴봤다. 만약 보모에게 단 하나의 제안만 내놓았다면 나는 그녀에게 잇따라 질문을 던졌을 것이다.

예를 들어 어느 정도의 보수를 받고 싶은지 물으면 그녀는 시간당 12달러가 아닌 21달러를 원한다고 대답했을 것이다. 그리고 1주일의 휴가와 6주일의 휴가 중 어느 것이 좋은지 물었다면 6주일이 좋다고 대답했을 것이며 휴가 시기도 선택하고 싶다고 말했을 것이다. 그녀는 보험 혜택도 받았으면 좋겠고, 석사 학위 취득 기회도 정말 마음에 든다고 말했을 것이다. 결국 그녀가 무엇을 원하는지 알아냈겠지만 사실 그녀는 온갖 혜택과 기회와 이익을 원했을 것이다.

많은 협상가가 상대방이 바라는 것을 알아내기 위해 여러 가지 질문을 던진다. 하지만 그것만으로는 부족하다. 당신이 정말 알아내야 하는 것은 상대방이 원하는 바를 얻기 위해 무엇을 기꺼이 포기할 것인가이다. 각 쟁점은 상대방에게 어느 정도의 가치가 있을까? 질문만 던져서는 이런 정보를 알아내기 어렵다. 그러므로 여러 개의 제안에 대한 상대방의 반응을 관찰해야 한다.

나는 보모에게 3개의 선택지를 제시하며 다수 동등 동시 제안 전략을 구사했다. 그 3개의 선택지는 모두 나에게는 동일한 가치를 지니고 있었지만, 그녀에게는 각각 다른 가치를 지니고 있었다.

	선택지 A	선택지 B	선택지 C
교육학 석사 학위 지원	지역 대학교에서 학기당 1개 강좌의 수업료 지불	해당 사항 없음	해당 사항 없음
의료 보험	연간 공제액 100달러의 보험료 지불	연간 공제액 500달러의 보험료 지불	연간 공제액 1,000달러의 보험료 지불
휴가 일수	6주일	3주일	1주일
휴가 시기 선택권	고용주가 선택 1주일 단위로 늘림	고용주가 선택 1주일 단위로 늘림	고용주가 4일 고용인이 3일 선택
시급	12달러	14달러	21달러

[표5] 보모에게 내놓은 제안들

나는 그녀가 의료 보험 혜택을 정말 마음에 들어 한다고 생각했다. 그녀는 의료 보험 혜택을 받을 수 있는 일자리를 본 적이 없다고 말했고 이를 보며 기뻐하는 듯했기 때문이다.

내가 굳이 이런 혜택을 주려고 한 이유는 무엇일까? 그녀는 내 두 아들을 돌봐야 했기에 건강해야 했고, 필요한 경우 의사에게 진찰을 받을 수 있어야 했다. 그때 나는 "보모가 아프면 아이가 아프고, 아이가 아프면 엄마가 아프고, 엄마가 아프면 삶이 아픈 것이나 다름없다"라고 말하곤 했다. 그래서 나는 보모가 병원을 이용하도록 지원해 주고 싶었다.

그런데 그녀의 반응을 보면서, 나는 그녀가 의료 보험 혜택보다 다른 항목을 더 중시한다는 사실을 간파할 수 있었다. 그녀는 휴가와 시급을 더 중시했다. 나는 그녀의 남편이 의료 보험을 들어 놨는지 물었고, 그녀는 그렇다고 대답했다. 알고 보니 그녀는 의료 보험 혜택이 그다지 필요하지 않았거나 별로 중요하게 여기지 않았던 모양이다. 내가 의료 보험 혜택을 제공하려면 적어도 1년에 3,500달러를 부담해야 했는데 아쉽게도 보모는 그 금액의 가치를 비교적 대수롭지 않게 받아들였다.

평소 의뢰인들에게 나는 그들이 첫 번째 양보안이나 역제안을 내놓을 때 3개의 제안 중 하나를 수정하도록 권한다. 예를 들면 선택지 A, B, C를 제시한 뒤 상대방의 반응을 보고 선택지 C를 D로 수정하도록 제안한다. 모든 제안을 수정하는 것은 매우 드문 일이지만 각각의 항목에서 당신과 상대방이 느끼는 가치가 다르다는 사실이 드러났다면 그렇게 해야 한다.

그래서 나는 의료 보험 혜택을 빼고 3개의 제안 모두를 바꾼 선택지 D, E, F를 제시했다. 선택지 D에서는 시급을 인상했다. 선택지 E에서는 휴가 일수를 늘렸다. 선택지 F에서는 시급을 조금 인상하고 휴가 일수를 약간 늘렸다. 새로 마련한 각각의 선택지에서 나는 금액으로 1,700달러에 해당하는 가치를 추가로 제안했지만, 의료 보험료는 3,500달러였기 때문에 애초의 제안을 내놓을 때보다 1,800달러를 절감할 수 있었다. 원래보다 더 유리한 제안을 새로 내놓았지만 상대방이 보기에 나는 유연하고 협조적이라는 인상을 풍겼을 것이다.

나는 보모의 첫 반응을 통해 그녀가 중요하다고 말해 준 항목을 바탕으로 '시급 인상'과 '휴가 일수 증가'라는 선택지, 그리고 그 두 가지를 적절히 조합한 선택지를 제시했다.

나는 다수 동등 동시 제안 덕분에 그녀가 중요하게 여기는 항목을 확인했고, 그 양질의 정보에 힘입어 그녀에게는 더 중요하고 내게는 1,800달러를 절감한 새로운 선택지를 제시함으로써 '양보'를 할 수 있었다.

이 사례에서 드러나듯이, 다수 동등 동시 제안 전략을 구사하면 단일 제안 전략을 쓸 때보다 정보를 더 많이 알아낼 수 있고 상대방의 상대적인 선호 사항을 더 잘 파악할 수 있다. 그러나 단일 쟁점에 관한 질문을 던지면 이와 관련한 상대방의 절대적인 선호 사항만 알아낼 뿐 더 깊이 파고들 수 없다. 보모에게 의료 보험 혜택을 원하는지 물었다면 그녀는 그렇다고 대답했을 것이다. 하지만 다수 동등 동시 제안을 활용하면 그녀가 의료 보험 혜택보다 다른 쟁점을 중요하게 여긴다는 사실을 파악할 수 있다.

의뢰인들에게 나는 "어떤 입지 조건을 원하시는지요?"라거나 "우리가 독점권을 행사할 수 있습니까?" 같은 단일 쟁점 질문을 피하라고 조언한다. 이런 질문으로는 상대방이 상대적으로 선호하는 사항을 알 수 없다. 대신 "지리적 입지와 독점권 중 어느 것을 더 중요하게 여깁니까?" 같은 질문을 던지라고 권한다. 물론 이때도 상대방의 답변을 곧이곧대로 믿지 말고 제안을 통해 검증해야 한다. 상대방이 의도적으로 당신을 속이기 때문이 아니다. 상대방이 자신의 상대적인 선호 사항을 모를 수도 있다. 따라서 당신이 그들의 상대적 선호 사항을 파악할 수 있는 질문을 던져야 한다. 여러 개의 질문을 던지면 상대적인 선호 사항을 알아낼 수 있고, 상대방이 각 쟁점을 얼마나 중요하게 여기는지 감이 잡힐 것이다.

상대방보다 빨리 제안하라

사람들은 흔히 상대방의 정보를 파악하려고 질문을 많이 한다. 그렇게 얻은 정보를 바탕으로 제안을 마련하기 위해서다. 물론 질문을 던질 때마다 당신은 상대방이 먼저 제안할 때 뺏길 앵커링 효과를 감수해야 한다.

협상 초반에 비교적 적은 정보를 바탕으로 제안을 내놓는 경우가, 협상 후반에 비교적 많은 정보를 교환하면서 제안을 내놓는 경우보다 바람직한 성과를 올리기 어렵다는 연구 결과가 있다. 그런데 문제는 질문을 던지고 정보를 교환하는 데 시간을 할애하다 보면 상대방이 먼저 제안해 버릴 우려가 있다는 점이다.

다수 동등 동시 제안 전략을 구사하면 훨씬 일찍 제안을 내놓을 수 있다. 그 덕분에 당신이 협상의 속도를 바꿀 수 있고, 논의의 출발점을 정하는 제안을 통해 최적의 성과를 거두는 데 필수적인 정보를 얻을 수 있다.

가끔 나는 의뢰인들이 협상을 준비하다가 분석 마비^{paralysis by analysis, 분석에} _{너무 집중하느라 정작 행동에 나서지 못하는 현상-역주} 증세에 시달리는 모습을 발견한다. 이런 증세의 원인은 두려움이다. 의뢰인들은 첫 번째 제안을 내놓기 전에 가능한 모든 시나리오를 분석하고 싶어 한다.

나는 그들에게 상대방의 배트나에서 약점을 분석하는 데 집중하라고 말한다. 목표를 과감하게 세우고, 올바른 정보를 테이블에 올릴 수 있도록 모든 목적을 검토하고, 메시지를 도출하고, 동시에 내놓을 비슷한 수준의 여러 가지 제안을 마련하라. 그러고 나서 첫 번째 제안을 테이블에 올리며 논의를 시작하라. 앞서 검토했듯이 당신에게 제안을 받은 상대방의 반응을 통해 정보를 얻을 수 있고 그 정보를 분석의 동력으로 삼을 수 있을 것이다.

여러 개의 제안을
자유자재로 다루는 기술

다수 동등 동시 제안을 활용할 때의 또 다른 중요한 이점은 모든 쟁점에 집중할 수 있다는 것이다. 상대방과 논의할 때, 한 번에 하나씩 문제를 해결하는 편이 더 쉽다고 생각하는 사람이 많다. 하지만 그렇게 하면 논쟁적 쟁점만 테이블에 오르기 쉽고 결국 논의가 훨씬 뜨거워질 것이다. 쟁점을 하나씩 협상하면 모든 쟁점을 테이블에 올려 두고 여러 항목에 대한 양쪽의 다른 선호를 절충할 수 있을 때보다 논의가 더 치열해지고 오래 걸리기 때문이다.

쟁점별로 협상할 땐 지렛대 효과를 챙길 수 없다. 다른 쟁점에서 상대방으로부터 뭔가를 얻기 위해 쟁점을 미리 합의하는 방식을 쓸 수 없기 때문이다. 또한 논쟁적 쟁점만 테이블에 오르면서 협상 자체가 교착 상태에 빠질 가능성이 더 높다. 설령 어떤 합의에 이른다고 해도 이 합의는 모든 쟁점을 일괄적으로 협상하는 경우보다 바람직한 합의가 아닐 가능성이 더 크다. 한 번에 하나씩 합의할 때는 다른 쟁점과 연계할 주고받기 기회를 찾아낼 수 없기 때문이다.

반면 모든 쟁점을 한꺼번에 협상할 때는 논쟁적 쟁점과 절충 쟁점에서 상대방으로부터 얻고 싶은 바를 더 많이 얻어 낼 목표로 이야기 전달 쟁점을 이용할 수 있고, 대화가 비교적 차분하게 진행될 것이다. 모든 쟁점을 협상하면 협상 시간도 비교적 짧아진다. 그리고 각 쟁점을 다른 쟁점과 연계할 절충 기회를 포착할 가능성이 더 크기 때문에 더 바람직한 합의에 이를 수 있다.

일이 잘 진행되는 듯한 기분을 느끼고 호혜적 관계를 구축하기 위해 일단 쉬운 쟁점을 협상 초반에 타결하기를 좋아한다고 말하는 사람들이 있다. 나는 그런 접근법에 2가지 중대한 장애물이 있다고 본다. 첫째, 당신이 어떤 쟁점을 쉽게 타결할 수 있다고 해서 상대방이 그 쟁점을 중요하게 여긴다는 보장은 없다. 당신이 쉽게 타결할 수 있고 상대방이 중요하게 여기는 쟁점은 바로 논쟁적 쟁점이나 절충 쟁점에서 상대방으로부터 얻어내고 싶은 바를 더 많이 얻는 데 쓰이는 이야기 전달 쟁점일 수 있다. 쟁점을 하나하나 타결하다 보면 다른 쟁점들에서 원하는 것을 얻기 힘들어진다.

물론 호혜적 관계는 좋은 것이지만 당신이 마지막 양보안을 제시했을 때 상대방의 기억이 흐릿해질 우려가 있다. 당신은 납품 시간에 관한 상대방의 희망 사항을 들어줬다는 사실을 일깨워 주려고 하겠지만, 상대방은 아마 "납품 시간은 더 거론하지 맙시다. 지금은 제품의 맞춤화를 토의하고 있습니다. 맞춤화 비용을 함께 부담하셨으면 합니다"라고 대꾸할 것이다. 나는 의뢰인들에게 모든 쟁점이 타결될 때까지 모든 쟁점을 테이블에 계속 올려놓으면서 지렛대 효과를 챙기는 것을 추천한다.

협상의 금고는 늘 열어 둬야 한다

일괄 거래를 입에 올리기는 쉽지만 실천하기는 어렵다. 우리는 항상 제안 하나하나에 매몰되는 경향이 있다. 단일 쟁점 합의에 매몰되지 않는 전략 한 가지는 "-겠습니다"와 "-수 있을 것입니다"라는 표현을 구분해서 사용하는 것이다. "-겠습니다"라는 표현을 쓰면 쟁점별 합의에 끌려 들어가게 되고, "-수 있을 것입니다"라는 표현을 쓰면 모든 쟁점을 일괄적으로 논의하게 된다.

나는 의뢰인들에게 상대방과 협상할 때 거대한 금고가 하나 있다고 상상하도록 하며 하나의 쟁점을 타결할 때마다 그 쟁점을 금고 안에 넣어 보관한다고 가정하도록 권한다. 예를 들어 "이런 식으로 제품을 맞춤화 하겠습니다"라고 말할 때 당신은 맞춤화라는 쟁점을 금고 안에 집어넣는 셈이다. 만약 "제품을 이 날짜까지 납품하겠습니다"라고 말하면 납품 시간이라는 쟁점을 금고 안에 추가한 셈이다. 당신은 이 2가지 약속을 통해 금고 문을 닫았고 상대방에게 금고와 열쇠를 넘겼다.

그런데 아직 당신은 제품의 가격에 대해 논의할 필요가 있지만, 좋은 가격을 확보하기 위해 쓸 만한 수단이 없다. 상대방이 이미 다른 쟁점들을 금고 안에 보관하고 있기 때문이다. 이때 상대방이 비장의 무기를 꺼내 당신에게 가격을 둘러싼 결정타를 날리지 않으면 다행이다.

반면 당신이 "우리는 이런 식으로 제품을 맞춤화할 수 있을 것입니다. 그리고 원하신다면 제품을 이 날짜까지 납품할 수 있을 것입니다"라고 말하면 금고 문을 열어 둔 채 모든 쟁점을 상대방과 논의할 수 있다. 즉 가격을 논의할 때 상대방으로부터 원하는 바를 얻기 위해 '맞춤화'와 '납품 시간'에 대한 상대방의 선호 사항을 지렛대로 활용하는 것이다.

이 가상 사례에서 엿볼 수 있듯이 쟁점 하나하나씩 협상하면 다른 쟁점들에서 상대방으로부터 얻고 싶은 바를 끄집어낼 수 있는 지렛대가 사라진다. 일단 어떤 쟁점을 타결하고 나면 다른 쟁점에서 얻어내고 싶은 바를 얻기 위해 타결할 쟁점이 없어지는 것이다. 쟁점을 하나씩 타결하지 않고 금고 문을 계속 열어 두는 것이 관건이다. 모든 쟁점이 일괄 타결될 때까지는 아무 쟁점도 타결하지 말아야 한다.

모든 쟁점을 일괄 타결하려면 논의에서 쓰이는 단어도 신중하게 선택해야 한다. '연결된', '연관된', '상호의존적', '의존적', '통합적', '완전한 해법' 같은 단어를 쓰면 각 쟁점 간의 연관성을 부각하고 모든 쟁점에 주목할 수 있다.

"맞춰 드리겠습니다"라는 말은
위험하다

모든 쟁점을 다룰 수 있는 최선의 방법은 다수 동등 동시 제안을 활용하는 것이다. 단 하나의 쟁점만 활용하면 대화의 범위가 개별 논의로 축소되는 경우가 많다. 반면 3개의 쟁점을 동시에 테이블에 올려놓으면 설령 대화의 범위가 축소돼도 3개의 쟁점 중 1개에 집중할 수 있다.

구매부 관계자들은 흔히 쟁점을 하나씩 다루고 나서 마지막에 가격을 타결하려고 한다. 그들의 표현을 빌리자면, 그들은 가격을 기준으로 여러 납품업체를 비교할 수 있도록 "나머지 모든 조건이 일정하다"고 가정하기를 좋아한다. 그러나 당신이 납품업자라면 가격뿐만 아니라 당신 회사의 차별성이 어떻게 고객의 급선무를 공략하는지를 보여 주고 싶을 것이다.

그리고 단 하나의 쟁점이 아니라 모든 쟁점이 논의되기를 바랄 것이다.

금고 문을 열어 두고 싶고, 고객의 선택을 받을 때 가격 외의 것들도 고려되기를 바랄 것이다. 당신이 다수 동등 동시 제안을 활용하면 대개의 경우 구매부 관계자들은 내부 고객들과 함께 테이블에 오른 선택지에 대한 자신들의 선호 사항을 확인하고 논의할 것이고, 덕분에 당신은 단 하나의 쟁점이 아니라 모든 쟁점을 다룰 수 있다.

경쟁사보다 비싼 가격을 제안해도 채택되는 비결

내 의뢰처인 어느 자문 회사는 금고 문을 열어 두는 데 성공했다. 그곳은 통합적인 의료 보험 제도와 병원을 위한 프로젝트를 진행한다. 그 회사 관계자들은 어느 대형 병원이 의료 보험 제도 때문에 입은 금전적 손해를 만회하는 프로젝트에 입찰한 적이 있다.

그들은 자문 수수료를 300만 달러로 책정했다. 그런데 150만 달러로 프로젝트를 수행할 자문 회사가 있다면서 병원 측이 제동을 걸었다. 병원의 구매 팀은 내 의뢰처를 정말 좋아하고 함께 일하고 싶지만 경쟁사의 가격에 맞춰 줘야 함께할 수 있다고 말했다.

혹시 당신은 "맞춰 드리겠습니다"라는 말을 얼마나 자주 하는가? 당신 회사의 동료들이 그렇게 말하는 것을 얼마나 많이 들었는가? 솔직해지자. "맞춰드리겠습니다"라는 문장 뒤에는 "우리가 경쟁자들보다 못하기 때문입니다"라는 문장이 따라 온다. 이는 자신이 그들보다 못하다는 점을 인정하는 것이다. 그 점을 인정할 수 없다면 맞춰 주겠다는 말은 하지 않는 편이 좋다.

　방금 언급한 자문 회사 소속의 의뢰인은 이미 내 강의에 몇 번 참석해 능숙한 협상가로 탈바꿈한 인물이었다. 그는 강의 내용을 그대로 실천했다. 우선 대형 병원의 관계자들을 만나 양해를 구했다. 그는 자기가 애초에 제안할 때, 병원 측이 의료 보험 제도와 관련한 금전적 손해를 전부 회복하는 것을 가정했다고 말했다. 그리고 과거에 팀을 구성해 그런 종류의 프로젝트 41개를 매우 성공적으로 수행한 경험이 있다고 덧붙였다.

　그는 병원 측이 금전적 손해를 모두 회복하고 싶어 한다고 가정했기 때문에 실전 경험이 풍부한 팀을 추천한 것이라고 말했다. 이어서 그는 경쟁사에도 훌륭한 팀이 있겠지만 자사가 그런 종류의 프로젝트를 최초로 수행했고 지금까지 가장 많은 프로젝트를 수행했기 때문에 다른 어느 곳도 자기가 꾸린 팀만큼 노련하지 않을 것이라고 설명했다.

　그는 병원 관계자들이 의료 보험 제도로 인한 모든 금전적 손해를 복구하는 데 집중하는 대신 프로젝트 비용을 비교하려고 하기 때문에 경쟁사를 거론하는 것 같다고 말했다. 그러고 나서 만약 금전적 손해를 모두 복구할 가능성과 프로젝트 비용을 저울질하고자 한다면 기꺼이 그에 맞는 팀을 추천하겠다고 말했다.

　그는 회사에 그런 프로젝트를 처리하는 여러 팀을 관리하고 있었고 특히 경쟁사가 동원할 법한 팀과 흡사한 팀을 하나 거느리고 있었다. 그는 그 팀이 과거에 비슷한 프로젝트 5개를 성공적으로 처리한 경험이 있지만 41개의 프로젝트를 수행한 팀보다는 손실 만회율이 낮다고 설명했다.

그는 5개의 프로젝트를 수행한 팀의 수준이 경쟁사의 팀과 무척 비슷하다면서 수수료 150만 달러 조건으로 그 팀을 써 달라고 말했다. 그렇지만 만약 41개의 프로젝트를 완수한 팀이 마음에 들면 수수료 300만 달러를 내야 한다고 덧붙였다.

병원 관계자들은 당연히 경험이 더 풍부하고 실적이 더 우수한 팀을 선택하며 수수료 300만 달러를 조건으로 받아들였다. 의료 보험으로 인한 금전적 손해의 규모를 감안할 때, 150만 달러 차이는 그리 큰 금액이 아니었다. 만일 내 의뢰인이 쟁점별로 협상하다가 특정 팀에 일을 맡기기로 합의하고 나서 수수료를 협상했다면 300만 달러에 미치지 못하는 수수료를 받았을지도 모른다. 그러나 모든 쟁점을 계속 테이블에 올려놓은 덕분에 그는 금전적 성과뿐 아니라 고객의 만족도도 극대화할 수 있었다.

여러 개의 제안을 한꺼번에 내놓으면 쟁점 전체를 향한 초점을 유지하고 더 바람직한 성과를 거둘 수 있다. 바람직한 합의에 이를 수 있는 열쇠는 당신이 중요하게 여기는 쟁점들을 끈질기게 고수하는 것이다. 다음 절에서 살펴보겠지만 다수 동등 동시 제안을 활용하면 상대방을 실망시키지 않으면서 쟁점을 고수할 수 있다.

관계를 긍정적으로 유지하면서
의견을 고수하는 방법

우리는 상대방이 자신에게 도움이 안 될 것 같다며 반발하면 그 즉시 제안을 철회하려고 한다. 이것을 끝까지 고수하면 상대방의 심기를 건드리거나 거래를 놓치게 될까 봐 걱정하기 때문에 그 쟁점을 재빨리 포기하는 것이다. 그러나 이렇게 되면 최선의 계약을 할 수 없고 금전적으로도 손해를 입을 것이다.

가령 당신이 예비 파트너인 어느 일본 회사에 단 하나의 제안을 내놓는다고 치자. 그 제안에는 당신의 회사가 북아메리카 지역의 매출 기록을 담당한다는 쟁점이 포함돼 있다. 상대방은 자기 회사가 북아메리카 지역의 매출을 기록하기를 원한다. 그래서 당신은 역제안을 내놓지만 상대방도 고집을 꺾지 않는다. 이렇게 되면 당신이 원래의 제안을 다시 고집하기가 힘들어질 것이다. 상대방의 의사를 존중하지 않는 듯한 인상을 줄 수 있기 때문이다.

이제 당신은 상대방에게 불쾌감을 주면서 원래의 쟁점을 고집하거나 아니면 당신이 아주 중요하게 여기는 첫 제안을 철회해야 한다. 어느 쪽도 바람직하지 않다. 전자는 상대방과의 관계가 훼손되고, 후자는 당신 회사에 손실을 입히게 된다.

3가지 제안으로 상대방에게 존중을 표시하라

이때 다수 동등 동시 제안을 활용하면 상대방과의 관계도 유지하면서 더 오랫동안 쟁점을 고수하고 성과를 극대화할 수 있다. 3개의 선제적 제안에는 당신의 회사가 북아메리카 지역의 매출을 기록한다는 쟁점이 포함될 것이다. 각 제안의 나머지 쟁점들은 내용이 서로 다르지만 당신의 회사가 북아메리카 지역의 매출을 기록한다는 절충 쟁점만큼은 3개의 선택지 모두에서 차이가 없을 것이다.

이제 당신은 그 쟁점을 고수할 수 있는 위치에 섰다. 따라서 상대방이 북아메리카 지역의 매출을 자기 회사가 기록하겠다고 말해도 당신은 그저 3개의 선택지 중에서 1개를 수정하는 것만으로도 상대방의 의사를 존중하는 인상을 주면서 원래의 쟁점을 고수할 수 있다. 예를 들어 선택지 C를 선택지 D로 변경한다. 이 새로운 선택지를 제안하며 당신은 북아메리카 지역의 매출을 50 대 50으로 나눠 기록하자고 제안하지만, 그 변경 사항이 수익 분배와 그 밖의 조건에 미칠 영향도 상대방에게 보여 줄 것이다. 따라서 이제 상대방은 선택지 A, B, D를 검토하게 됐다. 당신의 회사가 북아메리카 지역의 매출을 기록한다는 쟁점이 여전히 3개의 선택지 중 2개에 포함돼 있고, 양쪽이 그 쟁점을 활발히 논의하게 됐다.

다수 동등 동시 제안을 활용하면 당신이 3개의 선택지 중 1개를 변경함으로써 상대방의 말에 귀 기울이고 있다는 유연한 인상을 주면서도 2개의 선택지에는 원래의 쟁점을 포함해 그 쟁점을 고수할 수 있다. 이렇게 쟁점을 고수하는 전략은 바람직한 성과를 올리고 금전적 손해를 방지하는 데 필수적이다.

나는 항상 의뢰인들에게 다수 동등 동시 제안을 활용해 메시지를 강화하도록 권한다. 다수 동등 동시 제안을 활용하면 당신의 차별성이 상대방의 급선무를 어떻게 충족시킬 수 있는지 강조할 수 있다. 한 가지만 제안하면 흔히 일방적 발표로 이어진다. 그러나 다수 동등 동시 제안은 논의를 촉진하기도 한다. 다수 동등 동시 제안을 활용하면 논의의 틀이 "우리와 일하고 싶습니까?"에서 "우리와 어떻게 일하고 싶습니까?"로 바뀌기 때문에 상대방을 대화로 끌어들여 참여 가능성을 높일 수 있다.

여러 개의 제안을 구성하는 방법

선제적으로 제안하기 위해 3개의 선택지를 준비할 때 이야기 전달 쟁점의 내용은 다양화하고, 절충 쟁점의 내용은 고정화하고, 논쟁적 쟁점의 내용은 대체로 고정화하지만, 논쟁적 쟁점 중에서도 가격 같은 쟁점은 차이를 주기 마련이다.

이야기는 당신이 상대방의 급선무를 공략하기 위해 무엇을 할 수 있는지에 초점이 맞춰질 것이다. 그러므로 상대방의 급선무를 공략할 당신의 차별성을 강조하는 이야기 전달 쟁점을 제안의 맨 위 항목에 배치해야 한다. 이야기 전달 쟁점을 통해 내놓는 제안의 내용은 선택지별로 차이를 줄 필요가 있다. 사람들은 그 내용이 서로 동일할 때보다 서로 다를 때 더 주목할 것이기 때문이다.

제안 1개에 포함할 수 있는 쟁점의 수에는 한계가 없지만 차이를 주기 위해 변형한 쟁점의 수에는 한계가 있다. 사람들은 대체로 5개에서 9개의 사항을 기억할 수 있다. 메시지를 확실하고 분명하게 전달하고 싶으면 내용을 다양화할 수 있는 쟁점을 첫 번째 제안에 9개 이상 포함하지 말길 바란다. 내용을 다양화할 수 있는 쟁점은 선택지마다 최대 9개까지만 포함하면 된다.

메시지를 강화할 수 있는 중요한 이야기 전달 쟁점을 고르고 처음 제시하는 3개의 선택지를 통해 그 쟁점의 내용을 다양화하길 바란다. 그런데 이후에 제시하는 선택지에서는 상대방에 대한 반응을 보여 주기 위해 몇몇 절충 쟁점과 논쟁적 쟁점의 내용을 바꾸는 경우도 있다. 하지만 첫 번째 제안에서는 당신의 차별성이 상대방의 급선무를 어떻게 충족하는지를 강조하는 이야기 전달 쟁점의 내용을 다양화하고, 절충 쟁점의 내용은 일정하게 두고, 논쟁적 쟁점의 내용도 대체로 일정하게 두길 바란다(가격 같은 정량적 쟁점은 그 내용이 서로 다를 수 있다).

차별성이 있다면
타협보다 설득이 먼저다

다수 동등 동시 제안의 구조를 명확하게 이해하는 데 보탬이 되는 사례가 하나 있다. 내 의뢰처 중에는 택배 상자의 재료인 골판지 포장재를 생산하는 업체가 하나 있는데 이 업체가 경험한 사례를 살펴보겠다. 이 업체에는 3가지 중요한 차별성이 있었다.

1. 독특한 모양 따기 기법을 바탕으로 다양한 형태의 상자를 만들 수 있다.
2. 터지거나 찢어지거나 바닥이 처지지 않는 고품질의 상자를 만들 수 있다.
3. 업계에서 유일하게 24시간 콜센터를 운영하는 기업이다.

특히 세 번째 차별성 덕분에 고객사들은 필요할 때마다 콜센터에 연락해 상자를 추가로 주문할 수 있다. 굳이 재고를 적정량보다 많이 쌓아 둘 필요성이 적어지고, 상자가 부족해져 제품 생산을 중단할 위험이 줄어들었다. 내 의뢰처는 언제나 자사의 차별성을 강조했지만 고객사 관계자들은 가끔 이렇게 말했다.

"상자 가격은 얼마입니까? 경쟁사의 가격에 맞춰 주면 사겠습니다."

물론 내 의뢰처는 가격을 낮추고 싶지 않았기에 다수 동등 동시 제안을 이용해 차별성을 부각하기로 마음먹었다. 경쟁사와 동일한 가격으로 납품한다는 것은 결국 경쟁사보다 나은 점이 별로 없다는 의미였기 때문이다. [표6]은 내 의뢰처인 상자 제조업체의 차별성을 정리한 표다. 차별성을 얼마나 효과 있게 협상 쟁점으로 전환했는지 확인하길 바란다.

상자 맞춤화	• 맞춤형 제작인가, 표준형 제작인가 • 포장재 삽입에 필요한 노동량 • 포장재 양
품질	• 생산 후 직송인가, 이중 검수인가 • 파손 보증 제도
콜센터	• 고객 서비스 또는 상자 주문(혹은 둘 다) • 서비스 이용 가능 시간 • 상자 주문 가능 시간

[표6] 상자 제조업체의 차별성

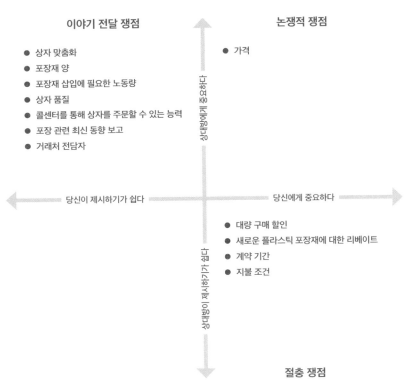

이야기 전달 쟁점

- 상자 맞춤화
- 포장재 양
- 포장재 삽입에 필요한 노동량
- 상자 품질
- 콜센터를 통해 상자를 주문할 수 있는 능력
- 포장 관련 최신 동향 보고
- 거래처 전담자

논쟁적 쟁점

- 가격

상대방에게 중요하다

당신이 제시하기가 쉽다

당신에게 중요하다

상대방이 제시하기가 쉽다

- 대량 구매 할인
- 새로운 플라스틱 포장재에 대한 리베이트
- 계약 기간
- 지불 조건

절충 쟁점

[그림8] 상자 제조업체의 쟁점 현황판

　[그림8]을 살펴보면 협상 쟁점들이 쟁점 현황판에서 어떤 식으로 배열됐는지 확인할 수 있다. 상자 제조업체의 차별성과 연관된 쟁점들은 이야기 전달 쟁점에 속한다. 이 쟁점들은 상자 제조업체가 논쟁적 쟁점과 절충 쟁점에서 상대방으로부터 얻어 내고자 하는 바를 더 많이 얻기 위해 활용할 수 있는 것들이다. 내 의뢰처 관계자들은 자사의 차별성이 고객사들의 급선무를 공략하는 방식에 관한 메시지를 전달하기를 원했다. 그래서 [표7]에 상세히 나와 있듯이 다수 동등 동시 제안을 구성했다.

	선택지 A	선택지 B	선택지 C
맞춤화	표준형 상자	맞춤형 상자	맞춤형 상자
포장재 양	XXXXXXX	X	X
포장재 비용	$$$$$	$	$
포장재 삽입 노동량	XXXXXXX	X	X
포장재 삽입 노동의 비용	$$$$$	$	$
상자 품질	생산 후 직송	생산 후 직송	개별 제품별 검수
상자 추가 주문	월 1회(업계 표준)	콜센터 이용 (오전 8시-10시)	콜센터 이용 (24시간)
포장 최신 동향	연 1회	연 2회	연 2회
대량 구매 할인	일정	일정	일정
새로운 플라스틱 포장재 리베이트	일정	일정	일정
거래처 전담자	주 1회 현장 근무	주 1회 현장 근무	주 1회 현장 근무
가격	$	$$	$$
지불 조건	일정	일정	일정
계약 기간	일정	일정	일정

[표7] 상자 제조업체의 다수 동등 동시 제안

첫 번째 차별성, 상자를 특별한 모양으로 만들 수 있다

첫 번째 쟁점은 고객사가 표준 정사각형 상자를 선호하는가 아니면 내 의뢰처 특유의 모양 따기 기법을 통한 맞춤형 형태를 좋아하는가이다. 경쟁사는 정사각형 상자만 제공할 수 있지만, 내 의뢰처는 맞춤형 상자를 공급할 수 있다. 상자의 형태는 필요한 포장재의 양, 포장재의 비용, 포장재를 삽입하는 데 필요한 노동의 양, 그 노동의 비용에 영향을 끼친다.

내 의뢰처 관계자들이 경쟁사가 제공할 수 있는 표준 상자와 자사가 제공하는 독특한 맞춤형 상자 중에서 하나를 선택하는 문제와 관련한 4개의 쟁점으로 어떻게 차별성을 강조했는지 주목하길 바란다. 흥미롭게도 내 의뢰처는 실제로 포장재를 납품하거나 포장재 삽입과 관련된 노동력을 제공하지 않았음에도 이 쟁점들만으로 고객사에게 자사의 차별성을 알려 줄 수 있었다.

만약 내 의뢰처가 단 하나의 제안만 내놓으면서 경쟁사의 상자가 비싼 포장재와 그 포장재를 삽입해야 하는 공정이 필요하다는 점을 강조했다면 경쟁사를 헐뜯는 듯한 느낌을 풍겼을 것이다. 그러나 내 의뢰처는 그 대신 여러 개의 제안을 내놓으며 다양한 선택지를 제시할 수 있다는 점을 보여 줬다.

두 번째 차별성, 품질이 압도적으로 좋다

두 번째 쟁점은 상자의 품질이다. 내 의뢰처는 경쟁사보다 더 품질 좋은 상자를 생산한 뒤 곧장 배송할 수 있다. 생산 후 직송이라는 조건은 선택지 A와 선택지 B에 포함됐다. 그런데 선택지 C에는 배송하기 전에 상자를 하나하나 이중으로 검수한다는 조건이 포함됐다. 이중 검수로 상자의 품질이 향상되면 상자가 파손될 우려가 낮아지기 때문에 품질은 고객사에게 무척 중요한 쟁점이었다.

세 번째 차별성, 업계에서 유일하게 24시간 주문이 가능하다

다음 쟁점은 상자 주문 방식이었다. 업계 표준은 월 1회 주문이었고, 그것은 선택지 A에 반영됐다. 선택지 B는 고객사가 콜센터를 통해 동부 표준시 기준 오전 8시부터 오전 10시까지 상자를 주문하면 이튿날에 받을 수 있다는 내용이었다. 하지만 고객사의 생산 시설이 세계 곳곳에 있다는 점을 감안할 때, 그 정도로는 고객사의 필요 사항을 충족하기 힘들 수 있다. 그래서 선택지 C에는 하루 24시간 1주일 내내 콜센터를 통해 상자를 주문할 수 있다는 내용이 포함됐다. 즉, 상자가 필요할 때마다 콜센터에 연락해 주문하면 이튿날 아침에 받을 수 있는 것이었다.

포장재 업계의 선두 주자인 내 의뢰처는 자사의 전문 지식을 강조하고 싶었다. 그래서 포장과 관련된 최신 동향을 1년에 한 번이나 두 번 보고하는 방안을 제시했다. 이야기 전달 쟁점은 논의의 초점이 될 것이기 때문에 다양화할 필요가 있다.

동시에 절충 쟁점의 내용은 고정할 필요가 있다. 내 의뢰처는 양보의 여지가 많은 절충 쟁점인 '대량 구매 할인'의 내용은 3개의 선택지에서 서로 차이가 없었다. 마찬가지로 내 의뢰처가 새로운 플라스틱 포장재에 대해 고객사에 제공할 리베이트도 절충 쟁점이었다. 양보의 여지가 많은 절충 쟁점인 '리베이트'의 내용도 서로 차이가 없었다. 지금까지 언급한 모든 쟁점들은 가격이라는 하나의 논쟁적 쟁점으로 귀결됐고 가격은 3개의 선택지마다 달랐다.

　내 의뢰처는 다수 동등 동시 제안에 힘입어 자사의 차별성(상자 맞춤화, 상자 품질, 고객 중심적인 특별한 콜센터)이 고객사의 급선무를 어떻게 공략하는지 그 메시지를 강화할 수 있었다. 고객사가 제품의 모양에 잘 들어맞는 맞춤형 상자를 구매할 수 있으면 포장재의 양과 포장재 삽입에 필요한 노동량이 감소하고 이와 관련한 비용도 절감될 것으로 보였다. 게다가 상자의 뛰어난 품질 덕분에 파손 가능성이 줄어들었다. 이는 "파손율 0퍼센트에 브랜드의 운명이 달려 있다"라고 말하는 고객사에 결정적인 이점이었다. 또한 언제든 콜센터를 이용해 상자를 주문할 수 있으면 상자가 부족해져서 제품 생산이 중단될 위험이 줄어들고 한정된 생산 시설에 굳이 재고를 적정량보다 많이 쌓아 둘 필요도 적어질 것이었다.

첫 번째 쟁점에는
반드시 이야기가 담겨야 한다

다음 장에서는 당신의 이야기를 가장 효과적으로 전달할 수 있는 메시지와 함께 여러 개의 제안을 내놓는 방법을 살펴볼 것이다. 일정한 쟁점이 아니라 3개의 선택지에 따라 다를 수 있는 쟁점에 상대방이 관심을 쏟도록 다수 동등 동시 제안의 구조를 짜는 방법에 주목하자. 절충 쟁점과 논쟁적 쟁점은 협상의 다음 단계에서 양보안을 제시함에 따라 그 내용이 바뀔 수 있지만, 첫 번째 제안에서만큼은 이야기 전달 쟁점의 내용을 다양화하여 메시지를 명확하게 전달해야 한다.

메시지를 강화하기 위해서는 제안에 포함된 각 쟁점의 순서를 고려하는 것이 중요하다. 첫 번째 쟁점은 제안과 메시지를 이어 주는 이른바 '관절 쟁점'이다. 앞서 언급한 상자 제조업체의 관절 쟁점은 표준형 상자와 맞춤형 상자 중 어느 쪽을 선택할 것인가였다. 모양 따기 기법을 통한 맞춤형 제작 방식이 차별성이었기 때문이다.

첫 번째 쟁점은 제안과 메시지를 연결할 수 있어야 한다. 나는 의뢰인들에게 늘 제안하는 법을 연습하라고 권한다. 그래야 각 쟁점을 올바른 순서로 배열했는지 스스로 점검할 수 있기 때문이다. 쟁점을 올바른 순서로 배열해야 메시지를 강화할 수 있다.

당신에게는 9개가 넘는 이야기 전달 쟁점이 있을 수도 있다. 그렇다면 선택지별로 내용을 변형할 쟁점과, 차이를 두지 않을 쟁점을 골라야 한다. 핵심 메시지와 연결되는 쟁점은 그 내용을 다양화해야 한다. 상자 제조업체의 경우, 거래처 전담자와 관련한 쟁점은 모든 선택지에서 그 내용이 일정했다. 물론 이것은 이야기 전달 쟁점이지만 표준형 상자와 맞춤형 상자 간의 차이를 설명하는 핵심적인 차별성은 아니다. 그러므로 거래처 전담자 쟁점은 첫 번째 제안에서는 일정하다. 그렇지만 양보안을 내놓은 이후의 제안에서는 서로 다를 수 있다.

차별성 배치도와 쟁점 현황판

차별을 정리한 표와 쟁점 현황판은 당신의 차별성이 상대방의 급선무를 어떻게 충족시키는지를 설명할 메시지를 강화하는 데 필수적인 수단이다. 이와 관련한 사례를 하나 소개하겠다. 나는 의뢰인들에게 항상 이

2가지의 중요성을 강조하고 의뢰인들에게 직접 사용하기도 한다. 1장에 나오는 메드벡앤드어소시에이츠의 차별성 표를 다시 살펴보면 우리 회사의 차별성은 수많은 거래에 관한 조언을 해 주면서 쌓은 경험, 수상 경력에 빛나는 교육 능력, 협상 분야의 전문 지식, 전략을 통해 성과가 향상될 것이라는 확신 등이었다.

이 각각의 차별성은 협상 쟁점으로 전환되고 이 쟁점을 바탕으로 차별성을 강조할 수 있다. [표2]에서 나는 각 협상 가능 쟁점의 내용이 3개의 선택지에 따라 어떻게 바뀔 수 있는지 상세히 보여 줬다. 그리고 [그림]에 나타난 쟁점 현황판에 이 쟁점들을 배열했다. 보다시피 첫 번째 제안에서 나는 이야기 전달 쟁점의 내용을 다양화했다.

차별성	협상 쟁점
거래 조언으로 쌓은 경험	• 고객에게 제공하는 서비스 • 개별 피드백
협상 분야의 전문 지식	• 강습 담당자가 누구인가? • 고객의 필요 사항을 처리하는 맞춤형 접근법
수상 경력에 빛나는 교육 능력	• 강습 횟수 • 참가자 수
믿을 만한 전략을 통해 성과가 향상될 것이라는 확신	• 협상 성과와 금전적 보상의 연계 가능성

[표2] 메드벡앤드어소시에이츠의 차별성과 협상 쟁점

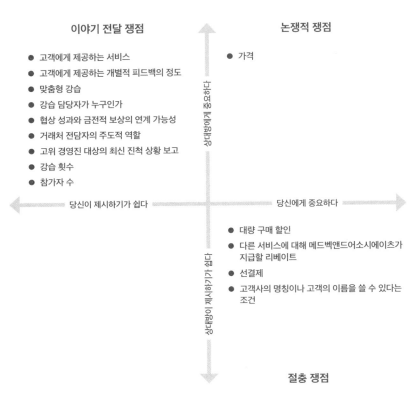

[그림9] 메드벡앤드어소시에이츠의 쟁점 현황판

나는 맞춤형 다수 동등 동시 제안으로 우리 회사의 차별성이 특정 의뢰처의 급선무를 공략한다는 메시지를 강화해야 했다. 따라서 고객별로 조금씩 다른 다수 동등 동시 제안을 활용한다.

[표8]에 나오는 3개의 제안은 우리와 처음 거래하는 의뢰처를 위해 만든 것이다. 우리는 코로나19가 기승을 부리던 2020년 4월에 접촉했고 나는 1일 대면 강습 대신 2시간짜리 가상 실시간 강습을 제안했다.

	선택지 A	선택지 B	선택지 C
서비스	영업 팀 대상 협상 심화 강습 4회	영업 팀 대상 협상 심화 강습 4회, 특정 거래에 관한 자문	영업 팀 대상 협상 심화 강습 4회, 특정 거래에 관한 자문
강습 담당자	• 메드벡 박사가 고안한 강습 내용을 선임 직원이 진행	• 메드벡 박사가 고안한 강습 내용을 선임 직원이 진행 • 자문은 메드벡 박사가 직접 진행하고 우리 회사의 거래처 전담 선임 직원이 자문 활동을 지원	• 메드벡 박사가 고안한 강습 내용을 메드벡 박사가 직접 진행 • 자문은 메드벡 박사가 직접 진행하고 우리 회사의 거래처 전담 선임 직원이 자문 활동을 지원
경영진 대상 조언 및 코칭	• 메드벡 박사가 귀사의 경영진과 만나 협상 과제를 파악하고 교육 과정을 설계 • 워크숍 말미에 경영진과 만나 도전 과제를 최대한 극복할 수 있는 전략 코칭	• 메드벡 박사가 귀사의 경영진과 만나 협상 과제를 파악하고 교육 과정을 설계 • 메드벡 박사와 거래처 전담 선임 직원이 강습 중간에 귀사의 경영진과 만나 협상 팀의 진척 상황을 보고하고 교육 과정 내용을 조정 • 4번째 강습 이후의 추가 만남에서 메드벡 박사는 도전 과제를 최대한 극복할 수 있는 전략 코칭	• 메드벡 박사가 귀사의 경영진과 만나 협상 과제를 파악하고 교육 과정을 설계 • 메드벡 박사와 거래처 전담 선임 직원이 강습 중간에 귀사의 경영진과 만나 협상 팀의 진척 상황을 보고하고 교육 과정 내용을 조정 • 4번째 강습 이후의 추가 만남에서 메드벡 박사는 도전 과제를 최대한 극복할 수 있는 전략 코칭

개별 피드백	• 맞춤형 강습을 통해 참가자의 협상 계획에 대한 구두 피드백 제공	• 각 강습 시간 사이에 참가자의 협상 계획에 대한 개별 서면 피드백 제공 • 참가자 사례 검토와 협상 계획에 대한 구두 피드백으로 맞춤형 강습을 진행	• 각 강습 시간 사이에 참가자의 협상 계획에 대한 개별 서면 피드백 제공 • 참가자 사례 검토와 협상 계획에 대한 구두 피드백으로 맞춤형 강습을 진행
경영진 대상 최신 동향 보고	교육 종료 후 1년에 1회	교육 종료 후 1년에 1회	교육 종료 후 1년에 2회
협상 성과와 금전적 보상의 연계 가능성	해당 사항 없음	해당 사항 없음	메드벡 박사는 자신의 조언이 귀사의 협상을 성공으로 이끌 것으로 확신하고 협상 성과와 보상을 연계 (명확한 조건부 조항을 포함)
강습 횟수	4회	4회	4회
참가자 수	40명	40명	40명
강습 1회당 가격	$	$$	$$$
자문 서비스 비용	해당사항 없음	YY	Y(선택지 B의 기본 수수료보다 적지만 조건부 조항을 감안하면 총액은 기본 가격보다 많음)
대량 구매 할인	• 1~8회까지의 강습은 명시된 가격으로 진행	• 1~8회까지의 강습은 명시된 가격으로 진행	• 1~8회까지의 강습은 명시된 가격으로 진행

대량 구매 할인	• 이후 진행하는 8회의 강습은 5퍼센트 할인 • 이후 진행하는 16회의 강습은 10퍼센트 할인 • 이후의 모든 추가 강습은 15퍼센트 할인	• 이후 진행하는 8회의 강습은 5퍼센트 할인 • 이후 진행하는 16회의 강습은 10퍼센트 할인 • 이후의 모든 추가 강습은 15퍼센트 할인	• 이후 진행하는 8회의 강습은 5퍼센트 할인 • 이후 진행하는 16회의 강습은 10퍼센트 할인 • 이후의 모든 추가 강습은 15퍼센트 할인
향후 제공하는 서비스와 임원 대상 의사 결정 강습의 리베이트	워크숍 1회당 5,000달러	워크숍 1회당 5,000달러	워크숍 1회당 5,000달러

[표8] 메드벡앤드어소시에이츠의 다수 동등 동시 제안

의뢰처는 자사의 최대 고객사와 매우 중요한 협상을 하고 있었는데 성과가 좋지 않아서 협상 훈련을 받을 필요성을 느꼈다. 내가 말문을 열자 의뢰처의 CEO는 협상 자문뿐 아니라 영업 팀을 대상으로 하는 전반적인 훈련에 관심이 있다고 말했다.

나는 메드벡앤드어소시에이츠가 예비 의뢰처의 협상 팀에게 협상 전략을 가르치고 그들이 맡은 여러 협상을 조언하고 최대 고객사와의 중요한 협상을 할 때 맞춤형 자문을 제공할 수 있다는 차별성을 강조하기 위해 다수 동등 동시 제안을 설계했다. 우리가 고객에게 제공하는 서비스와 서비스 제공자는 선택지에 따라 다르다. 그 이유는 우리의 폭넓은 전문 지식을 드러내는 동시에, 내가 직접 강습 내용을 고안하고 강습까지 진행하기를 바라는지, 아니면 강습은 우리 회사의 선임 직원이 담당하기를 원하는지를 확인하기 위해서다.

또한 나는 각 의뢰처의 사정을 고려한 맞춤형 교육을 제공한다는 점도 강조하고 싶었다. 그래서 교육 과정을 시작하기 전에 고위 경영진을 만나 그 회사의 도전 과제를 파악하고 강의 내용을 설계하는 방안, 교육 과정을 시작하기 전과 4차례의 강습 시간 사이에 고위 경영진과 만나는 방안을 제시했다. 코칭의 취지는 협상 교육이 그 회사의 성과에 미칠 영향을 강조하기 위한 것인데 그 빈도 역시 선택지마다 다르다.

또한 나는 우리 회사가 의뢰처가 진행하는 협상을 조언해 주고 협상 성과에 영향을 미칠 수 있는 전문가들이 포진한 곳이라는 점을 강조하고 싶었다. 그래서 참가자들의 협상 계획에 피드백을 제공하는 쟁점을 포함했다. 모든 강습의 참가자가 각자의 협상 계획을 작성하면 그것을 검토해서 강습 내용을 조정하고 수업에서 참가자들의 사례를 다루며 구두 피드백을 제공한다는 것이 선택지 A였다. 선택지 B와 C에는 각 강습 시간 사이에 참가자들에게 개별적인 서면 피드백을 제공한다는 내용이 추가됐다.

최대 고객사와의 협상 시 제공하는 자문은 선택지 B와 C에 포함됐다. 그리고 모든 자문 서비스를 내가 제공한다는 점을 강조해 의뢰처가 중대한 이해관계가 달린 협상에서 마주치는 문제는 CEO인 내가 직접 관여할 것이라는 사실을 부각했다.

나는 의뢰처가 협상에 성공하도록 도울 수 있다는 자신감을 표현하고 싶어서 선택지 C를 통해 자문의 성과와 금전적 보상을 연계한 반면, 선택지 B에서는 가격 정액제를 적용했다. 나는 내가 직접 제공하는 자문 서비스에 자신감이 있다는 점을 입증하기 위해 이런 연계 방식을 제시했다. 당신의 차별성은 당신이 제공하거나 달성할 수 있다고 확신하는 그 무언가에 좌우될 때가 많다. 그 무언가와 연관된 차별성이 있을 때, 그것을 제공하거나 달성할 수 있다고 장담하면서 보상과 연계하면 설득력 있는 메시지를 던질 수 있다.

미래의 성과나 불이익까지
고려하는 '조건부 협약'

성과를 보상이나 불이익과 연계하는 것이 자신감을 보여 주고 차별성을 부각할 수 있는 좋은 방법이지만, 이때는 조건부 조항을 고안하는 방법을 잘 알아야 한다.

조건부 협약으로 이야기 효과를 강화하라

객관적으로 측정할 수 있고 양쪽 모두가 알고 있는 지표를 활용해야 한다. 당신과 상대방 모두가 어떤 일의 성과와 관련된 정보를 확보할 수 있어야 이런 연계 방식을 쓸 수 있다. 예를 들어 나는 앞서 소개한 사례의 의뢰처에게 계약 여부나 매출 같은 지표와 관련한 성과를 보상과 연계하는 조건부 협약을 제안할 것이다. 그러나 마진은 지표로 삼지 않을 것이다. 의뢰처가 고객과 계약을 맺었다는 사실은 객관적이고 측정할 수 있고 양쪽 모두가 알고 있는 지표다. 나는 의뢰처가 그 사실을 내게 알려줄 것이라고 믿기 때문이다. 의뢰처가 고객과의 계약으로 올린 매출 역시 객관적이고 측정할 수 있고 양쪽 모두가 알고 있는 지표이다. 나는 의뢰처가 그 계약 내용을 보여줄 것이라고 믿기 때문이다.

그러나 마진과 관련해서는 무작정 신뢰할 수는 없다. 마진 정보는 한쪽만 알고 있고, 여러 가지 방식으로 산정될 수 있기 때문이다. 그러므로 조건부 협약을 맺는 데 위험이 따르고 나중에 그 문제를 두고 논쟁을 벌일 가능성도 있다.

조건부 조항을 활용하고자 할 때 과도한 자신감은 곤란하다. 조건부 제안은 파이의 크기를 늘려 주지 않는다. 가치를 추가하지 않고 가치를 이전하는데, 한쪽은 돈을 주고 다른 쪽은 받기 때문이다. 이때 조건부 조항은 가치가 생긴 듯한 인식을 심어 준다. 양쪽 모두 자신이 미래를 정확하게 예측했다고 믿기 때문이다. 그러나 너무 자신만만하게 성공 장담하면서 조건부 협약을 맺으면 큰 대가를 치르게 될 것이다.

조건부 조항으로 부정적 흥정 지대를 극복한다

조건부 협약은 부정적 흥정 지대를 극복하는 데도 일조할 수 있다. 흔히 협상은 구매자의 유보점이 판매자의 유보점보다 더 높은 긍정적 흥정 지대를 형성하지만, 가끔 판매자의 유보점이 구매자의 유보점보다 더 높은 부정적 흥정 지대를 형성하는 상황에 놓이기도 한다. 부정적 흥정 지대는 판매자가 약속을 지킬 수 있을 것이라고 구매자가 확신하지 않을 때 형성된다. 어느 기계 장비 납품업체가 대형 제조업체에 처음으로 제품을 판매하려고 하는 경우를 가정해 보자. 납품업체는 자사의 장비가 제조업체가 작업을 중단하는 시간을 줄여 줄 것이라고 주장한다. 판매자인 납품업체는 구매자인 제조업체가 그 장비를 매우 중요하게 여길 것으로 생각하지만, 아직 그 장비가 낯선 구매자는 가격이 너무 비싸다고 생각한다. 따라서 부정적 홍정 지대가 형성될 가능성이 있다.

조건부 협약은 이러한 부정적 홍정 지대를 극복할 수 있는 최선의 방법이다. 이 사례에서는 양쪽이 일단 장비의 기준 가격을 낮게 잡는 데 합의하고, 만일 그 장비 덕분에 제조업체의 생산 라인이 1년 내내 무사히 돌아가면 구매자가 판매자에게 추가 금액을 지불할 수 있을 것이다. 혹은 일단 판매자가 요구하는 금액을 구매자가 낸 뒤 나중에 생산 라인이 멈추면 일정 금액을 돌려받을 수도 있다. 아마 구매자는 전자의 방식을, 판매자는 후자의 방식을 선호하겠지만 어느 방식이든 조건부 협약은 판매자의 유보점이 구매자의 유보점보다 더 높아서 맺어지지 않을 거래도 성사시킬 가능성이 있다.

미래에 일어날 어떤 성과를 두고 상대방과 논쟁을 벌일 때마다 당신은 그 성과를 보상이나 불이익과 연계시킬 수 있는지 고려해야 한다. 조건부 협약은 논쟁을 막을 수 있는 유익한 수단이다. 그리고 이때는 반드시 객관적으로 측정할 수 있고 양쪽 모두가 알고 있는 지표와 관련한 성과만 연계하길 바란다. 그렇지 않으면 나중에 성과를 두고 논쟁에 휘말리게 될 것이다.

조건부 조항으로 상대방의 말을 검증한다

조건부 협약은 상대방의 말이 과장인지, 혹은 거짓말인지 파악하는 데 쓰일 수도 있다. 2장에서 나는 수영장 설치업자의 말이 과장인지 진실인지 그 진위 여부를 파악하기 위해 조건부 조항을 활용했다. 나는 이듬해 5월 1일까지 수영장 공사를 끝낼 수 있다는 설치업자들의 말을 검증하고자 했는데, 처음에는 다들 마감 기한을 맞출 수 있다고 말했지만 조건부 조항을 추가하자 그 중 단 1명만 마감 기한을 맞출 수 있다고 장담했다.

마감을 지키지 못하면 1일당 500달러의 위약금을 내야 한다는 조항을 추가했음에도 불구하고 마감 기한을 지킬 수 있다고 자신감 있게 말한 설치업자를 보고 나는 그에게 제시간에 공사를 끝낼 수 있다는 확신이 있는 것처럼 보였다. 조건부 조항은 당신이 이룰 수 있는 성과의 자신감을 강조하는 이야기 전달 수단으로 쓰일 수 있고, 상대방이 본인의 자신감을 믿게 하는 수단으로도 쓰일 수 있다.

당신이 성과의 자신감을 조건부 조항을 통해 전달할 때, 그 조건부 조항은 이야기 전달 쟁점이다. 따라서 3개의 선택지별로 조건부 조항을 포함하거나 포함하지 않아야 한다. 가령, 3개의 선택지 중 1개에는 포함하고 나머지 2개에는 포함하지 않으면 된다.

반면 조건부 조항을 위험 완화 수단으로 쓸 때, 그 조건부 조항은 절충 쟁점이다. 따라서 3개의 선택지에 모두 포함해야 한다.

가능성 없는 후보에서
프로젝트의 주인이 되기까지

다수 동등 동시 제안은 이야기를 전달할 수 있는 강력한 수단이 된다. 3개의 제안 중에서 1개나 2개에 실적에 따른 조건부 조항을 포함하면 한층 더 설득력 있는 메시지를 전달할 수 있다. 이 점을 고려하면, 다수 동등 동시 제안은 경쟁 입찰 상황에서 탁월하게 사용할 수 있는 수단이다.

예컨대 나는 의뢰인들에게 고객의 제안 요청서에 응답할 때는 다수 동등 동시 제안을 활용하도록 추천한다. 그리고 고객의 제안 요청서에 응답할 때 가격과 관련한 단 하나의 제안만 내놓으면 승산이 없다는 점을 강조한다. 당신이 적절한 가격을 제시해도 구매자가 당신을 선택하고 싶어하지 않으면 그들은 가격을 낮추기 위해 당신이 제시한 적절한 가격을 이용할 것이다.

가격으로만 승부하면 결코 이길 수 없다. 제안 요청서에 답할 때 가장 중요한 것은 차별성을 보여주는 일이다. 제안 요청서를 받고 단 하나의 제안만 하는 것은 마치 어떤 질문을 받고 다른 사람들과 똑같이 대답하는 것과 같다. 다른 사람들과 다른 점을 보여 줄 수 없다. 반면 다수 동등 동시 제안을 활용하면 3개의 선택지를 통해 다양한 차별성을 보여 줄 수 있기 때문에 다른 회사와 차별화할 수 있다.

거래처의 CEO와 직접 소통한 의뢰인의 사례

내 의뢰인 중 한 사람은 위험을 완화하는 전략 수립을 지원하는 프로젝트와 관련한 어느 회사의 자문 제안 요청서에 응답할 예정이었다. 그 회사에는 내 의뢰인의 후원자가 있었는데, 후원자는 자기 회사가 다른 업체에 프로젝트를 맡길 생각이며 그저 구매 절차상 내 의뢰인을 끼워 넣은 것뿐이라는 사실을 알려 줬다. 또한 이 프로젝트의 수수료는 500만 달러로 예상된다는 점도 말해 줬다. 내 의뢰인은 프로젝트를 수주하기 어려울 것이라 생각해서 결국 처음으로 다수 동등 동시 제안을 시도하고자 했다. 그는 내게 다수 동등 동시 제안을 설계하는 요령을 가르쳐 달라고 부탁했다.

나는 그 프로젝트를 더 깊이 들여다보기 시작했다. 그 회사의 소재지는 미국이었지만 소유권은 오스트레일리아의 모회사에 있었고, 모회사는 이듬해에 그 회사를 처분할 생각이었다. 나는 의뢰인에게 위험 완화 전략을 구사하면 회사의 판매 가격이 상승할 것으로 보는지 물었다.

나는 그런 유형의 프로젝트에 관해서는 아는 바가 없지만 회사 매매와 관련된 일이라면 아주 잘 알고 있었다. 나는 이 프로젝트가 완료되면 그 회사의 매매 과정에 큰 영향을 끼칠 수 있어 관계자들이 그 프로젝트를 무척 중요하게 여길 것이라고 생각했다. 나의 의뢰인은 회사의 회계 감사관이 매매 전에 위험 완화 전략을 승인하면 프로젝트의 가치가 엄청나게 커지겠지만, 그런 프로젝트는 대체로 매매가 시작되기 전에 6개월을 훌쩍 넘는 기간 동안 진행되기 때문에 그럴 일은 없을 것이라고 말했다.

그의 팀이 프로젝트를 아주 신속하게 완료할 수 있는지 내가 묻자, 의뢰인은 일반적으로 그렇게 빨리 진행하지는 않는다고 설명했다. 나는 프로젝트를 재빨리 완료할 수 있는지 다그쳐 물었다. 그는 기술적으로는 더 짧은 시간 안에 완료할 수 있지만 그렇게 하려면 자기 회사의 사장이 시간을 더 할애해야 하고 다른 프로젝트를 맡은 노련한 전문가를 동원해야 한다고 대답했다. 그리고 그는 프로젝트를 더 빨리 완수한다면 500만 달러가 아니라 1,500만 달러에 가까운 금액을 청구하고 싶다고 말했다. 나는 바로 그 점을 선택지 C로 삼으라고 말했다. 그 회사의 원활한 매각 과정을 중심으로 선택지 C의 내용을 채우라고 추천했다.

상대방이 알지 못한 더 나은 제안을 추가하기

제안 요청서에 응답할 때 선택지 A는 항상 상대방이 요구하는 바를 그대로 반영해야 한다. 제안 요청서의 내용을 반영하지 못했다는 이유로 발주처의 구매부 관계자가 당신의 입찰서를 탈락시킬 우려가 있기 때문이다. 또한 선택지 B와 C는 발주처가 과거에 직접 요구했거나 중시하는 듯했던 사항을 공략하는 방향으로 설계하기를 권한다. 발주처 관계자들이 그 2개의 선택지를 본인들의 현재 요구 사항인 것처럼 느끼도록 말이다.

다행히 앞서 인용한 내 의뢰인의 선택지 A는 발주처의 제안 요청서 내용을 그대로 반영했다. 선택지 A에는 추가 사항이 전혀 없었다. 제안 요청서에 의하면 그 프로젝트는 12개월 만에 완료돼야 했는데 선택지 A에 그 점이 반영됐고 프로젝트 수수료는 530만 달러로 책정됐다.

한편 선택지 C는 프로젝트를 매우 신속하게 처리하고 발주처의 회계감사관이 매매가 이뤄지기 전에 위험 완화 전략을 승인하도록 유도함으로써 그 회사의 매각을 촉진하는 데 주안점이 있었다. 그리고 프로젝트 수수료는 1,500만 달러로 책정됐다.

선택지 B에서는 프로젝트 진행 기간이 2년으로 잡혔다. 내 의뢰인의 판단으로는 프로젝트를 수행하는 제일 좋은 방법이 첫해에 위험 완화 전략을 구사하고 이듬해에 그 전략을 검증하는 것이었기 때문이다. 발주처의 제안 요청서에는 프로젝트 진행 기간이 1년으로 명시돼 있었지만 이미 A와 C의 선택지에 1년이라는 조건이 있었기 때문에 그는 선택지 B에서 2년이라는 진행 기간을 제시했다. 선택지 B에서는 수수료가 1,300만 달러로 책정됐다.

제안 요청서에 명시된 내용에 따르면 내 의뢰인은 구매부 관계자들에게만 의사를 전달할 수 있었다. 그는 프로젝트를 아주 빨리 완료할 수 있는 방안에 관심이 있는지, 또 그렇게 하면 회사의 매각 가능성이 높아지는지 구매부에 문의했다. 그러자 구매 담당자는 그 사안이라면 자사의 CFO에게 문의하는 편이 좋겠다고 말했다. 그리고 CFO는 CEO와 상의하라고 말했다. 분명 내 의뢰인은 구매부 관계자들에게만 의사를 전달할 수 있었다. 그런데 이제는 CEO와의 만남을 앞두게 됐다. 그가 CEO에게 다시 똑같은 질문을 던지자 CEO는 "이 프로젝트를 우리보다 더 열심히 고민한 것 같군요"라고 답변했다. 그 순간 내 의뢰인은 프로젝트를 따낼 가능성이 커지고 있다고 판단했다.

결국 그는 선택지 B의 2년의 진행 기간을 관철했고 약간의 조정을 거쳐 수수료 1,200만 달러에 합의할 수 있었다. 그런데 놀랍게도 향후 18개월 동안 발주처를 위해 일하고 받을 수수료 총액이 7,000만 달러 이상으로 늘어났다. 추가된 5,800만 달러어치의 일감은 모두 발주처의 매각을 촉진하는 데 주안점이 있었다.

아마 그가 제안 요청서에 응답할 때까지 발주처는 일을 추가로 맡길 생각이 없었을 것이다. 내 의뢰인은 발주처가 요청한 프로젝트의 내용이 아니라 발주처가 그 프로젝트를 처리하려는 이유에 주목했다. 그리고 발주처가 자신들이 원하는 이상적인 매각을 이룰 수 있는 차별성에 집중함으로써 자사를 매우 효과적으로 차별화했고, 그 덕분에 프로젝트를 따내는 것은 물론 추가 일감까지 확보할 수 있었다.

의뢰인들은 내게 경쟁자를 헐뜯지 않으면서 자신의 차별성을 부각하는 제안을 어떻게 내놓는지 자주 묻곤 한다. 경쟁자를 헐뜯으면서 고객의 호감을 사려고 하면 곤란하다. 당신의 메시지와 제안은 당신이 상대방의 구체적인 문제를 처리할 수 있는 독특한 위치에 있다거나, 상대방의 특별한 필요 사항을 공략하는 서비스나 제품을 제공할 수 있는 유일한 위치에 있다는 사실을 중점으로 삼아야 한다. 그렇다면 경쟁자를 부정적으로 말할 필요도 없다. 오직 고객의 급선무와 관련된 위험을 당신만이 처리할 수 있다는 점을 강조할 수 있다.

이처럼 다수 동등 동시 제안을 통해 제안 요청서에 응답하면 여러 이점이 있다. 그중 하나는 발주처의 구매부 관계자들이 구매 결정권자들의 의사를 파악하도록 유도하고, 구매 결정권자들을 논의의 장으로 끌어들일 수 있다는 점이다.

구매 담당자는 흔히 제안 요청서를 구성할 때 나머지 모든 조건이 일정하다고 가정하고 가격을 비교할 수 있게 만든다. 그들은 가격만 비교하기 위해 예비 납품업자들을 상품화하고 싶을지 모르지만, 납품업자들은 그런 취급을 바라지 않는다. 납품업자들은 구매자를 상대로 자신의 차별성을 보여 주고 그 차별성이 구매자의 급선무를 어떻게 공략할 수 있는지를 강조해야 한다. 납품업자가 여러 개의 제안을 던지면 발주처의 구매부는 나머지 모든 조건을 동일하게 여기기 힘들 것이다. 3개의 선택지가 서로 내용이 다르기 때문이다. 따라서 구매결정권자의 관심과 개입을 이끌어 낼 가능성이 있다.

경쟁자보다 싼 가격으로
하와이의 휴양지를 차지하다

여러 개의 제안을 활용해야 하는 경쟁 입찰 상황은 기업 간의 거래에서만 벌어지지 않는다. 나는 경쟁이 붙은 집을 사려고 하는 친구를 도와준 적 있다. 그때 우리는 다수 동등 동시 제안의 효과를 봤고 내 친구는 자기 가족의 차별성을 매우 적절히 강조할 수 있었다.

우선 이 점을 강조하고 싶다. 사람들은 경쟁 상황에서 집을 구매하고 싶어 하지 않는다. 집은 판매자의 배트나가 높을 때보다 낮을 때 구매하는 것이 훨씬 낫다. 그러나 내 친구는 하와이의 어느 휴양지에 있는 주택을 사고 싶어 했고 그곳은 매물이 무척 빨리 팔리는 지역이었다. 그래서 그녀는 1년 넘게 팔리지 않은 문제의 집을 발견하고 굉장히 좋아했다.

그녀는 판매자의 배트나가 취약할 것으로 짐작되는 엄청난 기회를 잡았다고 생각했다. 그리고 첫 번째 제안을 만들고자 분석에 착수했을 때 부동산 중개인으로부터 전화가 걸려 왔다. 부동산 중개인은 또 다른 2명이 판매자에게 제안을 내놓을 예정이라고 말했다. 그녀는 나에게 조언을 구했고 나는 그녀의 협상을 돕기로 했다.

돈 많은 부동산 투자자에게도 약점은 있다

우리는 부동산 중개인의 말을 의심했다. 1년 넘게 팔리지 않은 집이 내 친구가 판매자에게 제안을 내놓으려고 하자 별안간 구매자들의 관심을 끄는 상황이 믿어지지 않았다. 그녀는 부동산 중개인에게 정말로 2명의 경쟁자 F와 G가 눈독을 들이고 있는지 물었다.

부동산 중개인은 첫 번째 예비 구매자인 F는 꽤 오랫동안 막후에서 구두로 집을 사고 싶다는 뜻을 내비쳤는데 내 친구가 등장하자 판매자가 공식적인 제안을 내놓도록 요구했다고 말했다. 부동산 중개인은 F가 비교적 위치가 좋지 않은 지역에 있는 자기 집을 일단 처분해야 판매자의 집을 살 수 있었기 때문에 판매자가 처음부터 별로 탐탁하게 여기지 않았다고 덧붙였다.

나는 F는 경쟁자가 아닌 것 같다고 친구에게 말했다. 판매자는 F가 집을 처분하지 못할 수도 있다는 위험을 감수하고 싶지도 않을 것이고 F가 집을 처분할 때까지 기다리고 싶지도 않을 것 같았다.

그런데 두 번째 예비 구매자인 G는 전혀 달랐다. 확실히 위협적인 경쟁자였다. G는 문제의 집이 아주 오랫동안 안 팔리다가 최근에 가격이 내려가면서 괜찮은 매물이 되자 관심을 가진 투자자였다.

그 집이 있는 동네는 외부인의 출입이 통제된 주택단지였다. 그 동네에는 그 집처럼 비교적 작은 주택도 있었고, 바다 경치가 보이는 대형 주택도 있었다. 가장 작은 주택과 바닷가의 대형 주택의 가격 차이는 엄청났다. 내 친구가 원하는 집은 아마 동네에서 크기가 가장 작고 제일 저렴했을 것이다. 부동산업계에 종사하는 내 의뢰인들은 항상 부동산은 위치가 가장 중요하다고 입을 모았는데, 그 집은 위치가 정말 좋았다.

내가 그때 친구에게 설명했듯이, 일반적으로 부동산 투자자는 현금을 동원하고 계약을 조기에 체결할 수 있기 때문에 경쟁력 있는 구매자다. 부동산업계 종사자들은 흔히 "현금이 왕이다"라고 말한다. 이 말은 현금이 계약 체결의 확실성과 거래 종결 속도를 보장한다는 의미로 해석할 수 있다. 이 2가지는 판매자에게 정말 매력적인 장점이다.

경쟁자의 약점이 될 차별성을 찾아내다

내 친구는 투자자인 G가 그 집에 눈독을 들인다는 소식과 G가 자기보다 더 큰 금액을 제시하려고 한다는 사실을 알게 되자 의욕을 잃었다. 그녀는 아예 포기할 생각이었지만 나는 차별성 배치도를 작성해 G와의 차별성을 점검하도록 독려했다. 차별성은 상대방이 주목하는 경우에만 차별성으로 인정된다는 점을 명심하길 바란다.

내 친구의 차별성을 확인하기 위해서 우리는 판매자에 대한 조사에 착수했고 판매자가 근처에 멋진 바닷가 저택을 새로 짓는 동안 이 집을 샀다는 사실을 알아냈다. 우리는 자동차를 타고 근처를 지나가면서 지어진 저택의 아름다운 모습에 깊은 인상을 받았다. 그 저택은 동네에서 제일 좋은 집 중 하나처럼 보였고 내 친구가 사려는 작은 집이 그 커다란 저택의 창문에서 보일 수 있을 것 같았다.

그때 우리는 그 작은 집을 어떤 용도로 쓸 것인지를 중심으로 차별성을 찾아내야겠다고 생각했다. G는 그 집을 임대할 가능성이 컸다. 그 동네는 주택 임대 구역으로 지정된 곳이었지만 실제로 자기 집을 임대하고 있는 주민은 없다. 따라서 G가 구매할 경우 그 집은 그 동네의 첫 임대 부동산이 될 것이다. 하지만 내 친구는 1년 중 상당 기간을 그 집에서 살며 이웃들과 활발하게 교류할 생각이었다. 그녀는 임대에 전혀 관심이 없었다. 자기 집에 낯선 사람들이 일정 기간 머무르는 꼴을 보지 못하는 무척 까탈스러운 성격의 소유자였기 때문이다.

나는 집을 임대하지 않을 것이라는 점이 중요한 차별성이 될 수 있다고 조언했다. 우리는 그 점을 강조하는 메시지와 다수 동등 동시 제안을 활용했다. 그저 집을 임대하지 않을 것이라고 말하는 것으로 끝날 수도 있었지만 그것만으로는 부족했다. 내친구는 구매자인 자신을 적극적으로 차별화할 필요가 있었다. 그렇다면 가격이나 계약 조건이 아니라 집의 향후 용도를 중심으로 대화의 틀을 짜야 했다.

그녀는 투자자 G가 거래 완결 기간을 2주로 잡은 현금 구매 제안을 내놓았다는 사실을 알게 됐다. 그가 제시한 구매 가격은 내 친구가 지불할 수 있는 금액보다 높았다. 이제 그녀가 경쟁에서 이길 승산이 없는 것처럼 보였다. 그녀는 주택 담보 대출을 받아야 했고 융자 승인도 필요했다. 또한 동네를 둘러보며 여러 가지 사항을 조사할 시간이 더 필요했다. 따라서 거래 완결 기간을 4개월로 잡고 싶었는데, 본인이 제시하려는 가격까지 G가 제시한 금액보다 낮았다.

그래도 나는 낙담하지 말라고 격려했다. 나는 판매자가 되도록 높은 가격을 받아 내려고 하겠지만 근처 바닷가의 아름다운 새 저택의 자산 가치를 지키는 데 신경을 더 많이 쓸 것이기 때문에 우리가 그 점을 중심으로 논의를 이끌어 갈 수 있다고 말했다. 그리고 단순히 집을 구매한 뒤 임대하지 않겠다는 말로는 역부족일 것이라고 덧붙였다. 내 친구가 내놓은 제안을 판매자가 이모저모 검토하다 보면 그녀의 말을 잊어버릴 수도 있기 때문이다. 그래서 나는 그 차별성을 여러 개의 협상 쟁점으로 바꾸도록 권했다. 즉, 가격이나 계약 체결일과 함께 테이블에 올라 검토될 수 있는 쟁점을 만들어야 했다.

차별성을 쟁점으로 만들다

우리는 임차인이 그 집에 1일만 묵는 경우와 1개월 동안 머무르는 경우의 차이를 판매자가 인지하리라 생각했다. 우리는 그녀의 차별성을 강조하는 임대 여부, 1년간 임대 횟수, 최소 임대 기간 같은 여러 개의 쟁점을 도출했다. 3개의 선택지를 마련할 때 우리는 집이 임대될지 모른다는 잠재적 위험을 중심으로 대화의 틀을 짜는 데 주력했다.

내 친구는 판매자에게 제안을 내놓으면서 다음과 같은 식으로 말했다. "나는 당신이 이 집을 좋은 가격에 팔고 싶을 것이라고 짐작했습니다.

하지만 근처에 이토록 아름다운 저택을 짓고 있는 것을 보면, 높은 가격뿐만 아니라 매물로 내놓은 집을 어떤 용도로 쓸지에도 관심이 있어 보이는군요."

그녀는 구매 후 임대가 가능하다면 임대 소득으로 주택 담보 대출금을 쉽게 상환할 수 있기 때문에 그 집을 가장 높은 가격으로 살 수 있다고 말했다. 실제로 하와이의 임대 주택은 관광객들에게 뜨거운 인기를 끌었다. 하지만 그녀는 판매자가 자기 동네에 임대 부동산이 생기는 것을 원하지 않을까 봐 걱정된다는 말을 덧붙였다. 임차인들이 집을 망쳐 놓을 수 있고 동네에 있는 이웃집, 골프장, 클럽하우스, 해변, 그리고 판매자의 아름다운 새 저택까지 훼손할 우려가 있었다. 판매자는 매물로 내놓은 집이 임대됐다가 그런 피해를 입는 경우는 바라지 않을 것으로 보였다.

또한 그녀는 그 동네에 임대 부동산이 생기면 다른 주택들, 특히 비싼 주택들의 가치가 하락할 수 있기 때문에 판매자를 비롯한 동네 주민들의 우려를 살 수 있다는 점도 알고 있다고 말했다. 그녀는 판매자가 집의 향후 용도를 중요하게 생각한다면 자신이 그 점을 고려한 제안을 내놓겠다고 말했다.

선택지 A는 1년 365일 임대가 가능하고 최소 임대 일수는 1일이라는 내용이었고 주택 매매 가격은 가장 높게 책정됐다. 선택지 B는 1년에 최대 12회 임대가 가능하고 최소 임대 일수는 7일이라는 조건을 제시했고 매매 가격은 선택지 A보다 낮게 책정했지만 선택지 C보다는 높았다. 선택지 C는 임대하지 않겠다는 내용이었고 매매 가격은 선택지 A나 선택지

B보다 훨씬 낮았다. 그러나 3개의 선택지에 제시된 가격은 경쟁자인 G가 제시한 금액보다 현저하게 낮았다. 그리고 주택 담보 대출 승인, 부동산 상태 검사, 거래 완결 기간 4개월 등의 조건도 포함됐다.

　다행히도 내 친구는 그 집을 품에 안았다. 판매자는 그녀의 3가지 제안을 모두 거절했지만 그녀는 양보의 여지를 두고 있었고 결국 G가 제시한 가격보다 더 낮은 금액으로 그 집을 살 수 있었다. 비결이 무엇이었을까? 자신을 차별화했고 다수 동등 동시 제안을 활용해 메시지를 강화했기 때문이다. 경쟁 상황에서는 차별화가 결정적인 요소로 작용한다. 다수 동등 동시 제안을 활용하면 자신의 차별성을 매우 설득력 있는 방식으로 강화할 수 있다.

고용주를 설득하는 자기 차별화 기술

개인적인 고용 협상에서도 자기 차별화가 중요하다. 고용 문제가 걸린 상황에서는 고용주가 선례를 만들지 않으면서도 당신에게 무언가를 해 줄 수 있도록 차별화를 강조해야 한다. 요컨대 당신의 차별성에는 고용주가 유독 당신에게 더 많은 것을 주도록 이끄는 매력이 있다. 일단 당신의 차별성을 확인했고 그것을 협상 쟁점으로 전환했다면, 그리고 당신의 독특한 능력이 고용주의 급선무를 공략한다는 메시지를 도출했다면 다수 동등 동시 제안으로 메시지를 강화해야 한다.

다수 동등 동시 제안은 새로운 고용주와 어떤 역할을 두고 논의하든, 현재의 고용주와 새로운 역할이나 책무를 맡는 문제를 의논하든, 이전의 고용주와 복직 문제를 상의하든 모든 형태의 고용 협상에서 쓸 수 있다.

다수 동등 동시 제안을 활용하면 유연한 사람으로 인식되면서 성과를 극대화할 수 있다. 그리고 고용 협상에서는 상대방과의 관계를 형성하고 유지하는 것이 정말 중요하다.

가령 협상 끝에 5,000달러를 더 받아 냈지만 그 대가로 한직으로 밀려나 승진을 못하게 되면 헛수고일 것이다. 고용 상황에서는 상대방과의 관계를 훼손하지 않는 것이 필수적이다. 따라서 성과를 극대화하고 관계를 형성하는 방식으로 협상해야 한다. 다수 동등 동시 제안을 활용하면 그렇게 할 수 있다.

취업을 준비할 때

당신이 어떤 회사에 취업하는 문제를 그 회사 관계자들과 논의하고 있다고 치자. 일단 그들에게 고용 제안을 받아야 협상을 시작할 수 있을 것이다. 면접 단계에서 성급하게 협상을 시작하면 고용 제안을 받을 수 없을 수도 있다. 특히 나이가 어린 사람이 취업하려고 할 땐 고용주보다 먼저 제안하는 경우가 드물다. 대개 고용주는 먼저 제안하면서 앵커링 효과를 챙길 것이다. 고용 제안에 고용 조건이 포함되기 때문이다.

고용주가 먼저 제안을 내놓을 때 당신이 단 하나의 제안이 아니라 여러 개의 제안으로 역공을 가하면 엄청난 이점을 챙길 수 있다. 여러 개의 제안을 내놓으면 유연하고 협조적인 사람으로 평가될 뿐 아니라 출발점을 다시 정할 수도 있다. 당신이 내놓은 제안들은 고용주의 첫 번째 제안보다 대체로 더 복잡하기 때문이다. 그리고 한꺼번에 여러 개의 제안을 내놓으면 더 공세적으로 요구할 수 있고 당신의 차별성이 고용주의 급선무를 어떻게 충족하는지 강력하게 보여 줄 수도 있다.

연봉 협상 상황에서

한편 새로운 고용주가 아니라 현재의 고용주를 상대로 협상을 진행한다면 승진이나 새로운 책무 같은 문제를 두고 논의를 시작할 때 다수 동등 동시 제안을 활용할 수 있다. 당신이 고용주의 급선무를 공략하기 위해 맡게 될 새로운 책무와 그 급선무를 처리할 수 있는 당신 특유의 역량을 중심으로 논의의 틀을 짤 수 있을 것이다.

내게 연봉 협상의 요령을 묻는 사람들이 많다. 그럴 때마다 나는 연봉 협상 같은 것은 없다고 말한다. 즉, 연봉만 논의하지 말고 당신의 고용 약속을 전체적으로 논의해야 한다.

나는 이 문제를 열차에 비유해 설명할 때가 많다. 연봉은 결코 열차의 엔진이 아니다. 엔진은 고용주의 급선무다. 그 뒤의 열차 칸에는 회사의 필요 사항과 목표를 공략할 책무가 담겨 있다. 그 다음 열차 칸에는 고용주의 급선무를 공략할 당신의 차별성이 실려 있다. 또 다음 열차 칸에는 당신의 특별한 능력이 회사의 필요 사항을 충족시키는 방식과 당신이 달성할 수 있는 실적을 보상과 연계하는 방안으로 가득하다. 그 뒤의 열차 칸에는 나머지 차별성과 추가적인 이야기 전달 쟁점이 자리 잡고 있다. 맨 뒤의 승무원용 차량에는 연봉과 연간 보너스가 잔뜩 실려 있다. 승무원용 차량은 항상 열차와 연결돼 있고 함께 달리지만 논의가 마무리될 때 등장한다. 일단 엔진을 앞장세우고 나서 회사와 회사의 필요 사항에 초점을 맞추는 메시지를 던져야 한다.

고용주에게 제안하는 3가지 방법

고용 문제가 걸린 상황에서는 다수 동등 동시 제안을 어떻게 구성해야 할까? 지금까지 나는 내 친구들, 의뢰인들, 경영학 석사 과정 학생들이 고용 문제가 걸린 상황에서 적절한 제안을 도출할 수 있도록 여러 차례 도왔고 취직과 승진과 퇴직 협상을 준비하는 사람들에게도 많은 조언을 했다. 각자의 형편에 따라 서로 다른 제안을 내놓겠지만 모든 제안은 몇 가지 간단한 규칙을 따라야 한다.

첫째, 되도록 회사의 급선무와 관련된 정보를 많이 수집해야 한다. 회사의 CEO는 어떤 공적인 약속을 했는가? 상장 기업이라면 분석가들이 어떤 우려를 표명하고 있는가? 신생 기업이라면 투자자 회의에 참가한 예비 투자자들의 질의 내용은 무엇인가?(투자자 회의와 수익 결산 실적 보고 회의록은 일반적으로 해당 회사의 웹 사이트의 기업 홍보란에서 확인할 수 있다)

둘째, 회사의 필요 사항에 따라 자신의 역할을 고려해야 한다. 개인이 회사의 모든 필요 사항을 해결할 수는 없다. 그렇다면 당신의 한두 가지 차별성을 어떻게 회사의 필요 사항이나 목적과 직접 연결할 수 있을까? 대개는 차별성에 근거한 3개의 선택지별로 조금씩 다른 책무를 제시하고, 선택지 C가 아니라 선택지 A나 B, 또는 선택지 A와 B로 회사의 목적 달성에 미칠 수 있는 영향력을 입증해야 한다.

맨 처음 등장하는 관절 쟁점에서 책무를 제시하면 당신의 메시지와 제안을 효과적으로 연결할 수 있다. 관절 쟁점 다음에 열거되는 쟁점들은 당신이 보유한 나머지 차별성이 회사의 필요 사항을 충족시키는 방식에 주안점을 둬야 한다. 아마 당신에게는 회사가 중요하게 여기는 능력, 당신이 본인의 역할을 늘리고 특정 임무를 완수하는 데 활용할 수 있는 독특한 능력이 있을 것이다. 이때도 그 몇 가지 차별성에 관심을 유도하기 위해서는 관련 쟁점의 내용을 다양화해야 한다.

셋째, 그 다음 쟁점은 당신이 달성할 수 있는 성과와 그에 대한 보상을 연계하는 방안이어야 한다. 즉, 3개의 선택지 중 1개나 2개에는 실적별 보너스가 포함돼야 한다. 3개의 선택지 모두에 실적별 보너스를 포함할 필요는 없다. 구체적인 목표를 이룰 수 있다는 자신감에 관심을 끌어야 하기 때문이다. 이때는 객관적으로 측정할 수 있고 양쪽 모두가 알고 있는 지표를 활용해야 한다는 점을 명심하길 바란다.

이어서 또 다른 쟁점들과 이야기 전달 쟁점들이 등장할 것이다. 회사의 급선무 공략과 연관된 차별성과 이야기 전달 쟁점의 내용을 다양화해야 한다. 직함 같은 절충 쟁점의 내용과 대부분의 논쟁적 쟁점의 내용도 일정해야 하지만, 기본급 같은 논쟁적 쟁점은 그 내용이 선택지별로 다를 수 있다. 실적별 보너스 조항이 없는 선택지에서는 기본급이 비교적 높고, 실적별 보너스 조항이 있는 선택지에서는 기본급이 비교적 낮을 것이기 때문이다. 물론 급여 총액은 실적별 보너스 조항이 없는 경우보다 있는 경우가 더 높을 것이다.

이런 식으로 다수 동등 동시 제안을 구성하면 당신이 달성할 수 있는 성과에 대한 자신감을 부각할 뿐 아니라 강력한 대비효과도 챙길 수 있다. 성과와 그에 따른 보상을 연계하는 선택지의 급여 총액은 회사의 목표 달성 여부에 달려 있기 때문에 타당해 보이는 효과가 있고, 기본급을 더 높게 책정한 나머지 2개의 선택지에서 제시된 급여 총액도 합당하게 보이는 효과가 있다.

당신에게 원하는 직종으로 이동할 기회가 생겼다면?

다시 강조하지만 협상에서는 각자의 형편에 따라 서로 다른 제안을 내놓을 수 있지만, 고용 문제가 걸린 상황에서는 다수 동등 동시 제안을 구성할 때 앞서 언급한 규칙을 따라야 한다. 예컨대 어떤 회사가 고객층을 빠르게 확장할 필요가 있어서 남아메리카로 진출하는 방안을 고려 중이라고 가정해 보자.

당신은 새로운 고객을 확보하고 기존 고객과의 거래를 확대하는 데 성공한 경력을 갖춘 유능한 영업자다. 9년 동안 남아메리카의 여러 도시에서 일한 뒤 보스턴으로 돌아왔고 스페인어도 유창하다. 지금은 회사에서 마케팅을 담당하고 있지만 이전에 남아메리카에 머물며 근무했던 2개의 회사에서는 영업 담당자였다. 따라서 현재 다니고 있는 회사의 매출 상승을 이끌어 낼 만한 역량이 있다고 자부한다.

당신이 보기에 현재 회사가 남아메리카에 진출해서 매출을 늘릴 수 있는 기회는 엄청나게 많다. 그러나 회사 내부에는 스페인어를 할 줄 아는 사람이 드물고, 대부분 남아메리카에서 일해 본 경험도 없으며, 심지어 남아메리카를 여행해 본 사람도 매우 적다. 게다가 고위 경영진은 남아메리카 시장에 대한 이해가 부족하고 어느 도시를 거점으로 삼는 것이 좋은지도 모른다. 따라서 회사가 원하는 바를 달성하기 위해서 넘어야 할 장애물이 많은 상황이다.

3가지 선택지를 제안하다

당신은 남아메리카 각국의 시장에 대해 잘 알고 있는 팀을 현지에서 운영할 수 있다면 회사가 추구하는 남아메리카 진출과 매출 상승을 달성할 자신이 있다.

당신은 마케팅 팀에서 영업 팀으로 이전하고 싶어 하며, 나중에 일을 잘 처리하면 부사장으로 승진하고 싶다. 지금 당신의 직급은 이사인데 당신 회사에서 이사는 부사장보다 한 직급 낮기 때문이다.

당신의 현재 연봉은 13만 5,000달러다. 그러나 이 일을 맡게 되면 연봉이 16만 5,000달러로 늘어나기를 원한다.

책무	• 남아메리카에서 신규 사업을 늘리는 데 집중 • 남아메리카에서 쌓은 폭넓은 경험을 활용해 표적 시장을 선정할 임원진 주도 팀을 결성 • 남아메리카 현지의 영업 팀에 속할 예비 팀원 면접에서 능숙한 스페인어 실력을 활용 • 남아메리카의 주요 고객 계정과 남아메리카에 대거 진출한 미국의 고객 계정 관리
직책	남아메리카 지역 영업 부사장
매출 창출 기한	6개월 이내
남아메리카 사업 현황 및 문화 설명회	고위 경영진과 영업 팀 대상으로 설명회를 격주로 연다
남아메리카 표적 시장의 전략적 선정	영업 상무 이사와의 표적 시장을 선정하는 회의 및 임원진 대상의 설명회를 주 1회 연다
남아메리카 진출 및 사업 확장에 따른 보상	남아메리카에서 발생한 매출이 12개월 안에 500만 달러 이상일 경우 보너스 10만 달러
승진 기한	1개월 이내
보고 체계	영업 상무 이사에게 보고
기본급	16만 5,000달러

선택지 A: 당장 남아메리카 시장에 진출해 매출을 늘린다

1년 이내	• 남아메리카에서 신규 사업을 늘리는 데 집중 • 남아메리카에서 쌓은 폭넓은 경험을 활용해 표적 시장을 선정할 임원진 주도 팀을 결성 • 남아메리카 시장에 진출하기위한 교두보를 마련하기 위해 스페인어를 구사할 수 있는 보스턴 지역의 영업 이사들을 채용하는 데 능숙한 스페인어 실력을 활용 • 남아메리카의 주요 고객 계정과 남아메리카에 대거 진출한 미국의 고객 계정 관리
직책	남아메리카 지역 영업 부사장
매출 창출 기한	1년 이내
남아메리카 사업 현황 및 문화 설명회	고위 경영진 대상의 설명회를 월 1회 연다
남아메리카 표적 시장의 전략적 선정	영업 상무 이사와의 표적 시장을 선정하는 회의 및 임원진 대상의 설명회를 월 1회 연다
남아메리카 진출 및 사업 확장에 따른 보상	해당 사항 없음
승진 기한	1개월 이내
보고 체계	영업 상무 이사에게 보고
기본급	18만 달러

선택지 B: 1년 안에 남아메리카 시장에 진출해 매출을 늘린다

책무	· 미국 고객을 바탕으로 기존의 사업을 유지하고 새로운 사업을 발굴하는 데 집중 · 기존의 미국 고객들을 통해 사업을 확장하는 데 초점을 맞춤 · 2년 안에 남아메리카에 진출하기 위한 팀 조직
직책	영업 부사장
매출 창출 기한	2년 이내
남아메리카 사업 현황 및 문화 설명회	고위 경영진 대상의 설명회를 분기별로 1회씩 연다
남아메리카 표적 시장의 전략적 선정	영업 상무 이사와의 표적 시장을 선정하는 회의 및 임원진 대상의 설명회를 분기당 1회 연다
남아메리카 진출 및 사업 확장에 따른 보상	해당 사항 없음
승진 기한	1개월 이내
보고 체계	영업 상무 이사에게 보고
기본급	18만 달러

선택지 C: 2년 안에 남아메리카 시장에 진출한다는 계획을 염두에 두고 당장은 북아메리카 시장에서 매출을 늘린다

선택지는 모두 동등한 가치를 지녀야 한다

회사가 직면할 여러 가지 장애물을 강조하고, 각 선택지마다 다른 장애물에 초점을 맞췄다. 3개의 선택지별로 책무와 역할이 다를 수 있다. 책무라는 관절 쟁점이 매출 증가라는 회사의 급선무와 어떻게 직접 연결되는지 주의 깊게 살펴보길 바란다. 선택지 A와 B는 회사가 당장이나 1년 안에 남아메리카 시장에 진출하는 데 초점을 맞추는 반면 선택지 C는 남아메리카 진출이라는 장기 계획을 염두에 두면서 일단 북아메리카의 매출에 초점을 맞추고 있다.

남아메리카 시장에서 쌓은 경험, 유창한 스페인어, 고객 관련 매출을 제고할 수 있는 역량 같은 차별성이 서로 다른 3개의 선택지에 의해 부각되는 방식에도 주목하기 바란다. 부사장으로의 승진은 3개의 선택지 모두에서 일정하게 유지된다. 선택지 B와 C의 기본급 액수는 서로 동일하지만 선택지 A의 기본급 액수는 그 둘보다 적다. 선택지 A에 실적별 보너스 10만 달러가 포함됐기 때문이다. 물론 선택지 A의 경우, 기본급은 낮아도 남아메리카 시장 진출과 매출 증가라는 목적을 달성하면 급여 총액이 더 많을 것이다.

매출과 그에 따른 보상을 연계하는 방안에 주목하길 바란다. 매출은 객관적이고 측정할 수 있고 양쪽 모두가 알고 있는 지표다.

남아메리카 현지의 영업 팀을 통해 창출할 수 있는 매출과 그에 따른 보상을 연계하는 방식에도 주목하길 바란다.

이 같은 제안은 승진과 연봉 인상을 논의하는 것보다도 회사가 장애물을 극복하고 매출을 늘리는 과정에 당신이 어떻게 기여할 수 있는지에 관한 대화로 고용주를 끌어들이도록 설계됐다. 다수 동등 동시 제안을 활용하면 당신의 차별성이 회사의 급선무를 공략하는 방식을 설득력 있게 전달할 수 있고 고용 협상 시 효과적인 수단으로 쓰일 수 있다.

제안이 여러 개일 때 더 많은 이득이 있다

▼

하나의 제안이 아니라 여러 개의 제안을 내놓으면 많은 이점을 챙길 수 있다. 다수 동등 동시 제안을 활용하면 당신의 과감한 제안을 출발점을 삼을 수 있고, 상대방의 선호 사항을 파악할 수 있으며, 당신에게 중요한 점을 고수하면서 협조적인 자세도 보여 줄 수 있다.

그리고 설득력 있는 메시지를 전달하면서 논의의 틀을 "우리와 일하고 싶습니까?"에서 "우리와 어떻게 일하고 싶습니까?"로 전환할 수 있다. 이렇게 논의의 틀을 다시 짜는 과정은 상대방을 논의로 끌어들이기 위해서 중요하다. 다수 동등 동시 제안은 당신이 상대방과의 관계를 형성하면서 더 나은 성과를 거둘 수 있게 만들어 줄 것이다.

다수 동등 동시 제안은 고객, 납품업자, 예비 인수자, 파트너, 고용주, 주택 판매자 등을 상대하는 온갖 유형의 협상에서 쓸 수 있다. 이 모든 협상에서 당신의 차별성이 상대방의 급선무를 공략하는 방식을 부각할 수 있고 아울러 상대방의 선호 사상과 우선 사항에 관한 당신의 추측을 검증할 때, 그리고 각 쟁점이 상대방에게 얼마나 중요한지를 파악할 때도 쓰인다.

또한 협상의 속도를 바꿀 때도 쓰인다. 흔히 우리는 상대방에게 질문을 던져 무언가를 알아낸다. 그다음 다른 질문을 던져 뭔가를 또 알아낸다. 따라서 일단 질문을 많이 던진 뒤 제안을 내놓으려고 한다. 그런데 여기에는 함정이 있다. 우리가 질문을 던질 때마다 상대방이 제안을 내놓으면서 앵커링 효과를 챙길 수 있기 때문이다.

다수 동등 동시 제안을 활용하면 훨씬 더 일찍 제안을 내놓을 수 있고 대화의 방향을 정하고 상대방의 반응을 통해 정보를 수집할 수 있다. 상대방이 중요하게 여기는 측면이 무엇인지, 그리고 상대방과 주고받을 수 있는 지점이 어디인지 더 많은 사실을 알아낼 수 있다.

이번 장에서는 명확한 메시지를 전달하기 위해 다수 동등 동시 제안의 구조를 짜는 요령을 집중적으로 살펴봤다. 차별성을 정리한 표와 쟁점 현황판은 다수 동등 동시 제안이라는 요리법의 필수 재료들이다.

첫 번째 제안에서 이야기 전달 쟁점의 내용은 선택지별로 다양화하고, 절충 쟁점의 내용은 고정하고, 논쟁적 쟁점은 대체로 고정해야 하지만, 가격 같은 일부 논쟁적 쟁점은 다양화할 수도 있다. 메시지를 분명하게 전달하려면 선택지마다 그 내용을 다양화할 수 있는 쟁점을 최대 9개까지만 포함해야 한다. 다음 장에서는 이렇게 마련한 제안을 가장 효과적인 방식으로 내놓는 방법을 논의하겠다.

다수 동등 동시 제안을 활용하면 협상에서 느낄 수 있는 여러 가지 두려움이 사라진다. 먼저 제안할 수 있도록 용기를 불어넣어 주고, 거래를 놓치거나 상대방의 심기를 건드려서 상대방과의 관계가 나빠진다거나 금전적 손해를 입을 것 같아 두려워하지 않게 된다. 또한 상대방과의 관계를 형성하면서 최고의 성과를 올리는 게 해 준다. 여러 가지 제안을 동시에 하는 것은 두려워하지 않고 협상하는 데 필수적이다.

7장

원하는 것이 있다면
직접 말하라

쌍방향 소통

사람들은 상대방이 협상에서 발을 빼면 합의가 아니라 교착 상태에 빠지고, 결국 거래를 놓치게 될까 봐 걱정한다. 5장에서 확인했듯이, 이런 두려움 때문에 사람들은 상대방에게 주도권을 넘기는 실수를 저지르곤 한다. 하지만 협상에서는 상대방보다 먼저 제안을 내놓아야 유리하다. 6장에서는 단 하나의 제안이 아니라 여러 개의 제안을 통해 협상을 주도할 수 있고 거래를 놓칠지 모른다는 두려움을 줄일 수 있는 방법을 살펴봤다.

이번 장에서는 여러 개의 제안을 내놓을 수 있는 올바른 의사소통 경로를 선택하는 문제를 중점적으로 살펴보겠다. 이 내용을 찬찬히 읽어 보면 내가 의뢰인들에게 "보내지 말고 직접 말하라"라고 당부하는 이유를, 그리고 협상에서 동시간성을 모색하는 사람이 상대방의 협상 철회 가능성을 낮춰 협상을 두려워하지 않게 된다는 것을 알게 될 것이다.

오해를 줄이고 성과를 높이는
동시간 소통의 힘

협상을 할 때는 비동시간적 경로가 아니라 동시간적 경로로 소통하도록 애써야 한다. 의사소통을 위한 동시간적 경로에는 대면 만남과 전화 통화, 그리고 줌, 마이크로소프트 팀즈, 웹엑스, 구글 미트 등과 같이 발언하는 동안 상대방을 볼 수 있는 다양한 화상 회의 플랫폼이 포함된다. 반면 비동시간적 의사소통은 전자 우편, 음성 우편, 문자 메시지, 제안서 발송 등을 통해 이뤄진다.

동시간적 경로로 의사소통을 하면 상대방의 피드백과 반응을 즉각 이끌어낼 수 있다. 연구에 따르면 상대방의 반응을 듣고, 메시지의 틀을 조정하고, 반응하고, 양보안을 제시할 수 있다. 그리고 동시간적 의사소통은 상호 작용의 두려움을 없애 준다.

반면, 전자 우편, 음성 우편, 문자 메시지, 제안 요청서에 발송처럼 비동시간적 경로로 제안 내용을 보내면 당신은 즉각 반응할 수 없다. 상대방이 반응을 보이는 현장에 내가 없기 때문에 상호 작용의 과정을 제어할수 없는 것이다. 그래서 나는 직접 말로 제안을 내놓지 않고 간접적으로 제안 내용을 보내는 경우를 꺼려 한다. 나는 동시간적 경로로 상대방에게 나의 제안이 전달되기를 원한다.

직접적으로 말해야 유리해지는 3가지 이유

나는 보내지 말고 직접 말하는 것의 중요성을 의뢰인들에게 강조한다. 사무실에서 책상을 두고 고객과 마주 앉아 있다면 내가 먼저 제안했다는 이유로 거래를 놓칠 일은 없을 것이다. 나는 사무실 안에서 고객의 반응을 지켜보고 내 제안의 틀을 다시 짜고, 조정하고, 수정하고, 양보안을 제시할 수 있기 때문이다. 고객이 나와 함께 있는 그 자리를 싫어한다면 거래를 놓칠 수도 있겠지만, 내가 설정한 출발점 때문에 거래를 놓칠 일은 없는 것이다.

화상 회의 플랫폼을 이용하는 경우도 마찬가지이다. 이때도 나는 제안과 관련된 대화를 제어할 수 있다. 이처럼 동시간적 경로로 의사소통할 때, 나는 먼저 제안을 내놓는다고 해서 상대방이 발을 뺄지도 모른다며 걱정할 필요가 없다.

전화 통화를 할 때도 즉각 반응할 수 있다. 물론 고객 입장에서는 사무실을 떠나 버리는 편보다는 통화를 끊어 버리는 편이 더 쉬울 수 있지만 일방적으로 전화를 끊을 가능성은 낮다. 전화 통화라는 동시간적 경로로 의사소통할 때에도 나는 상대방에게 응답할 기회가 있는 셈이다.

그런데 전자우편으로 고객에게 제안 내용을 보내는 경우는 어떨까? 나는 고객의 반응을 전혀 제어할 수 없을 것이다. 가령, 고객이 화를 낼 수도 있는데 나는 그 자리에 없기 때문에 즉각적으로 대화의 틀을 다시 짤 수가 없다. 비동시간적 경로에서는 상호 작용이 훨씬 더 위험하다.

우리는 먼저 제안하는 상황을 두려워하지 말아야 한다. 진짜 두려워해야 하는 상황은 상대방에게 간접적으로 제안 내용을 보내는 경우다. 협상에서 동시간성을 모색하는 사람은 협상을 주도하는 상황을 두려워할 필요가 없다. 동시간성은 협상의 두려움을 없애 주기 때문이다.

더 과감하게 요구할 수 있다

동시간적 의사소통 경로를 이용하면 거래를 놓칠지 모른다는 두려움 없이 더 과감하게 요구할 수 있다. 이때는 상대방의 반응을 보고 제안을 조정할 수 있다는 사실을 알기 때문에 더 과감하게 선제적 제안을 내놓고 협상을 주도할 수 있다.

반면, 전자우편으로 제안 내용을 보낼 땐 상대방이 기분 나빠하거나 당신을 다시 만나려고 하지 않거나 아예 협상에서 발을 뺄지도 모른다는 두려움을 느낄 수 있다. 이런 두려움은 당신이 본인에게 불리한 방향으로 협상을 시작하는 상황을 만들 수 있다. 상대방의 반응을 관리할 수 없다는 점을 걱정한 나머지 덜 공세적인 제안을 내놓을 수 있기 때문이다. 그러므로 협상에서 동시간성을 모색하면 더 좋은 성과를 거두고 더 끈끈한 관계를 유지할 수 있을 것이다.

오해하는 상황을 만들지 않을 수 있다

연구에 의하면 상대방의 반응을 실시간으로 보고 들을 수 없는 비동시간적 경로는 상대방과의 관계가 훼손할 가능성이 더 크다. 우리가 상대방과 직접 대면한다면 결코 하지 못할 법한 말을 꺼내는 경향이 생기기 때문이고, 비동시간적인 의사소통에서는 오해가 발생할 가능성도 더 크기 때문이다.

동시간적 경로를 통한 협상은 투명성 착각 *illusion of transparency*을 줄이는 데도 도움이 된다. 투명성 착각은 나와 내 동료들이 1998년에 연구를 통해 처음 발견한 현상이다. 우리는 흔히 다른 사람이 우리의 생각을 잘 이해하고 알아차릴 수 있다고 평가하는 경향이 있다. 투명성 착각은 고착과 조정 오류의 한 형태이다.

우리는 우리 자신에 대한 생각이 아주 정확하다고 여긴다. 우리는 우리가 자신의 생각을 분명하게 알고 있는 만큼 남들도 그럴 수는 없다는 점을 안다. 그래서 우리는 우리가 전하는 메시지에 대한 자신의 평가를 조정한다. 하지만 그 조정이 충분하지는 않다. 투명성 착각은 동시간적 의사소통과 비동시간적 의사소통에서 우리에게 영향을 준다. 그러나 동시간적 의사소통은 상대방의 피드백을 통해 새로운 반응을 즉각 내놓을 수 있다. 우리가 어떤 말을 꺼내고 나서 상대방의 반응을 보거나 듣기 때문이다. 상대방은 당황해하거나 화를 내거나 심란해할 수도 있을 것이다.

이 모든 정보는 우리가 자신의 메시지가 명확하다고 확신하는 태도를 조정하는 데, 그리고 상대방이 그 메시지를 얼마나 명확하게 이해하는지를 더 정확히 파악하는 데 도움이 된다.

이 같은 조정 과정이 부족하면 오해와 오인이 발생할 수 있고, 오해와 오인의 정도는 비동시간적 협상에서 더 심할 것이다. 나는 항상 의뢰인들에게 무언가 중요한 내용이나 갈등을 초래할 법한 내용을 상대방에게 전해야 할 때는 반드시 동시간적 경로를 선택하라고 일러 준다.

비동시간적 의사소통은 자신의 의도와 상관없이 상대방의 심기를 건드릴 우려가 크다. 연구에 따르면 직접적이고 동시간적인 의사소통이 협상처럼 논쟁적인 상호 작용에서 오해의 가능성을 크게 줄이는 것으로 나타났다. 동시간적 의사소통 경로에서는 상대방의 반응을 즉시 평가하고 본인의 요점을 명확하게 표현함으로써 자칫 오해로 인해 협상이 진척되지 못하는 상황을 예방할 수 있다.

시간이 절약된다

동시간성은 협상을 완료하는 시간도 줄여 준다. 상대방과 마주하는 것이 거래를 가장 빨리 맺는 방법이다. 여러 연구로 입증됐듯이 전자 우편 같은 비동시간적 경로를 이용하는 의사소통은 대면 경로로 의사소통하는 것보다 더 느리고 효율성도 낮다.

협상에서 전자 우편을 이용하면 언제든 의사소통을 시작할 수 있기 때문에 시간을 아낄 수 있다고 믿는 사람들이 많다. 오전 3시나 오전 6시나 오후 2시나 한밤중에도 협상을 시작할 수 있으니까 시간을 절약할 수 있다고 여기는 것이다. 하지만 나는 늘 의뢰인들에게 이 점을 지적한다. 협상의 목표는 협상을 시작하는 것이 아니다. 협상의 목표는 협상을 끝내는 것이다. 협상의 시작과 끝 사이에 걸리는 시간은 대면해서 이야기할 때보다 전자 우편을 이용할 때 훨씬 더 커질 것이다. 이처럼 동시간성을 모색하면 시간을 아낄 수 있다.

상대방과 눈을 맞출 때
설득력이 높아진다

코로나19로 우리는 사람들과 직접 만나기가 힘들어졌고 원격 상호 작용에 의존할 수밖에 없게 됐다. 하지만 최신 기술 덕분에 그럭저럭 원격 상호 작용에 적응해 가고 있다. 코로나19가 유행하기 전에도 줌, 마이크로소프트 팀즈, 웹엑스, 구글 미트 등이 있었지만 지금은 이 화상 회의 플랫폼의 성능이 개선됐고 일상적인 소통 방식으로 자리 잡았다. 화상 회의 플랫폼에서 생일을 축하하고 칵테일 파티를 즐기고 팀 회의를 열고 직접 만날 수 없는 친구나 가족과 안부를 주고받았다. 그리고 우리가 서로 만날 수 없을 때 이 플랫폼들이 협상을 동시간적 대면 경로를 통해 이뤄지도록 만들어 줬다.

만날 수 없다면 화상 회의를 하라

나는 의뢰인들이 상대방을 직접 만날 수 없다면 전화 통화나 전화 회의 대신에 화상 회의 플랫폼을 이용하도록 권장해왔다. 2020년 3월에 나는 아주 큰 규모의 거래를 앞둔 의뢰인에게 조언을 해 준 적이 있다. 그때 나는 상대방과 직접 만나 협상을 진행하도록 촉구했다. 그리고 3월 중순에 의뢰인은 장거리 출장을 자제하라는 회사의 방침에도 불구하고 고객과 만나기 위해 개인 전용기를 빌려 탔다. 그러나 이후 사무실들이 봉쇄 조치에 따라 문을 닫기 시작하면서 대면으로 협상을 이어 갈 수 없었다.

나는 상대방과 직접 대면할 수 없는 상황에서 의뢰인이 협상을 효과적으로 진행할 수 있을지 무척 걱정이 됐다. 그 이후 첫 번째 협상은 전화로 진행됐다. 전화 통화는 동시간적 경로였지만 상대방과 마주 앉아 있을 때만큼의 효과를 거둘 수는 없었다. 제안에 대한 상대방의 반응을 눈으로 확인할 수 없었기 때문이다. 그래서 나는 의뢰인에게 다음 협상에서는 의뢰인 회사가 채택한 화상 회의 플랫폼인 줌에 접속하고 카메라를 켜도록 권했다.

얼마 뒤 나는 극적인 변화를 목격했다. 내가 처음으로 줌을 이용해 협상을 진행했을 때, 상대방 개개인의 얼굴이 정말 뚜렷하게 보여서 그들의 반응을 관찰하며 아주 많은 정보를 수집할 수 있었다. 몇 달이 흐른 지금은 각종 화상 회의 플랫폼에 익숙해졌고 사람들이 직접 만날 수 없을 땐 이 플랫폼 중 하나에 접속하고, 자신과 상대방 모두 카메라를 켜야 한다고 확신하게 됐다. 나는 상대방도 꼭 카메라를 켜도록 부탁한다. 당신도 일단 카메라를 켜고 나서 상대방이 켜지 않은 것을 확인하면 즉시 "미안하지만 당신 모습이 안 보입니다. 카메라를 다시 켜 주시겠습니까?"라고 말하길 바란다. 상대방이 대형 회의실에 모여 있는 경우 나는 각자의 사무실에서 화상 회의 플랫폼에 접속할 수 있는지 물어본다. 모든 참가자들의 얼굴을 볼 수 있도록 말이다.

연구에 따르면 사람들은 상대방의 눈을 똑바로 볼 수 있을 때 창의성을 더 발휘할 수 있다고 한다. 나는 협상에도 창의성이 필요하다고 생각한다. 그리고 상대방을 볼 수 있을 때 독창성이 향상되고 교감 또한 증진된다고 굳게 믿는다. 또한 그저 전화선을 통해 상대방의 답변을 듣는 것이 아니라 상대방의 반응을 직접 보는 것이 엄청난 효과가 있다.

나는 협상에서 상대방을 주의 깊게 관찰하며 추가로 양보할 필요가 있는지, 얼마나 더 조정해야 하는지를 결정한 적이 많다. 만약 전화 통화를 했다면 불필요한 양보를 했을지도 모른다. 나는 여러 해 동안 직접 만나든 화면을 통해서 소통하든, 상대방의 얼굴을 보면서 협상했고 그 덕분에 부적절한 양보를 하거나 금전적 손해를 입는 일을 예방할 수 있었다. 그래서 의뢰인들에게 "보내지 말고 직접 말하고, 당신이 말할 때의 상대방 반응을 확인해야 한다"라고 강조하는 것이다.

어떻게 당신의 필요성을
각인시키며 대화할 것인가?

가끔 비동시간적 협상에 임할 수밖에 없을 때가 있다. 예를 들어 당신이 고객의 제안 요청서를 받고 답을 해야 하는 납품업자라면 비동시간적 협상이라는 덫에 빠진 듯한 느낌이 들 것이다. 이때 당신은 제안서를 제출하기 전에 반드시 고객과 대화를 나눠야 한다. 가장 이상적인 경우는 일단 화상 회의로 고객에게 여러 가지 선택지를 보여 준 뒤 제안을 다듬고 제안서를 제출하는 것이다. 제안서를 제출하기 전에는 제안이 어떻게 다듬어졌는지를 강조해야 한다. 제안 내용에 상대방의 손길이 닿았다는 점을 드러내기 위해서다.

가끔 제안 요청서와 관련한 회사의 규칙 때문에 이런 형태의 상호 작용을 할 수 없어 비동시간적인 협상에 임할 수밖에 없을 때도 있다. 이런 경우는 되도록 피해야 한다. 상대방과의 대화가 제안 요청서를 보내고 거기에 응답하는 과정처럼 진행되면 곤란하다. 고객과의 화상 회의를 마칠 무렵에, 아직 제안서를 제출할 준비가 되지 않았으면 화상 회의를 한 번 더 요청하기 바란다. 준비가 되지 않았는데도 "제안서를 보내드리겠습니다"라고 말하면 안 된다.

줌에 접속해 화상 회의를 할 때 고객이 제안서를 보내달라고 하면 즉시 "물론입니다. 지금 제안서 내용을 쭉 설명해도 될까요?"라는 식으로 말하거나 고객이 괜히 시간을 낭비하는 일이 없도록 고객의 요구사항과 정확히 일치하는지 확인하고 보내겠다고 말하길 바란다. 제안서 보내기는 동시간적 상호 작용이 제안 요청서를 둘러싼 비동시간적 상호 작용으로 변질되는 경로인 셈이다. "보내지 말고 직접 말하"도록 애써야 하는 점을 항상 명심하기 바란다.

내가 포장재 회사를 대표해서 영업을 한다면

보내지 말고 직접 말하고, 당신이 말할 때 상대방의 반응을 확인하려면 동시간적인 대면 경로로 제안해야 한다. 그러나 문제는 표현 방법이다. 지금부터는 이 문제에 초점을 맞추겠다. 자신의 차별성이 상대방의 급선무를 어떻게 공략하는지 강조하는 메시지를 전달하고, 제안을 여러 개 만들어서 그 메시지를 강화해야 한다.

여러 개의 제안을 내놓을 때는 당신의 메시지가 마치 모래시계처럼 생겼다고 생각하라. 우선 메시지를 간결하게 요약해서 폭넓은 설명을 시작한다. 그다음 범위를 좁혀서 제안의 세부 내용을 다룬 뒤, 마지막으로 핵심 메시지를 폭넓게 강화하면서 마무리하면 된다.

각각의 강점이 드러나는 3가지 선택지를 제안하다

예컨대 내가 6장에서 거론한 상자 제조업체 대신해서 고객사에게 제안을 내놓으려고 한다고 치자. 우선 나는 고객사와 포장재 문제를 의논하게 돼 무척 기쁘다는 점을 강조하면서 시작할 것이다. 고객사가 가격 인하를 원한다는 사실을 알고 있고 우리가 그렇게 해 줄 수 있다면 좋겠지만, 일단 우리 회사가 상대방이 원하는 포장재를 공급해 줄 수 있는지 확인하고 싶다고 말한다.

구체적으로 들어가자면 우리 회사가 고객사가 바라는 모양과 품질의 상자를 공급할 수 있는지, 그리고 필요할 때마다 상자를 추가로 주문할 수 있는 시스템을 갖추고 있는지 확인하고 싶다고 말한다. 그리고 나는 상대방이 우리 회사의 경쟁사와 정사각형 모양의 상자를 이야기하고 있다는 사실을 알고 있고, 우리도 단순한 정사각형 상자를 공급할 수 있지만 우리 회사는 특유의 모양 따기 기법을 쓸 수 있기 때문에 고객사가 과거에 주문했던 팔각형 모양의 상자도 공급할 수 있는 유일한 회사라는 점도 언급한다.

이어서 고객사가 원하는 정사각형 상자를 공급할 수 있으면 정말 기쁘겠지만, 정사각형 상자에는 많은 포장재가 필요하고 포장재의 비용과 삽입 공정에 따른 노동과 비용이 필요하기 때문에 미리 꼼꼼히 확인하고 싶다고 말할 것이다. 제품 운송의 총 비용은 팔각형 상자를 쓰는 경우가 더 적을 수 있다. 팔각형 상자에는 많은 포장재를 추가로 끼워 넣을 필요가 없기 때문이다.

나는 고객사가 다른 포장재 공급 회사와 거래할 수 있다고 생각하고, 고객사가 정사각형 상자를 간절히 원한다는 점도 인정하지만 나중에 정사각형 상자를 납품받고 실망하는 일이 없기를 바란다고 말할 것이다.

고객사가 바라는 품질 수준도 논의할 것이다. 고객사가 늘 내게 "파손율 0퍼센트에 브랜드의 운명이 달려 있다"라고 말했기 때문이다. 나는 우리 회사의 제품을 생산 후에 직송해도 경쟁사의 제품보다 더 낫다는 점을 강조할 것이다. 게다가 우리 회사는 품질을 정말 중시하기 때문에 제품 하나하나를 이중으로 검수한다는 점도 덧붙일 것이다.

끝으로, 고객사가 상자를 어떤 방식으로 주문하고 싶어 하는지 물을 것이다. 우리 회사 역시 다른 경쟁사들처럼 업계 표준에 따라 1개월에 한 번씩 상자를 납품할 수 있다. 그런데 고객사가 갑작스럽게 상자가 필요할 때가 있고, 고객사의 공장은 규모가 다소 작아서 여분의 상자를 많이 보관하기가 힘들다.

나는 우리 회사와 거래하기 전에 고객사가 1주일 동안 상자가 부족해서 생산 라인을 완전히 멈춰야 했던 사례를 상기시킬 것이다. 그때 고객사는 거래처를 잃었고 그 때문에 기존의 포장재 납품업체 대신에 우리 회사를 선택하려는 것이다. 나는 그런 일이 다시 일어나지 않기를 바란다고 덧붙일 것이다. 고객사가 원한다면 우리는 긴급 상황이 발생할 때 24시간 고객 콜센터를 이용해서 상자를 주문할 수 있도록 조치할 것이다.

나는 상자의 모양, 상자의 품질, 주문 방식 등과 관련한 고객의 선호 사항을 알고 싶고, 이 3가지 쟁점을 둘러싼 3개의 예비 선택지를 마련했다고 말할 것이다.

서면으로 한 번 더 차별성을 강조한다

그런 다음 서면으로 작성된 다수 동등 동시 제안의 내용을 보여 줄 것이다. 여기서 관절 쟁점은 상자의 모양이다. 이 쟁점은 메시지와 제안을 효과적으로 이어 준다. 고객사 관계자들과 함께 제안 내용을 검토하면서 나는 각 선택지 맨 위에 배치된 관절 쟁점의 내용을 소개할 것이다.

나는 선택지 A에 배치된 각 쟁점을 훑은 다음 선택지 B에 배치된 각 쟁점을 또 훑는 대신에 다른 선택지를 고려할 것이다. 즉, 고객사가 원하는 상자의 모양을 먼저 확실히 살피는 것이다. 선택지 A는 정사각형 상자, 선택지 B와 C는 모양 따기 기법으로 제작했고 고객사가 과거에 납품받았던 팔각형 상자이라는 점을 강조한다. 그리고 나서 상자의 모양에 따라 포장재, 포장재 비용, 포장재 삽입에 필요한 노동의 비용 등에 미치는 영향을 논의할 것이다.

그다음 선택지 A와 B를 통해 상자를 생산하자마자 직송할 수 있다는 점을 강조하고 그렇게 해도 경쟁사보다 품질이 더 좋다는 사실을 상기시킬 것이다. 그러나 선택지 C는 고객사가 원하면 앞으로 계속 모든 상자를 일일이 검수하겠다고 덧붙일 것이다.

고객사는 우리의 경쟁사들과 거래할 때처럼 월 1회 상자를 주문할 수도 있고, 선택지 B를 통해 동부 표준시 기준 오전 8시부터 10시까지 고객 콜센터로 주문할 수도 있다. 고객사는 아침에 전화로 주문하고 이튿날에 받을 수 있다. 하지만 나는 고객사가 세계 각지에 공장을 두고 있기 때문에 그것만으로는 부족할지도 모른다는 점을 강조할 것이다. 그래서 선택지 C를 고르면 고객사가 하루 24시간 내내 콜 센터로 상자를 주문할 수 있고, 주문 후 이튿날에 받을 수 있기 때문에 생산 라인을 멈추는 일이 없다는 방안을 내놓을 것이다. 추가적으로 우리 회사가 포장재 업계의 선두 주자로서 고객사에게 포장과 관련 최신 동향을 연 1회나 2회, 또는 원하는 만큼 보고하겠다고 한다.

만일 고객사가 이중 검수를 거치는 맞춤형 상자를 원하고 24시간 내내 상자를 주문하고 싶다면 더 높은 가격을 지불해야 한다고 말할 것이다. 그리고 상자의 모양, 품질, 주문 방식 등에 관한 고객사의 선호 사항을 파악한 뒤에 고객사가 원하는 포장재 관련 선택지를 제시하고 싶다는 점을 강조할 것이다.

나는 3개의 선택지를 훑으면서 선택지별로 다양한 이야기 전달 쟁점들을 강조했다. 나는 3개의 선택지에서 그 내용이 동일한 절충 쟁점과 논쟁적 쟁점은 아예 언급하지 않을 때가 많다. 이 2가지 역시 다수 동등 동시 제안 속에 포함돼 있지만 나는 상대방이 이야기 쟁점에 관심을 느끼도록 유도할 것이다.

아울러 만약 우리 회사가 경쟁사의 가격으로 맞춰 줄 수 없을 때 경쟁사와 거래하겠다는 생각을 상대방이 버리도록 했다. 즉, 상대방이 현재 상태에서 벗어나게 만들기 위해서 나는 손해 틀을 활용해서 몇 가지 이야기를 곁들인 것이다. 나는 경쟁사의 가격에 맞춰 주겠다는 말은 절대 하지 않을 것이다. 이 말은 우리 회사가 경쟁사보다 나은 부분이 없다는 뜻이기 때문이다. 대신에 나는 여러 개의 제안을 건네며 우리 회사의 차별성을 강조하고 이 차별성이 상대방에게 반드시 필요한 부분을 채워 준다는 점을 부각할 것이다.

한마디로, 나는 간결하게 요약한 메시지를 전하고, 그다음 3개의 선택지에 담긴 세부 내용으로 범위를 좁히다가, 마지막으로는 다시 차별성을 강조하는 핵심 메시지를 강조할 것이다.

복잡한 내용은 서면으로, 간단한 내용은 말로 제시하라

복잡한 내용은 서면으로 제시한다

내용이 복잡한 제안을 내놓는 경우에는 3개의 선택지를 반드시 서면으로 작성해야 한다. 당신이 그 제안을 검토할 때 시각적 단서가 있어야 하기 때문이다. 상대방과 직접 만난다면 나는 제안의 내용을 인쇄해서 참석자 모두에게 준다. 화면에 띄울 수도 있지만 그보다는 인쇄해서 배포하는 편을 좋아한다. 인쇄물은 양보안을 제시할 때 빨간색 펜으로 제안 내용을 손쉽게 수정할 수 있기 때문이다. 이때, 나는 제안의 내용을 간결하게 요약해서 전달한 후에 인쇄물을 서면으로 제출하거나 화면에 띄운다. 일단 나의 제안으로 상대방의 관심을 이끈 다음에 제안의 세부 내용으로 파고들고 싶기 때문이다.

가상 회의 상황에서도 마찬가지로 일단 메시지를 던지며 시작한다. 메시지를 모두 전달하고 제안 내용을 언급했다면 비로소 다수 동등 동시 제안의 내용을 화면에 띄운다. 제안 내용을 화면에 띄우고 나서 가능하다면 이후의 협상 과정에서 양보안을 제시할 땐 화면 속의 제안 내용에 변경 사항을 추가한다. 가상 회의가 끝날 무렵이 되면 추가된 변경 사항을 빨간색으로 표시해서 상대방에게 전자 우편으로 보낸다.

내가 따르는 이 모든 수칙은 "보내지 말고 직접 말하라"라는 철학과 일치한다. 일단 상대방과 어떤 내용을 논의한 뒤에야 비로소 그것을 상대방에게 보내야 한다.

간단한 내용은 말로 제시한다

매우 간단한 제안을 내놓은 경우에는 선택지를 말로 제시할 수 있다. 예를 들어 의뢰인과 만나고 싶다면, 나는 의뢰인이 시급한 문제로 나와 논의하고 싶어 한다는 사실을 알고 있다고 말한다. 그러면서 가령 월요일 오후 2시, 화요일 오후 3시, 금요일 정오 중 언제 만날 수 있는지 물을 것이다. 이렇듯 나는 매우 간단한 다수 동등 동시 제안에 힘입어 만남의 여부를 논의하는 대신, 언제 만날지를 중심으로 대화의 틀을 짤 수 있을 것이다.

물론 이 간단한 다수 동등 동시 제안은 말로 표현할 수 있다. 그런데 다수 동등 동시 제안의 내용이 더 복잡해지면 서면으로도 작성하는 것이 중요하다. 당신의 구두 제안을 듣고 있는 상대방이 활용할 만한 시각적 단서가 필요하기 때문이다.

당신의 제안 내용이 미리 서면으로 작성된 것이 아니라 상대방과의 대화 도중에 비교적 자연스럽게 떠오른 것처럼 보였으면 할 때가 있다. 미리 제안 내용을 직접 여러 번 작성해 보면 각 선택지에 포함된 사항을 기억할 수 있고 나중에 상대방과 만나 논의할 때 제안 내용을 자연스럽게 작성할 수 있을 것이다. 비록 미리 연습한 결과이기는 해도 당신이 명분을 제시하며 상대방 앞에서 제안 내용을 작성하면 즉흥적인 느낌을 풍길 수 있다. 개인적인 고용 협상에서도 이 같은 즉흥적인 느낌을 줄 수 있다.

이메일은 고용주의 마음을
움직일 수 없다

상대방과의 관계를 유지하고 싶다면 반드시 동시간성을 모색해야 한다. 동시간성을 추구하는 자세는 개인적인 고용 협상에서 필수적이다. 제안, 업무에서 느끼는 불만 사항, 승진 기회 등 당신의 경력에 있어서 매우 중요한 의미가 있는 문제들을 고용주에게 전자 우편이나 문자 메시지, 음성 우편으로 보내지 말길 바란다.

나는 항상 나의 제자들에게 고용주와 의사소통할 때는 보내지 말고 직접 말할 필요가 있다고 일러 준다. 전자 우편은 고용주와의 만남을 준비하는 데 쓰이는 탁월한 조율 수단일 뿐이다. 전자 우편이라는 비동시간적 경로로 협상을 시작하면 곤란하다.

원하는 고용 조건을 말로 전해야 하는 이유

나는 이 점을 해마다 우리 경영학 석사 과정 학생들에게 언급한다. 그리고 내 충고를 따르지 않은 어느 학생에 관한 이야기도 강의 시간에 종종 들려준다. 그 학생은 몇몇 고용주로부터 취직 제안을 받았는데 그중에서도 특히 H라는 고용주의 제안을 가장 마음에 들어 했다.

그 학생은 고용주에게 전자 우편을 보냈다. H의 제안에 관심이 많지만 I라는 고용주가 더 좋은 조건을 제시했는데, 혹시 그 조건에 맞춰 줄 수 있는지 알고 싶다고 말이다. 그러자 H 회사의 관계자는 그 학생에게 I 회사에 취직하기를 바란다는 내용의 답신을 보내 왔다. 학생은 뜻밖의 반응에 엄청난 충격을 받았다.

나는 학생들에게 이 이야기를 들려주면서 왜 원하는 것을 간접적인 매체로 보내지 말고 직접 말로 전해야 하는지 그 필요성을 강조한다. 특히 고용 협상에서는 반드시 동시간성을 모색해야 한다. 이런 조언은 아무리 자주 들어도 지나치지 않다. 요즘 들어 워낙 흔히 일어나기 때문에 이런 식의 위험을 고려하지 않은 채 비동시간적 의사소통을 기본으로 삼는 사람들이 많다.

아들 배럿의 사례

나의 맏아들 배럿은 스탠퍼드대학교에 다니면서 매년 여름마다 인턴십을 했다. 그가 저학년 때, 어느 회사와 인턴십 문제로 면접을 보고 있었다. 첫 번째와 두 번째 면접은 잘 통과했고 조만간 답변을 받을 것으로 여겠다. 나는 답변을 받는 즉시 내게 전화해 달라고 말했다. 그래야 다음에 어떻게 할지 상의할 수 있었기 때문이다. 제안을 받자마자 배럿은 내게 문자 메시지를 보냈다.

그때 나는 강습을 진행하고 있었기 때문에 쉬는 시간에 전화하겠다는 내용의 문자 메시지를 보냈다. 강습이 끝난 뒤 배럿에게 전화를 걸어 축하한다고 하자 그는 회사 측에서 6월 12일부터 인턴십을 시작하기를 바라는데, 6월 14일까지 기말 시험을 쳐야 해서 그때 인턴십을 시작할 수 없다고 말했다. 나는 그것은 전혀 문제가 아니라고 말했다. 그리고 기말 시험을 마치는 즉시 가족과 유럽 여행을 떠나야 하니까 그냥 회사에 전화를 해서 사정을 설명하고 날짜를 7월 1일로 옮기면 된다고 덧붙였다.

배럿은 고용주가 그렇게는 안 된다며 인턴십을 빨리 시작해야 한다고 말했다고 대답했다. 나는 그것은 고용주의 첫 번째 제안일 뿐이라고 일러줬다. 실제로 스탠퍼드대학교의 가을 학기는 대다수의 다른 학교들보다 훨씬 늦게 시작하기 때문에 9월 초반의 3주 동안 그 회사에서 일할 수 있을 테니까 나는 인턴십을 더 늦게 시작해도 무방할 것이라고 장담했다. 그러자 배럿이 이렇게 말했다.

"안 돼요, 엄마, 그렇지 않아요. 전자우편으로 6월 14일까지 기말시험을 쳐야 한다고 하니까 6월 16일부터 시작하라는 답장이 왔어요."

"뭐라고?"라며 내가 물으니까 배럿은 회사에 전자 우편을 보냈다는 말을 되풀이했다. 그래서 나는 이렇게 나무랐다.

"엄마가 항상 뭐라고 말했니? 절대로 절대로 고용주에게 전자우편을 보내지 말라고 했잖아?"

결국 배럿은 가족 여행에 동참하지 못했지만 직장 생활 초반에 다음과 같은 귀중한 삶의 교훈을 얻었다. "보내지 말고 직접 말하라."

새로운 예비 고용주를 상대하든, 현재의 고용주와 논의하든 모든 고용 협상에서는 동시간적인 소통 방식을 모색해야 한다. 새로운 직책이나 불만스러운 상황을 설명한 전자 우편을 상사에게 보내지 말길 바란다. 일단 동시간적인 대화로 시작해야 한다. 상대방과의 논의를 마친 뒤 상대방에게 감사의 뜻을 전하고, 대화의 흔적을 남기는 차원에서 전자 우편을 보낼 수는 있어도, 본격적인 출발은 동시간적 의사소통으로 해야 한다.

노련한 협상가로 만들어 줄 TIP

직접 말하라

▼

이번 장에서는 동시간적 경로를 제안함으로써 협상의 두려움을 줄이는 방법을 집중적으로 조명했다. 직접 만나서 제안을 내놓으면 여러 이점을 챙길 수 있다. 직접 대면할 수 없을 때는 화상 회의 플랫폼을 활용해야 한다. 이 플랫폼들은 제안을 내놓은 뒤에 상대방의 반응을 살피고, 즉시 틀을 짜고, 결정하고, 수정하고, 양보할 수 있는 동시간적 의사소통 경로가 돼 줄 것이다.

동시간적 경로를 이용하면 당신이 논의를 제어할 수 있고 더 과감하게 요구할 수 있으면서 상대방과 좋은 관계도 유지할 수 있다. 그러나 비동시간적 협상은 상대방의 심기를 건드리거나 거래를 놓칠 우려가 훨씬 더 크다. 이런 우려 때문에 사람들은 비동시간적 경로로 협상을 진행할 때 과감하게 요구하지 못한다. 전자 우편, 편지, 문자 메시지, 음성 우편 같은 비동시간적 방식으로 협상하면 성과가 부실해지고 상대방과의 관계가 훼손될 수 있다. 반면 협상에서 동시간성을 모색하면 두려움을 없애고 성과를 극대화할 수 있다.

지금까지 자신의 차별성이 상대방의 급선무를 공략하는 방식을 보여 주는 이야기나 메시지에 집중함으로써 가장 설득력 있게 제안을 내놓는 방법을 설명했다. 여러 개의 제안은 그 이야기나 메시지를 강화할 수 있는 탁월한 수단이고 우리는 여러 개의 제안을 가장 효과적으로 내놓는 방법도 살펴봤다.

첫 번째 제안을 내놓을 때 나는 상대방이 그것을 받아들일 가능성이 낮다는 점을 알고 있다. 다음 장에서 논의하겠지만 어쩌면 첫 번째 제안이 받아들여지지 않기를 바라기 때문일 수도 있다. 다음 장에서는 양보의 여지를 둬야 할 필요성을 살펴볼 것이다. 거래를 맺고 상대방과의 관계를 유지할 수 있도록 양보를 잘하는 방법도 논의하겠다.

8장

더 크게 요구하고
한 발 물러서라

양보의 기술

협상에서는 양보가 필요하다. 9장에서는 효과적으로 양보하는 방법을 검토하겠다. 상대방에게 양보하면 유연하고 협조적인 사람으로 인식되고 합의에 이를 가능성이 커진다. 첫 번째 제안을 준비할 때는 미리 양보를 계획해야 한다. 협상에서는 출발점을 조정할 필요가 있다. 당신이 양보하면 상대방은 자신이 이기고 있다고 생각할 것이다. 상대방은 거래에 더 만족하게 될 것이고 합의에 이를 가능성도 높아지며 당신과 다시 거래하고 싶어 할 공산이 크다.

연구에 의하면 사람들은 비교적 작은 대가를 치르며 양보 없이 협상이 끝나는 상황보다, 비교적 큰 대가를 치르더라도 상대방이 양보할 사람으로 보이는 상황을 더 좋아한다. 실제로 당신이 원하는 바를 모두 얻었는데 상대방은 자신이 이기고 있다는 기분을 느끼게 하려면 사전에 미리 계획하고 조정의 폭을 넓게 잡아야 한다.

첫 번째 제안을 내놓기 전에 양보안을 도출하라. 어쩔 수 없이 양보하거나 상대방의 압력에 못 이겨 양보하라는 말이 아니다. 의도적으로 양보할 필요가 있다는 말이다. 당신이 첫 번째 제안을 내놓자마자 상대방이 받아들였다고 치자. 이때 당신은 그것을 아주 불길한 신호로 여겨야 한다. 상대방이 당신의 제안을 그토록 쉽게 수용했다는 것은 당신이 그 거래보다 훨씬 더 좋은 거래를 맺을 수도 있었다는 의미이다.

설득하기도 전에
먼저 양보하지 마라

첫 번째 제안이 얼마나 과감해야 하는지 묻는 사람들이 많다. 항상 나는 첫 번째 제안이 목표보다 더 과감해야 한다고 말한다. 그래야 양보의 여지를 둘 수 있고 목표도 달성할 수 있기 때문이다. 5장에서 우리는 공세적이면서도 비상식적이지는 않은 첫 번째 제안의 명분을 마련할 필요성을 살펴봤다.

첫 번째 제안은 상대방이 즉각 수용하는 경우가 드물다. 만약 상대방이 첫 번째 제안을 즉각 받아들였다면 그것은 첫 번째 제안이 부실하다는 의미이고, 당신이 더 많은 것을 요구했어야 했다는 뜻일 수 있다.

첫 번째 제안이 자신의 유보점에 너무 근접하면 운신의 폭이 좁아질 것이다. 운신의 폭이 좁아지면 협상이 교착 상태에 이르고 상대방과의 관계가 나빠질 우려가 크다. 여기서 흥미로운 점은 흔히 우리가 상대방과의 관계에 몹시 신경을 쓰고 과감한 요구로 상대방에게 불쾌감을 주고 싶지는 않을 때에는 자신의 유보점 근처에서 협상을 시작한다는 사실이다. 한마디로 우리는 제안하기 전에 자신과 타협할 때가 많다.

사람들은 대화하는 도중에 양보받고 싶어 한다

실제로 나는 어느 자문 회사가 스스로 타협하는 모습을 지켜봤다. 그 자문 회사의 공동 경영자 3명은 의뢰처에 내놓을 제안 문제를 전화로 상의하고 있었다. 첫 번째 공동 경영자는 자문료를 200만 달러 정도로 책정해야 한다고 말했다. 두 번째 공동 경영자는 200만 달러는 너무 큰 금액 같다고 말했고 의뢰처와의 관계가 정말 중요하다면서 180만 달러로 시작하자고 했다. 세 번째 공동 경영자는 경쟁사들이 170만 달러를 제시할 것 같다고 말했다. 그들은 170만 달러를 제시하는 방안을 검토했고 나중에 내게 말하기를, 경쟁사들을 제치기 위해서는 160만 달러를 제시해야 한다고 했다.

일단 나는 프로젝트 수행 비용이 150만 달러인데 수수료를 160만 달러로 책정하면 양보의 여지가 거의 없다고 지적했다. 나는 그들이 매긴 의뢰처의 배트나 분석 점수가 비교적 낮은 3.2점이니까 의뢰처가 그들에게 프로젝트를 맡길 가능성이 크다는 점을 강조했다. 이어서 나는 프로젝트에 대한 관심을 보여 줄 수 있도록 양보의 여지를 두면서 250만 달러로 시작하는 방안을 추천했다.

협상을 시작하기 전에 미리 양보해 버리면 아무 소용이 없다. 상대방은 협상 전이 아니라 협상 도중에 당신이 양보하는 것을 좋아한다. 상대방은 협상이 시작되기 전에 당신이 어떤 양보를 했는지 모르기 때문에 당신의 양보를 제대로 인식할 수 없다. 처음부터 양보의 여지를 두지 않은 채 유보점 근처에서 협상을 시작하면 아무리 합리적이고 상대방과의 관계를 고려하는 사람으로 보이고 싶어도 고집쟁이로 비칠 수 있다. 오히려 상대방과의 관계가 나빠지는 것이다.

상대방과 협상할 때는 양보가 필요할 때가 있고, 이 양보를 부각할 필요가 있다. 아울러 양보를 정당화할 필요도 있다. 가령, 당신이 상대방에게 1억 달러를 요구했는데 상대방이 거절한다고 치자. 이때 당신이 곧장 요구액을 8,000만 달러로 낮춰 버리면 곤란하다. 조금 전에 1억 달러를 요구한 것이 상대방의 의사를 타진하려는 얄팍한 수로 보일 수 있기 때문이다. 이런 부정적 인상을 주지 않기 위해서는 양보의 명분을 만들어야 한다. 그러려면 결코 단 하나의 쟁점으로만 협상하지 않도록 해야 한다. 쟁점 전체를 테이블에 올려 한꺼번에 협상하면 양보의 명분을 마련할 수 있다.

협상이 끝나기 전에는
아무것도 확정하지 마라

앞서 내가 소개한 사례에서 공동 경영자들은 프로젝트를 따낼 때 수수료를 그럴싸하게 양보하는 방법을 고민했다. 나는 그들에게 양보는 해야 하지만 수수료만 양보하지는 말아야 한다는 점을 일러 줬다. 수수료를 양보하는 문제를 나머지 쟁점들과 연동시켜야 했다.

협상을 진행할 때 쟁점을 한 번에 하나씩 타결하지 말아야 한다. 5장에서 논의했듯이 모든 쟁점을 일괄 타결해야 한다. 쟁점별로 하나씩 합의하려고 하면 협상은 더 치열해질 수 있다. 거래 기회를 찾지 못해서 모든 쟁점이 논쟁적 쟁점으로 변질될 우려가 있기 때문이다. 따라서 협상은 더 치열하고 더 오래 걸릴 것이다. 그러면 결국 협상이 진전되지 않을 수 있고 설령 합의에 도달해도 금전적으로 손해를 입을 가능성이 크다.

모든 쟁점을 하나로 묶어 타결한다

익히 알려진 사실이지만, 하워드 라이파$^{Howard\ Raiffa}$는 파레토 최적 상태에 해당하는 성과의 중요성을 논의한 바 있다. 파레토 최적 상태라는 개념에 의하면, 한쪽이 다른 쪽에 손해를 입히지 않고서는 이득을 볼 수 없다. 어떤 성과가 파레토 최적 상태가 아니라는 말은 한마디로 한쪽이 다른 쪽에 전혀 피해를 주지 않으면서도 이득을 챙길 수 있거나, 둘 다 이익을 챙길 수 있다는 말이다.

내가 상대방에게 전혀 손해를 끼치지 않으면서도 이득을 볼 수 있거나, 상대방이 내게 전혀 손해를 끼치지 않으면서도 이득을 볼 수 있거나, 둘 다 이득만 볼 수 있는 합의는 파레토 최적 상태가 아니다. 나는 금전적 손해를 입기 싫고, 바람직하지 않은 성과에 수긍하고 싶지 않다. 파레토 최적 상태의 성과를 얻으려면 여러 쟁점 간의 거래 기회를 찾아야 하므로 쟁점을 일괄 타결할 필요가 있다. 나는 의뢰인들에게 모든 것이 타결될 때까지 아무것도 타결하지 말아야 한다는 점을 명심하도록 독려한다.

쟁점을 전체적으로 다루기 위해서는 모든 쟁점을 아우르는 목표와 유보점을 설정해야 한다. 3장에서 설명했듯이 채점 도구를 만들 때는 쟁점 전체를 아우르는 유보점을 설정해야 한다. 물론 어떤 협상에서는 개별적이고 특정한 유보점을 설정할 수밖에 없지만 대부분의 협상에서는 쟁점 전체를 아우르는 목표와 유보점을 설정하도록 애써야 한다.

예컨대 의약품 매매 협상에서는 최적 가격이라는 단 하나의 쟁점에 대

해서만 유보점이 설정될 수 있다. 모든 약전 藥典, 약의 원료, 정량법, 순도, 시험법 등 의약

품 품질의 판단 근거가 되는 표준 규정을 정한 약의 법전-역주 협정을 아우르는 현재의 최적 가

격은 해당 제약회사의 메디케이드 Medicaid, 65세 미만의 저소득층과 장애인을 대상으로 하는 미

국의 의료 보조 제도-역주 계약에 영향을 미치기 때문에 그 가격을 둘러싼 부정적

변화는 제약 회사에 치명적인 피해를 초래할 것이다. 따라서 개별적인 약

전 협정에 대해서만 가격을 타결할 수는 없다.

그러나 단 하나의 쟁점에 대해서만 유보점을 설정할 때 협상력이 약해

질 수 있다는 사실에 주목하길 바란다. 우리가 그 하나의 쟁점에서 움직

일 수 없다는 사실을 상대방이 알게 되면 상대방은 나머지 모든 쟁점에

서 원하는 바를 뽑아 내려고 할 것이다. 그러므로 단 하나의 쟁점이 아니

라 쟁점 전체의 유보점과 목표를 설정하는 것이 가장 좋다. 목표 달성에

필요한 여러 가지 방법을 갖고 있으면 협상에서 유연한 태도를 유지할 수

있다.

쟁점을 한꺼번에 타결하지 않아도 되는 예외적인 경우

앞서 나는 쟁점을 일괄 타결할 수 있도록 협상해야 한다고 말했다. 그

런데 여기에는 예외가 있다.

먼저 당신이 가장 중요하게 여기는 쟁점을 유리한 조건으로 타결할 수

있다는 확신이 있다면 그렇게 한 뒤, 나머지 쟁점을 일괄 타결하면 된다.

그런데 이 고위험 고보상 전략에는 내재적인 결함이 있다. 이 전략이 통

하면 가장 얻고자 하는 바를 얻어 낼 수 있고 협상에서 매우 유리한 고지

에 설 수 있을 것이지만, 이 전략이 통하지 않을 때는 다시 모든 쟁점을 하

나로 묶어 타결해야 하는 매우 난감한 상황에 놓이게 될 것이다. 대체로 나는 협상에서 상대방을 이길 수 있다는 절대적 확신이 없는 한 이 전략을 구사하지 말라고 충고한다. 내가 결코 이 전략을 쓰지 않는다는 말이 아니다. 앞으로 이따금 쓰겠지만, 아주 드물게 구사할 것이다.

논쟁적 쟁점이든 절충 쟁점이든 아니면 이야기 전달 쟁점이든 간에, 대개의 경우 당신이 정말 중요하게 여기는 모든 쟁점을 하나로 묶을 필요가 있다. 하지만 일부 쟁점은 그 묶음에 집어넣지 않는 것이 좋다. 특히, 비교적 중요하지 않은 몇몇 이야기 전달 쟁점은 여분으로 따로 떼어 놓아야 한다.

상대방의 인내심이 바닥날 때
여분의 쟁점을 꺼내라

일괄 타결 접근법을 취하고 있을 때도 비교적 중요성이 낮은 몇몇 이야기 전달 쟁점은 언제든 테이블에 올릴 수 있도록 따로 떼어 놓아야 한다. 상대방이 "받든지 말든지 마음대로 하십시오"라거나 "이것이 마지막 제안입니다"라고 말하며 배수진을 칠 때 테이블에 올릴 쟁점이 필요하기 때문이다. 상대방이 막다른 골목으로 치달을 때마다 당신은 체면을 세워 주며 상대방이 막다른 골목에서 벗어나도록 도와줘야 한다. 그래야 거래를 맺을 가능성이 커진다. 상대방이 막다른 골목에서 벗어나게끔 도와줄 수 있는 최선의 방법은 새로운 쟁점을 던지는 것이다.

물론 당신도 막다른 골목으로 들어가는 일이 없어야 한다. 따라서 배수진을 치는 말은 하지 말아야 하며 상대방을 막다른 골목으로 몰아넣지도 말아야 한다. 따라서 상대방에게 마지막 최선의 제안을 요구하지 마라. 최선의 합의에 도달하려면 당신도 상대방도 유연한 태도를 유지할 필요가 있다.

쟁점 현황판을 분석하고 첫 번째 제안을 궁리할 때마다 나는 여분의 쟁점도 확보하려고 한다. 그러나 가끔 여분의 쟁점이 하나도 없는 듯한 느낌이 들 때가 있었다. 예를 들어 노스웨스턴대학교 켈로그 경영 대학원으로부터 교수직을 제안받은 뒤 나는 남편과 함께 뉴욕주 북부에서 시카고로 향했다. 한때 나는 코넬대학교 교수로 재직한 적 있었기 때문에 이타카를 떠나면서 멋진 카유가 호수Cayuga Lake 주변의 주택들에 눈길이 쏠렸다. 시카고 북쪽 교외의 침실 3개짜리 낡아빠진 목장식 단층집이, 호수가 내려다보이고 침실이 4개인 아름다운 이타카의 신축 주택들과 가격이 비슷했다. 우리 부부는 시카고의 집값을 알고 엄청난 충격을 받았다. 게다가 3개의 집을 공평하게 저울질하고 나서야 비로소 한 곳에 제안을 내놓을 필요가 있다는 나의 주택 구매 수칙 때문에 충격은 더 커졌다. 시카고 주택 시장을 잘 몰랐던 우리 부부는 물망에 올릴 3개의 집을 찾아내 위해서 무려 152개의 집을 둘러봐야 했다. 그중 하나는 아직 공사 중인 신축 주택이었다. 그 집은 어느 소규모 주문 건축업체가 투기 목표로 짓고 있었다. 일부 공사가 끝났지만 아직 디자인과 마감 부분에서 변화의 여지가 많았다.

나는 모든 협상 전략을 구사해야 했다. 그 집의 가격은 우리가 부담할 수 있는 수준보다 살짝 높고, 이타카의 집들보다 훨씬 비쌌기 때문이다. 건축업자는 집값 문제와 나머지 부수적인 문제들을 별개로 논의하자고 말했지만 나는 모든 문제를 하나로 묶었고 여러 개의 공세적인 제안을 내놓으면서 선수를 쳤다. 건축업자와 나는 여러 번 제안을 주고받다. 건축업자는 인내심의 한계에 다다른 것 같았다. 조만간 그는 거친 표현을 쓰며 "받든지 말든지 마음대로 하십시오"라고 말할 듯싶었다.

그때 나는 여분의 쟁점이 없었기 때문에 걱정스러웠다. 평소 협상을 할 때 이야기 전달 쟁점을 활용했지만 그때는 테이블에 추가할 만한 새로운 쟁점이 없었다. 그런데 어느 날, 건축업자는 나중에 우리 부부가 사게 되면 자기가 그 집의 사진을 찍어도 되는지 물었다. 사진을 찍어서 무엇을 할 것인지 묻자, 그는 자기가 주문 건축업자로서 짓는 모든 집을 판매하기 때문에 공사의 품질을 보여 줄 사진이 필요하다고 설명했다. 바로 그 순간 내 머릿속에 좋은 생각이 떠올랐다.

건축업자의 요청에서 설득의 실마리를 찾다

이튿날 나는 그가 지은 여러 집 중에 혹시 우리 부부가 들어가 구경할 수 있는 집이 있는지 물었다. 그리고 나는 그의 공사 품질을 확인하지 못했고 그는 자신의 공사 품질을 알고 있으니 서로 인식의 차이가 크고, 따라서 내가 직접 눈으로 확인하면 인식 차이가 없어질 것이라고 말했다. 그는 자기가 알려 준 몇몇 주소로 내가 자동차를 타고 가 봤는지 물었다. 나는 집의 외관은 살폈지만 내부에 들어가 크라운 몰딩을 살펴보고, 계단을 걸어 보고, 난간을 만져 보고, 찬장을 열어 보며 생생하게 확인하고 싶다고 말했다. 그는 안타깝지만 자기는 주문 건축업자라서 그동안 지은 집을 모두 팔았기 때문에 지금은 보여 줄 집이 없다고 말했다. 그래도 자신의 공사 품질이 뛰어나다고 자부하고, 우수한 공사 품질을 남들에게 보여 줄 수 있는 기회를 무척 중요시하기 때문에 공사 품질을 내게 보여 줄 만한 기회가 있으면 좋겠다고 덧붙였다.

바로 그때 여분의 쟁점이 생겼다. 그러나 건축업자가 아직 막다른 골목으로 치닫지 않았기 때문에 여분의 쟁점을 활용할 시점은 아니었다. 하지만 나는 곧 활용할 수 있을 것으로 판단했다. 나의 태도 때문에 그가 점점 짜증을 내고 있다는 사실을 알고 있었기 때문이다. 이틀 뒤, 그는 "받든지 말든지 마음대로 하십시오"라고 말했다. 그 순간 나는 여분의 쟁점을 꺼냈다. 나는 그가 공사 품질을 보여 줄 수 있는 기회를 무척 중요시한다고 말한 점에 대해 생각해 봤다고 말했다. 그리고 내가 그 집을 구입해 살면서 필요할 때마다 견본 주택으로 이용할 수 있도록 하면 어떻겠느냐고 물었다. 그렇게 하면 예비 구매자들에게 그의 공사 품질을 보여 줄 수 있고 설득하기도 쉬울 것이라고 강조했다.

내가 새로운 쟁점을 추가한 덕택에 건축업자는 체면을 세울 수 있었다. 우리는 4개의 선택지를 논의했다. 그 중 3개의 선택지에는 그가 "받든지 말든지 마음대로 하십시오"라고 말하며 제시한 금액보다 더 낮은 가격이 포함돼 있었다.

첫 번째 선택지에 의하면 그는 향후 2년 동안 총 12회에 걸쳐 매회 2시간씩 우리 집의 공사 품질을 예비 구매자들에게 보여 줄 수 있었다. 두 번째 선택에서는 향후 2년 동안 총 8회 보여 줄 수 있었고, 세 번째 선택지에서는 향후 2년 동안 총 4회 보여 줄 수 있었다. 네 번째 선택지에는 그가 "받든지 말든지 마음대로 하십시오"라고 말하며 제시한 가격이 포함지만 공사 품질을 보여 줄 수 있는 기회는 포함되지 않았다.

나는 우리가 정말로 그의 유보점에 도달했는지, 혹은 우리가 집값을 더 깎을 수 있는지 검증하기 위해 건축업자가 매우 중요하게 여긴다고 말한 그 새로운 쟁점을 4개의 선택지 중 3개에 추가했다.

거래 기회가 더 있는지 확인하려기 위해 협상 막바지에 이야기 전달 쟁점을 다수 동등 동시 제안에 추가할 수 있다. 이것은 파레토 최적 상태를 향해 전진함으로써 최적의 거래를 맺으려고 할 때 쓸 수 있는 훌륭한 기법이다. 방금 소개한 사례에서 내가 4개의 선택지를 이용한 점에 주목하길 바란다. 평소에 나는 3개의 선택지를 내놓는다. 그런데 굳이 4개의 선택지를 활용한 까닭은 예비 구매자들에게 보여 줄 견본 주택이 주문 건축업자에게 얼마나 중요한지 모르고 그가 1년에 얼마나 많은 예비 구매자들과 계약을 맺을지 알 수 없었기 때문이다. 나는 집 구경을 시켜 주는 대가로 1만 달러 이상만 받으면 무방하다고 생각했다. 그래서 유연한 태도를 보여 주고 싶었고 4개의 선택지를 제시하기로 마음먹었다. 그런데 남편은 걱정이 많았다.

"낯선 사람들이 우리 집에 들어와 우리가 아끼는 온갖 귀중품을 구경하겠군."

나는 우리에게는 귀중품이 없으며 그 집을 사게 되면 정말 생활비가 정말 빠듯해지기 때문에 앞으로 아주 오랫동안 귀중품 없이 지낼 것이라고 대답했다. 건축업자는 결국 우리 집을 견본 주택으로 삼는다는 내용의 네 번째 선택지를 골랐다. 건축업자가 네 번째 선택지를 골랐다는 것은 우리가 그의 유보점에 매우 가까운 지점에 도달했다는 신호였다. 그는 겉으로는 공사 품질을 보여 주는 것을 매우 중요하게 여긴다고 말했지만, 실제로는 그렇게 하기 위해 다른 어떤 조건도 흔쾌히 포기하려고 하지는 않았기 때문이다.

물론 그 건축업자는 예비 구매자들에게 집을 보여 준다는 내용의 선택지를 고르지 않았지만 지난 25년 동안 나는 공사 품질을 보여 줄 수 있는 기회를 도급업자들에게 주는 전략을 여러 번 구사했고 대다수의 도급업자들은 그런 기회가 포함된 선택지를 골랐다. 그러므로 당신도 나중에 도급업자를 고용할 때 공사 품질을 보여 줄 수 있다는 내용이 포함된 선택지를 활용하기 바란다.

집의 가격도 깎고 공사비도 절약하다

이 같은 접근법의 이점이 드러난 여러 사례 가운데 내가 가장 좋아하는 사례의 주인공은 내 제자인 대니얼이다. 대니얼은 켈로그 경영 대학원 졸업 후에 승승장구했고 경력을 쌓은 후 아내와 함께 한 택지 개발업자와 몇 명의 주문 건축업자들이 개발하던 어느 부유한 동네에 있는 주택을 구입하려고 했다. 그 동네의 주택들은 높은 가격에 팔리고 있었고 건축업자들은 초기 비용 문제로 견본 주택을 운영하지 않았다. 대니얼은 자기가 사려는 집을 지은 건축업자와 만나 협상을 시작했고 그 집을 견본 주택으로 활용할 수 있는 선택지를 제시했다. 협상 끝에 대니얼은 집값을 많이 깎을 수 있었다.

대니얼은 가격보다 훨씬 더 많은 것을 얻어 냈다. 건축업자는 대니얼이 구입한 그 신축 주택의 수정 보완 작업을 1주일 안에 끝냈다. 이 작업은 보통 마무리될 때까지 1년이 걸리곤 한다. 그런데 대니얼이 구입한 집의 수정 보완 작업이 1주일 안에 끝난 이유는 건축업자가 예비 구매자들에게 완벽한 모습을 보여 주려고 했기 때문이다.

대니얼은 10월에 입주할 예정이었고 이듬해 봄까지 기다렸다가 조경 공사를 시작하려고 했다. 그런데 건축업자는 사람들의 시선을 무척 의식했기 때문에 기본 조경 공사와 진입로 및 인도 공사도 자비로 진행했다. 대니얼은 나중에 본인의 취향에 맞게 조경 용품과 마감재를 바꿀 요량이었지만 당장은 그렇게 할 필요성을 느끼지 않았다. 그들은 건축업자 덕분에 앞으로 3년 동안은 부수적인 공사를 하지 않아도 됐다.

대니얼도 나처럼 협상 막바지에 여분의 쟁점을 여러 개의 선택지에 추가하면서 적절히 활용했다. 그런 식으로 협상 테이블에 새로운 쟁점을 추가하면 거래 기회로 얻어낼 만한 추가적인 가치가 있는지 확인할 수 있다. 대니얼과 수잔은 추가적인 가치를 만들어 냈고 이를 손에 넣었다.

아울러 건축업자도 추가적인 가치를 많이 확보했다. 대니얼 부부의 집은 정말 근사했고, 아마 다수의 예비 구매자들이 두 사람의 집을 구경한 뒤 그 현명한 건축업자로부터 집을 구매했을 것이다. 최적의 거래 기회를 찾아내면 양쪽 모두 만족스러운 성과를 거둘 수 있다. 나는 바로 그런 사례의 주인공이 대니얼과 그 건축업자라고 생각한다.

상대방이 선수를 치면
어떻게 해야 할까?

당신은 상대방보다 먼저 제안을 내놓아야 한다. 그러나 상대방이 내 강의를 듣고 당신과의 협상에서 선수를 친다고 가정해 보자. 당신은 먼저 제안할 생각이었는데 상대방이 기선을 제압하면 어떻게 해야 할까? 여러 가지 방법으로 대응할 수 있지만, 그 중 몇 가지만 전략적일 것이다. 상대방에게 질문을 던질 수도, 상대방의 제안에서 잘못된 부분을 지적할 수도, 그 제안이 터무니없다고 말할 수도, 침묵할 수도, 무시할 수도, 곧장 역제안을 던질 수도 있다. 이 가운데 가장 전략적인 2가지 대응은 상대방의 제안을 무시하는 것과 역제안을 던지는 것이다.

이 2가지 방법 모두 상대방이 선수를 치면서 챙긴 앵커링 효과가 커지는 상황을 막을 수 있다. 반면 상대방의 제안에 관한 질문을 던지거나 상대방의 제안을 평가하거나 상대방의 제안에서 잘못된 부분을 지적하다 보면 어쩔 수 없이 상대방의 제안을 논의하게 될 것이고 결국 상대방이 더 확고한 위상을 차지할 것이다. 당신이 출발점에서 시간을 낭비할 때마다 상대방의 앵커링 효과는 커지고 점점 핵심 논점으로 자리 잡을 것이다. 상대방의 선제적 제안에 침묵하는 것도 위험하다. 침묵하면 상대방은 더 많은 정보를 제시하고 또 다른 제안을 던질 수 있기 때문이다. 이때 상대방이 던지는 제안은 첫 번째 제안과 비슷할 것이고 따라서 첫 번째 제안이 더 각인될 것이다.

상대방이 선수를 치면 역제안을 통해 3개의 선택지를 제시하는 것이 최선이다. 다수 동등 동시 제안은 하나의 제안보다 더 복잡하고, 이 복잡성이 강력한 앵커링 효과로 이어진다. 다수 동등 동시 제안을 활용하면 상대방에게 빼앗긴 앵커링 효과의 일부를 만회할 수 있다.

여러 개의 제안을 테이블에 올려 두고 양보하라

상대방에게 선수를 치면서 첫 번째 제안을 내놓든, 상대방이 선수를 치는 바람에 첫 번째 역제안을 내놓든 미리 양보 계획을 세워라. 즉, 선택지 A, B, C가 통하지 않을 경우 제시할 양보안인 선택지 D, E, F를 준비해야 한다. 그런데 양보안을 미리 인쇄한 상태로 꺼내지는 말자. 마치 상대방의 반대와 우려를 듣고 양보하는 듯한 느낌을 풍겨야 한다. 협상 전에 미리 양보안을 준비한 것처럼 보이면 당신이 기꺼이 제안 내용을 수정할 사람이라는 인상을 줄 수 있다.

상대방이 앞에서 직접 1개 이상의 선택지를 수정해야 한다. 상대방과 직접 만나 협상하는 경우에는 빨간색 펜으로 원래의 다수 동등 동시 제안에 담긴 선택지 내용을 수정하자. 예를 들어 빨간색 펜으로 선택지 C를 지우고 선택지 D를 새로 제시하면 당신이 상대방에게 양보한다는 점을 효과적으로 강조할 수 있을 것이다.

가상 회의 플랫폼으로 협상할 때는 빨간색으로 주석을 달아 제안 내용을 수정할 수 있다. 그렇게 할 수 없다면 선택지 D의 내용을 나머지 3개의 선택지 옆의 공간에 타자로 입력한다. 말로 드러내든 시각적으로 표현하든 항상 당신이 양보하고 있다는 사실을 부각하라. 예컨대 첫 번째 만남에서 당신이 상대방에게 특정 선택지를 양보했을 경우, 두 번째 만남에서도 그 선택지의 흔적을 말, 서면, 화면으로 드러내야 한다. 즉, 당신이 양보했다는 사실을 강조할 수 있는 변경 사항이 드러나야 한다.

상대방이 각 선택지에서 가장 좋은 부분만 골라 역공에 나설까 봐 걱정하기 때문에 여러 개의 제안을 활용하기를 꺼리는 사람들이 많다. 그들은 상대방이 선택지 A에서 가장 좋은 부분, 선택지 B에서 가장 좋은 부분, 선택지 C에서 가장 좋은 부분을 고른 뒤 그 부분들을 모두 합쳐 역제안을 던질 것이라고 염려한다.

하지만 나는 그런 선별 전략을 부정적으로 보지 않는다. 상대방이 어떤 부분을 고르는지 촉각을 곤두세우면 당신에게 귀중한 정보가 된다. 그런데 상대방이 각 선택지 중에서 가장 좋은 부분만 엄선해 역제안을 던지면 그것이 출발점으로 자리 잡게 될 것이기 때문에 절대로 상대방의 역제안을 논의 대상으로 삼지는 말아야 한다. 대신에 상대방이 무엇을 요구할지 예측해야 하고 상대방이 제기할 듯한 반론을 공략하는 선택지 D나 E로 역제안을 던져야 한다.

대체로 나는 선택지 A, B, C에서 곧장 선택지 D, E, F로 건너가지 않는다. 선택지 A, B, C의 특정 부분을 상대방이 별로 중요하게 여기지 않는다는 중요한 사실을 발견하는 경우를 제외하면 대체로 나는 첫 번째 제안에 포함된 3개의 선택지 모두를 새로운 선택지로 교체하지는 않는 것이다. 그중 1개의 선택지에 포함된 2개 쟁점의 내용을 변경해 선택지 D에 집어넣고 나서 나중에 몇몇 쟁점의 내용을 바꿔 선택지 E에 넣을 것이다.

상대방이 제기할 만한 반론을 예측하고 그 반론에 대처하기 위해 미리 선택지 D와 E를 마련하려고 하겠지만, 상대방과의 대화를 통해 최신 정보를 반영하고 선택지 D와 E가 상대방과의 논의 도중에 도출된 것처럼 보이도록 할 것이다. 아마 나는 이렇게 말할 것이다.

"네, 듣고 있습니다. 들어 보니까 당신은 그 문제를 중요하게 여기는 것 같군요. 이렇게 하면 그 문제를 둘러싼 당신의 우려를 가장 적절하게 해결할 수 있을 것입니다." 그런 다음 상대방 앞에 선택지 D의 내용을 종이에 또박또박 적을 것이다.

"아니오"라는 대답이
협상의 신호탄이다

상대방이 제기할 것 같은 반론을 예측하고 그 반론에 대처할 선택지를 도출해야 한다. 반론에 대비한 선택지를 마련하는 작업은 양보 계획의 일환이다. 사람들은 흔히 상대방이 "아니오"라고 말할까 봐 걱정하고 협상이 끝나버릴까 봐 염려한다. 나는 의뢰인들에게 "아니오"가 협상의 끝이 아니라 시작이라고 말한다. 그러므로 "아니오"는 협상을 끝내는 말이 아니라 협상을 시작하는 말로 여겨야 한다. 이는 당신이 부딪히는 벽이 아니라 당신이 기어 올라가 통과하는 창문으로 바라보자.

협상은 "아니오"라는 말로 시작하기 마련이다. "아니오"라는 말을 들을 때 당신은 경계 조건boundary condition, 어떤 원리나 현상이 성립하는 영역을 뜻하는 용어-역주을 검증했다고 확신할 수 있다. 즉, 상대방이 어느 지점에서 반발할지 알 수 있다.

만남의 끝에서 당신의 제안을 곱씹게 하라

협상을 준비하고 있을 때는 상대방이 제기할 반론을 예측하면서 협상의 전체적인 과정에 관한 나름의 각본을 검토해야 한다. 협상을 시작하는 방식뿐만 아니라 협상을 끝내는 방식도 미리 계획해야 하는 것이다. 협상을 앞두고도 준비를 하지 않는 사람들이 많다. 그리고 준비하는 사람들조차 협상을 어떻게 시작할지만 생각하는 경우가 많다. 다들 시작은 잘하고 싶어 하지만 협상 막바지에서 가장 큰 실수를 저지르곤 한다.

"받든지 말든지 마음대로 하십시오"라거나 "이것이 마지막 제안입니다"라고 말할 때가 바로 협상 막바지이다. 앞서 확인했듯이 이 2가지 발언은 절대 금물이다. 의뢰인들에게 나는 어떻게 협상이 꿈처럼 시작해 악몽으로 끝나게 되는지 생각해 보라고 말한다. 협상이 흘러갈 수 있는 온갖 방향을 감안하고, 상대방과의 관계를 유지하고, 상대방의 신뢰를 잃지 않으면서 협상을 마칠 수 있는 방식을 고려해야 하기 때문이다.

대규모의 전문적인 협상은 여러 번의 만나면서 체결된다. 나는 의뢰인들에게 첫 번째 만남에서는 적어도 한 번 상대방에게 양보하도록, 그리고 당신이 양보했다는 사실을 반드시 강조하라고 권한다. 그렇게 하면 융통성 있는 사람으로 보일 것이고 상대방에게 협력하는 듯한 인상을 풍길 것이다. 특정 쟁점만 별개로 합의하지는 말아야 하고 당신이 제시하고 있는 선택지 중 하나에 포함된 한두 개 조항의 내용을 바꿔야 한다.

또한 내용을 수정한 다수 동등 동시 제안을 첫 번째 만남의 막바지에 내놓으면 두 번째 만날 때까지 상대방이 그 내용을 검토하도록 유도하는 앵커링 효과를 챙길 수 있다는 점도 중요하다. 상대방이 어떤 주제에 더 많은 시간을 할애해 검토할수록 그 주제는 더 강력한 출발점으로 자리 잡는을 것이다. 따라서 첫 번째 만남과 두 번째 만남 사이에 상대방이 당신의 제안을 검토하도록 유도하면 확실한 이점을 챙길 수 있다.

반론을 다시 뒤집는
'방아쇠 전략'

상대방이 "아니오"라고 말할 때 방아쇠 전략을 사용할 수 있다. 방아쇠 전략은 상대방이 현재 상태에서 벗어나도록 이끄는 훌륭한 수단이다. 방아쇠 전략이라는 용어를 쓰는 이유는 우리가 상대방이 협상의 어떤 문제에 동의하도록 설득했다고 자부해도 실제로는 설득하지 못하는 경우가 많기 때문이다. 상대방은 서명하지 않으려고 한다. 당신은 상대방이 방아쇠를 당기고 동의하기를 바란다. 이 상황에서 당신이 해결해야 하는 과제는 상대방이 현재 상태에서 벗어나 새로운 것에 동의하고, 그 새롭고 더 좋은 상태를 다시 현재 상태로 삼도록 유도하는 일이다.

현재 상태는 고무 접착제 같은 것이다. 현재 상태는 점착성이 매우 강하고 미래 상태의 가장 유력한 후보가 된다. 상대방이 현재 상태에서 벗어나도록 이끄는 가장 손쉬운 방법은 손해를 강조하고 그 손해 틀을 방아쇠 전략과 연계하는 것이다. 즉, 마음을 바꿔 현재 상태에서 벗어날 기회가 있다고 상대방이 느끼도록 유도하는 것이다. 한마디로 출구 표시등을 켜 주는 것이다. 일단 어떤 선택을 해도 나중에 본인이 원할 때 본래의 현재 상태로 되돌아갈 수 있다는 점을 강조하면 상대방은 기꺼이 그 선택을 하려고 할 것이다. 물론 그 선택을 하자마자 새로운 현재 상태가 모습을 드러낼 것이고, 새로운 현재 상태도 점착성이 매우 강해 그대로 유지될 것이다. 이 개념과 그 기저의 심리 상태를 쉽게 이해하는 데 도움이 되는 몇 가지 사례를 소개하겠다.

현재 상태에서 벗어나게 만드는 힘

첫 번째 사례에서는 우리가 우리의 마음을 바꿀 수 있다는 조건의 가치를 어떤 식으로 과대평가하는지가 생생히 드러날 것이다. 당신 앞에 2가지의 퇴직 계획안이 놓여 있다고 치자. 첫 번째 계획안에 따르면 관리비는 없지만 일단 돈이 기금 계좌에 들어오면 다른 계좌로 옮길 수 없다. 두 번째 계획안에 따르면 관리비는 있지만 마음대로 옮길 수 있다.

만약 사람들에게 2가지 계획안 중 어느 것을 선택할지 물으면 대부분 두 번째를 고를 것이다. 관리비는 있지만 돈을 다른 계좌로 옮길 자유가 있기 때문이다. 하지만 알다시피 많은 미국인들은 돈을 옮길 자유가 있다는 점은 높이 평가하면서도 실제로 그렇게 하지 않는다. 즉, 우리는 실제로는 마음을 쉽게 바꾸지 않으면서 마음을 바꿀 수 있다는 조건의 가치를 과대평가한다. 바꿔 말해 우리는 현재 상태의 점착성을 과소평가한다.

환불 보장 조건으로 방아쇠를 당기게 만들다

우리의 마음을 바꿀 수 있다는 조건을 과대평가한다는 사실에서 방아쇠 전략의 토대가 마련된다. 사람들에게 출구를 제시하면 그들이 무언가 새로운 것을 시도하도록 유도하기가 더 수월해진다. 가령, 텔레비전에 나오는 광고에는 대부분 환불 보장이라는 조건이 담겨있다. 그 환불 보장 조건이 방아쇠 전략이다. 평범한 상품 광고는 소비자의 구매 욕구를 자극하거나 소비자가 현재 상태에서 벗어나도록 유도하기 힘들 것이다.

그런데 나중에 마음이 바뀌는 경우 전액을 환불받고 상품을 반송하기만 하면 된다는 조건을 제시하면 소비자는 해당 상품을 구매하려고 할 가능성이 커질 것이다. 물론 소비자가 일단 그 상품을 구매하고 나면 반품할 가능성은 작다. 소비자가 그 상품을 구매했다는 사실이 새로운 현재 상태로 자리 잡았고, 그 현재 상태는 점착성이 매우 강하기 때문이다. 예를 들어 당신이 30일 내 환불 보장을 받고 어떤 상품을 샀으면 정해진 기한 안에 그것을 반품하거나 아니면 그대로 써야 한다. 이렇듯 방아쇠 전략의 핵심은 상대방이 새로 자리 잡은 현재 상태에서 벗어나기 위해서는 반드시 무언가 행동을 취해야 하는 상황을 조성하는 것이다.

언젠가 나는 텔레비전에서 그런 식의 광고를 보고 토탈 짐Total Gym 을 샀다. 나는 75세의 영화배우 척 노리스가 토탈 짐을 사용하는 모습과 그토록 멋진 몸매를 유지하는 점에 깊은 인상을 받았기 때문이다. 내가 구매하게 된 계기에는 제품이 만족스럽지 않으면 반품할 수 있다는 환불 보장 조건도 영향을 미쳤다. 나는 원래 운동 기구를 구매할 생각이 없었다. 그날 광고를 보고 사는 편이 좋겠다고 생각했을 뿐이다. 물론 나는 그 광고가 나를 유혹하는 방아쇠 전략이라는 사실을 알았지만 척 노리스의 몸매는 정말 멋져 보였다.

토탈 짐이 우리 집에 설치되자 새로운 현재 상태가 자리 잡았다. 이 현재 상태는 그대로 유지될 것으로 보였다. 나는 토탈 짐을 좋아했고 그것이 있어서 신이 났지만 설령 반품하고 싶어도 방법이 마땅하지 않았다. 반품하려면 포장용 상자를 구해야 했다. 그 커다란 운동 기구를 다시 상자에 넣고 지하실에서 위층까지 운반해야 했으므로 반품 과정은 만만하지 않아 보였다. 내가 토탈 짐을 갖고 있다는 새로운 현재 상태는 점착성이 무척 강했다. 그것이 바로 방아쇠 전략의 본질이다.

현대 자동차가 고객들의 불안을 잠재운 비결

불경기로 사람들이 고용 불안에 시달리자 자동자 제조업체들이 판매에 차질을 겪고 있을 때 현대 자동차^{Hyundai}는 방아쇠 전략을 효과적으로 구사했다. 현대는 안심 구매 프로그램을 고안해 구매자들의 소극적인 태도를 극복했다. 현대는 고객들이 일단 자사의 자동차를 구매하고 나서 실직하는 경우 반품하면 된다는 조건을 내걸었다. 방아쇠 전략을 멋지게 구사한 것이다. 반품 가능 조건은 자동차 구매를 둘러싼 불안감을 완화한다.

그런데 일단 사람들이 자동차를 구매하면 자동차를 소유하고 있다는 새로운 현재 상태가 자리 잡기 마련이다. 얼마 뒤 그들이 실직한다고 가정하자. 그러면 정말로 자동차를 반품하려고 할까? 가능성이 낮다. 자동차가 없으면 새로운 직장을 구하기도 힘들기 때문이다. 그렇게 현대의 방아쇠 전략은 적중했고 덕분에 현대는 동종업계의 다른 회사들이 고전하는 동안 자동차를 많이 팔 수 있었다. 2009년, 현대의 매출은 전년도 대비 47퍼센트 증가한 반면 자동차업계의 전체적인 매출은 겨우 1퍼센트 늘어났을 뿐이다.

방아쇠는 언제 어디서든 당겨진다

내가 의뢰인들을 지켜본 결과 마음을 바꿀 수 있는 기회를 주는 전술은 거래 체결에 기여하는 경우가 많았다. 예를 들어 당신이 부동산 임대업자라고 가정하자. 어느 회사가 꽤 관심을 보이지만 아직 계약을 체결하려고 하지는 않는다. 이때 방아쇠 전략을 쓰고 싶다면 일단 손해 틀로 시작하라. 즉, 당신이 내놓은 부동산이 강, 호수, 바다를 조망할 수 있는 사무실이고 그곳에 눈독을 들이는 다른 회사가 많기 때문에 정말 놓치기 아까운 매물이라는 점을 강조할 필요가 있다. 그리고 당장 계약서에 서명을 해도 2주 동안은 마음을 바꿀 기회가 있다고 덧붙이면 된다. 앞으로 2주 동안에는 언제나 마음을 바꿔 임대 계약을 파기할 수 있다는 말이다.

파기 가능 조건이 붙으면 그 계약이 체결될 가능성이 커질 것이다. 계약서에 서명할 때 예비 세입자는 앞으로 여기저기 둘러보고 다른 선택지도 검토하고, 다른 사무실도 살펴볼 요량일 것이다. 하지만 일단 계약서에 서명하면 그렇게 하지 않을 것이다. 마음을 바꿀 수 있다는 조건은 예비 세입자가 임대 계약을 맺을 가능성을 높여 주지만, 일단 계약하고 나면 마음을 바꿀 가능성은 낮다. 새로운 현재 상태는 점착성이 강하기 때문이다.

방아쇠 전략은 고객과 협약을 맺을 때도 쓸 수 있다. 당신 회사가 제공하는 새로운 서비스를 구매하도록 고객을 설득하는 상황을 떠올려 보자. 이때 당신은 서비스를 구매하도록 유도하려고 고객이 당면한 위험을 부각할 것이다. 그런 다음 2년 서비스 협약에 서명해도 언제든 협약을 취소할 수 있는 2개월의 체험 기간이 있다는 점을 알릴 것이다.

협약을 파기할 수 있는 기회가 확실히 보장되기 때문에 고객이 협약을 맺을 가능성이 높아진다. 그러나 일단 협약이 발효되면 새로운 현재 상태가 조성된다. 서비스를 이용하고 있다는 사실이 새로운 표준으로 자리 잡게 된다. 체험 기간이 있다는 조건을 통해 당신은 고객에게 출구를 제시하지만 고객은 그 서비스가 점착성 강한 새로운 현재 상태로 탈바꿈할 것이라는 점을 인식하지 못한다.

체험 기간을 제시한 방아쇠 전략과 시범 적용의 차이를 이해해야 한다. 시범 적용은 대체로 그것과 연관된 일정한 검토 단계가 있다. 방아쇠 전략은 정해진 검토 단계가 없다. 그러므로 상대방은 새롭게 자리 잡은 현재 상태에서 벗어나기 위해 반드시 어떤 행동을 취해야 한다. 방아쇠 전략을 쓸 때는 상대방이 마음을 바꿔 어떤 행동을 취하지 않는 이상 그대로 밀고 나가면 되지만, 시범 적용의 경우에는 그대로 밀고 나가도 되는지 판단해야 하는 경우가 많다. 방아쇠 전략은 상대방을 설득해 거래를 맺도록 유도할 수 있는 강력한 수단이다.

상대를 안심시키는
조항을 추가하라

앞서 우리는 조건부 협약을 다뤘다. 당신의 차별성이 상대방의 급선무를 해결하는 방식에 대한 자신감을 강조하는 조건부 조항은 첫 번째 제안의 선택지 1개나 2개에 꼭 포함해야 한다.

하지만 당신의 차별성과 비교적 연관성이 적은 조건부 조항도 여분의 쟁점일 수 있다. 일정한 형태의 '보장 조항'을 추가하면 상대방은 더 편안하게 협상에 임할 것이고 당신과 거래할 가능성이 커질 것이다.

예컨대 당신이 어떤 제조업체에 장비를 판매하려고 하는데 협상이 지지부진한 경우에는 그 장비를 3주 안에 설치해 주겠다거나 상당한 액수의 환급금을 제공해 주겠다는 내용의 보장 조항을 추가할 수 있다. 조건부 조항은 객관적으로 측정할 수 있고 양쪽 모두가 알고 있는 지표를 바탕으로 활용해야 하지만, 이런 형태의 보장 조항을 제시하면 장비 설치가 연기될지 모른다는 상대방의 우려를 없애고 거래를 매듭지을 가능성이 커질 것이다.

윗선의 승인을 핑계로 활용하라

당신은 거래를 매듭지으려고 애쓰는데 상대방이 계속 무언가를 요구하는 경우를 떠올려 보자. 이때 당신은 최후 통첩을 내리고 싶겠지만 그것은 위험한 선택이다. 아직 당신의 유보점에 도달하지 않았기 때문이다. "받든지 말든지 마음대로 하십시오"나 "이것이 마지막 제안입니다"라는 말은 협상을 매듭지으려는 압박 전술이 될 수 있지만 매우 위험한 전술이다. 당신이 제시하는 타협안을 상대방이 수용하지 않으면 나중에 다시 만나 협상할 뾰족한 방법이 없기 때문이다.

이 2가지 전술보다 더 좋은 압박 전술은 윗선의 승인을 핑계로 활용하는 것이다. 승인은 협약을 이끌어 내는 데 쓸 수 있는 최종 전술이다. 이 전술은 스스로 손을 묶어 협상력을 높이는 전술이다. 가령, "이사회에서는 이 부분만 승인했습니다"라거나 "나는 이 선까지만 권한이 있습니다"라고 말하면 된다. 이런 식으로 말하면 당신이 거론하고 있는 타협안에 점착성이 생기고 당장은 상대방이 발을 빼지만 나중에 대화를 다시 이어나갈 여지를 확보할 수도 있다.

일단 "이것이 마지막 제안입니다."라고 말했는데 상대방이 거절해버리면 다시 협상할 뾰족한 방법이 없겠지만. 윗선의 승인을 핑계로 활용하면 나중에 이사회가 재검토했다거나 이사회가 상대방과 다시 만나도록 지시했다고 말할 수 있을 것이다.

그런데 만약 상대방이 윗선의 승인을 핑계로 활용한다면 당신이 구사할 수 있는 최선의 방어 전략은 당신도 똑같이 승인 핑계를 대는 것이다. 자동차를 사려고 할 때마다 나는 영업 사원이 관리자에게 확인해 봐야 한다고 말할 것으로 짐작한다. 그것이 바로 승인 핑계 기법이다. 영업 사원은 십중팔구 관리자의 사무실이 아니라 휴게실에 들어갈 것이다. 승인 핑계 기법의 위력을 상쇄하기 위해서는 나도 누군가에게 확인해야 한다며 승인 핑계 기법을 써야 한다.

자신의 유보점을 파악하라

앞서 논의했듯이 당신은 양보안을 준비해서 상대방에게 유연하고 협조적인 사람으로 보여야 한다. 성과를 극대화하고 상대방과의 관계도 유지해야 하기 때문이다. 이상적으로 말하자면 당신은 공세적인 목표를 설정했고, 그 목표를 뛰어넘는 지점에서 출발했고, 양보의 여지를 많이 뒀을 것이다. 유보점 근처가 아니라 목표 근처에서 협상하고 싶을 것이다.

그렇게 하려면 자신의 유보점을 파악해야 한다. 상대방에게 계속 양보하는 편보다 차라리 협상에서 발을 빼는 편이 더 좋은 지점이 어디인지 알아야 하기 때문이다. 협상을 진행하다 보면 합의에 이르러야 한다는 부담감 때문에 협상하지 않는 편이 더 나은 상황에서조차 타결을 추진하는 경우가 가끔 있다.

1장부터 지금까지 우리가 다룬 내용을 꼼꼼히 읽은 사람은 자신의 유보점 근처에서 협상하는 일이 그리 많지 않을 것이고 협상에서 발을 빼야 하는 상황을 맞이하지도 않을 것이다. 이렇듯 협상자는 자신의 마지노선을 반드시 알고 있어야 한다. 이것은 모든 협상에 적용되는 수칙이지만 막상 이 수칙을 지키기가 가장 힘든 상황 가운데 하나가 바로 개인적인 고용 협상이다.

연봉 협상 시
자신을 낮추는 사람들에게

사람들은 개인적인 고용 협상에 나서기 전에 미리 자신과 타협하곤 한다. 우리는 고용주와 논의를 시작하기 전에 미리 여러 가지를 양보하는 경우가 많다. 자칫 고용주에게 너무 공격적인 인상을 줄까 봐 염려하기 때문이다. 하지만 협상을 시작하기 전에 미리 양보해 버리면 아무 소용이 없다는 점을 기억하길 바란다. 양보는 협상을 시작하기 전이 아니라 협상 도중에 해야 한다.

예를 들어 당신이 최근 업무량이 너무 많아져 매주 5일씩 업무를 도와 줄 보조 인력이 절실하다고 느끼게 됐다고 치자. 그런데 보아하니 당신의 상사는 보조 인력을 고용할 필요성에 동의하지 않을 것 같다. 이미 고용은 동결 상태이고 모든 신규 인력 요청은 CFO의 허락을 받아야 하기 때문이다. 그러나 당신은 업무를 도와줄 사람이 꼭 필요하다. 회사는 매출 목표액을 무척 높게 잡았고, 당신이 이끄는 팀은 고객을 더 많이 확보하고 혁신하는 데 집중할 필요가 있다.

시작부터 양보하면 안 되는 이유

당신은 보조 인력을 요청해야 한다고 생각하지만 매주 5일이 아닌 4일 근무하는 조건이어야 회사 측에서 이를 고려해 줄 것이라고 생각한다. 그런데 이 문제를 좀 더 고민해 보니 매주 4일 상근직이 아니라 매주 3일 시간제로 근무하는 조건이 더 좋을 것 같다는 생각이 든다. 그것이 CFO의 입맛에 더 맞을 법하기 때문이다.

그러다 또 생각이 바뀐다. 매주 3일 근무하는 사람이 당신뿐만 아니라 당신의 동료 1명의 업무까지 도와주는 조건이 더 나을 것 같다. 그러면 당신의 요구 사항도 채워지고 다른 부서의 업무도 도와줄 수 있다. 그런데 생각이 또 바뀐다. 보조 인력의 도움을 받을 대상에 동료 1명을 더 추가하면 어떨까? 당신과 동료 2명은 모두 직급이 같고 보조 인력이 당신과 동료 2명을 매주 3일씩 시간제로 도와준다는 조건이 가장 좋아 보인다. 하지만 이것은 최소한의 조건이다. 이 정도의 도움도 받지 못하면 당신은 일을 계속 수행하기 힘들 듯하다.

그래서 상사를 만나 매주 3일씩 당신과 동료 2명의 일을 도와줄 보조원을 채용해 달라고 말한다. 상사는 고용 동결 상태이기 때문에 그렇게 하기가 무척 힘들 것이라고 대답한다. 당신은 목소리를 높인다. "도움을 받아야겠습니다"라고 말이다.

상사는 모든 신규 인력 요청은 CFO의 승인을 거쳐야 한다고 말한다. 물론 당신도 알고 있다. 그래서 매주 5일이 아니라 매주 3일 근무하는 조건으로 미리 양보했고 보조원의 도움을 받을 대상에도 동료 2명을 추가한 것이다. 인내심이 점점 사라지는 듯하다. "반드시 도움을 받아야겠습니다"라며 목소리를 더 높인다. 광분하는 사람처럼 보일까 봐 걱정되지만 도움이 절실하다고 생각한다.

필요성을 강조한 뒤 양보하는 전략

자, 똑같은 상황에서 다르게 대응하는 시나리오를 떠올려 보자. 당신은 업무량이 늘어나 도와줄 사람이 필요하다고 생각한 끝에 다음과 같이 대응한다. 우선, 당신이 이끄는 팀이 회사의 목표 매출을 달성하려면 고객을 더 많이 확보하고 혁신하는 데 집중해야 한다는 점을 강조한다. 그러려면 매주 5일씩 업무를 도와줄 보조원 2명이 필요하다. 1명은 당신을 돕고, 다른 1명은 나머지 팀원들의 업무를 지원한다는 조건이다.

상사가 고용 동결 상태를 거론하면 당신은 협상을 통해 단 1명의 보조원만 당신을 도와준다는 조건까지 양보할 수 있다. 이때 당신은 유연하고, 협조적이고, 회사의 이익에 초점을 맞추는 직원으로 보일 것이다.

반면 협상을 시작하기 전에 미리 양보해 버리면 정작 본격적인 협상 과정에서 목소리를 높이다가 공격적이고 비타협적인 사람으로 보일 가능성이 있다. 협상을 시작하기도 전에 양보하면 자신의 유보점에 너무 가까운 상태에서 협상에 임하게 될 우려가 있다. 그렇게 되면 유연하지 못하고 고집이 센 사람으로 보일 수 있다. 협상에서는 양보의 여지를 둬야 한다. 그리고 협상 이전이 아니라 협상 도중에 양보해야 점수를 딸 수 있다는 점을 명심해야 한다.

두 번째 시나리오로 돌아가 보자. 당신은 2명의 보조원을 채용하는 문제와 더불어 회사의 목표 매출, 신규 고객을 확보하기 위해 활용할 여러 가지 접근법, 혁신을 완수하기 위한 일정표, 신규 고객과 혁신에 관한 최신 동향 보고 횟수 같은 쟁점도 테이블에 올리는 편이 훨씬 더 좋다. 그리고 이 모든 쟁점을 하나로 묶어 협상하고 양보의 여지를 두는 것이 가장 바람직하다.

거래를 마무리하는 비장의 카드

▼

8장에서는 거래를 매듭짓는 방법을 논의했다. 당신은 되도록 최선의 성과를 거두며 협상을 마무리하고 싶을 뿐 아니라 상대방과의 관계도 좋게 유지하고 싶을 것이다. 8장에서는 이 2가지 목적을 동시에 달성하는 방법을 집중적으로 조명했다.

특히 8장에서는 상대방에게 양보할 계획과 의도를 지니고 있어야 한다는 사실을 강조했다. 당신이 양보할 때 상대방은 자기가 협상에서 이기고 있다고 여길 것이고, 거래에 더 만족할 것이다. 당신의 첫 번째 제안을 상대방이 금방 받아들인다는 것은 당신의 요구가 충분하지 못하다는 의미일 수 있다. 따라서 양보를 염두에 두고, 양보할 의도를 품고, 양보의 내용을 계획한 상태로 협상에 착수해야 한다.

그런데 단 하나의 쟁점만 협상하면 설득력 있게 양보하기가 힘들다. 가격이라는 쟁점 하나만 협상하다가 가격을 양보하면 마치 당신이 언제나 흔쾌히 양보하는 것처럼 보일 우려가 있다.

당신이 상대방에게 1만 5,000달러를 제시한다고 치자. 상대방이 거부한다. 이때 당신이 곧장 3,000달러를 깎아 1만 2,000달러를 제시하면 마치 상대방의 의사를 타진하려고 얄팍한 수를 쓰는 것처럼 보일 수 있다. 그러니 쟁점 전체를 테이블에 올리고 모든 쟁점을 하나로 묶어 협상할 수 있어야 한다. 그래야 양보의 명분을 마련하고 양보의 여지를 두는 데 도움이 된다.

반론을 극복하고 거래를 매듭짓기 위한 구체적인 전술도 몇 가지 살펴봤다. 여분의 쟁점과 조건부 제안을 통해 상대방의 체면을 살리면서 막다른 골목에서 벗어나도록 유도해 거래를 매듭짓는 방법도 고려해야 한다.

방아쇠 전략도 거래를 매듭짓는 데 쓸 수 있는 훌륭한 수단이다. 마음을 바꿀 수 있는 기회를 주면 상대방이 현재 상태에서 벗어나 새로운 것을 시도하도록 유도하기가 더 쉬워진다.

거래를 매듭짓고 싶다고 "받든지 말든지 마음대로 하십시오"라거나 "이것이 마지막 제안입니다"라는 말은 절대 금물이다. 그보다 안전한 압박 전술(이를테면 승인 평계 기법)을 구사해야 한다. 그래야 나중에 다시 상대방과 만나 협상할 길을 확보하면서 매력적인 타결점 주변에 점착성을 만들어 낼 수 있다.

마지막 최선의 제안을 요구하면서 상대방을 막다른 골목으로 몰아넣지 말아야 한다. 오히려 상대방이 유연한 태도를 견지하도록 유도할 필요가 있다. 상대방이 갑자기 "받든지 말든지 마음대로 하십시오"라거나 "이것이 마지막 제안입니다"라고 말하며 스스로 막다른 골목으로 들어가는 경우에는 여분의 쟁점을 테이블로 올려 상대방이 거기서 벗어나도록 해야 한다.

협상에서 발을 빼는 시점도 알아야 한다. 자신의 유보점을 아는 것이 중요하다. 거래를 맺도록 당신을 다그치는 압력이 크겠지만 당신의 유보점보다 낮은 거래라면 차라리 발을 빼는 편이 낫다.

지금까지 이 책에서 우리가 논의한 모든 전략을 통해 당신은 유보점이 아닌 목표 근처에서 협상해야 하고, 협상에서 발을 빼는 경우를 줄여야 한다. 이 장에서 설명한 전략은 거래를 놓치거나 협상이 교착 상태에 빠지거나 부실한 조건으로 합의할까 봐 걱정하는 마음을 줄여 줄 것이다. 이제 당신에게는 거래를 매듭짓고, 최고의 성과를 내고, 상대방과의 긍정적인 관계를 구축하는 데 필요한 모든 수단이 생겼다.

9장

당당한 태도로
설득력을 더하라

협상가의 태도

두려움 없는 협상가가 되기 위한 5가지 전략은 다음과 같다.

1. 선수를 친다.
2. 상대방에게 초점을 맞춘다.
3. 제안의 틀을 올바르게 짠다.
4. 유연성을 발휘한다.
5. 불분명한 제안을 삼간다.

이 5가지 전략 중 4가지는 이미 검토했지만, 마지막 전략은 아직 다루지 않았다. 바로 명확하고 구체적인 제안을 내놓는 것이다.

불분명한
제안을 삼가라

이 책의 전반부에서 우리는 협상 준비에 초점을 맞췄다. 철저하게 준비해서 협상할 때 생기는 두려움을 줄일 수 있는 방법을 살펴봤다.

올바른 쟁점을 테이블에 올리기, 여러 개의 이야기 전달 쟁점을 논의하기, 당신의 차별성이 상대방의 급선무를 충족시키는 방식 이해하기, 상대방이 제시한 대안의 약점을 근거로 과감한 목표를 세우기, 그렇게 해서 양보의 여지를 넉넉하게 두기의 중요성을 강조했다.

아울러 협상력을 키워 두려움을 줄이는 방법도 집중적으로 조명했다. 여러 가지 동력원을 설명했고 배트나를 개선해서 동력원을 강화할 수 있다는 점을 강조했다.

배트나로 유보점을 설정하는 과정의 중요성, 그리고 늘 과감한 목표와 마지노선의 차이를 인식하는 자세의 중요성도 다뤘다.

우리가 검토한 준비 전략은 치열한 논쟁에 휘말리거나, 거래를 놓치거나, 부실한 성과를 받아들이거나, 상대방의 심기를 건드리거나, 신용이 떨어지거나, 상대방과의 관계가 나빠지거나, 상대방이 협상에서 발을 뺄지 몰라서 느끼는 두려움을 줄여 줄 것이다. 이것들을 잘 준비하면 당신은 두려워하지 않고 성공적으로 협상할 수 있게 된다.

1~4장에는 그렇게 할 수 있는 협상 방법을 소개했다. 그리고 이 책의 후반부는 실제로 협상을 하는 동안 느낄 법한 두려움을 없애기 위해 할 수 있는 일에 초점을 맞췄다. 바로 5~8장에는 두려움 없이 협상하기 위한 5가지 필수 전략이 제시돼 있다.

두려움 없는 협상가가 되기 위한 5가지 전략

1. 선수를 친다: 상대방보다 먼저 제안을 내놓는다.
2. 상대방에게 초점을 맞춘다: 자신이 아니라 상대방에게 초점을 맞추는 명분을 마련하고, 특히 자신의 차별성이 상대방의 급선무를 공략하는 방식을 강조하는 메시지를 전달한다.
3. 제안의 틀을 올바르게 짠다: 손해를 부각해 상대방이 현재 상태에서 벗어나도록 하고, 이득을 강조해 상대방이 현재 상태를 유지하도록 한다.
4. 유연성을 발휘한다: 양보의 여지를 두고, 다수 동등 동시 제안을 활용한다.
5. 불분명한 제안을 삼간다.

제안이 구체적일수록 마음이 움직인다

사실 우리는 상대방에게 구체적인 요구가 아니라 불분명한 요청을 하는 경우가 많다. 예를 들어 옷가게에서 아주 작은 흠집이 있는 셔츠를 고른 뒤 "이 셔츠값 좀 깎아 주시겠어요?"라고 말하는 것이다. 하지만 나라면 더 명확하게 제안할 것이다.

"세상에, 여기 흠집이 있네요. 정말 안타깝지만 손님들에게 팔 수 없겠군요. 35퍼센트 할인해 주면 제가 사겠습니다."

이것은 상대방의 입장에 초점을 맞춘 명확하고 구체적인 제안이다. 사람들은 종종 불분명한 제안을 내놓는다. 심지어 노련한 협상가들도 "좀 깎아 주시겠습니까?"라거나 "납품량을 더 늘려도 되겠습니까?"라거나 "가격을 더 좋게 쳐주실 수 있습니까?"라는 식으로 말한다. 전부 불분명한 요구들이다. 모쪼록 선수를 치고, 상대방에게 초점을 맞추고, 제안의 틀을 올바르게 짜고, 유연성을 발휘하고, 불분명한 제안을 삼가야 한다는 점을 명심하길 바란다.

텔레비전이 고장 난 호텔에서
협상을 시도하다

5가지 전략 중 마지막 전략의 사례를 하나 소개하겠다. 10대 아들을 둔 부모라면 아마 공감할 것이다. 나의 두 아들은 사춘기에 접어들자 말문을 닫았다. 엄마인 나와 좀처럼 이야기를 나누려고 하지 않았고 녀석들은 아주 짧은 대답만 했기 때문에 대화를 이어 가기 힘들었다. 하지만 아이들은 자신의 친구들과는 터놓고 이야기했다. 그래서 나는 녀석들의 친구들과 어울리는 자리에 내가 함께 있다면 많은 정보를 얻을 수 있겠다고 생각했다.

실제로 나는 아이들이 어렸을 때 친구들을 초대해서 함께 외식을 하거나 영화를 보러 가곤 했다. 그러면서 아이들이 친구들과 나누는 대화를 엿들을 수 있었다. 하지만 아이들이 점점 크면서 함께 외식을 하거나 영화를 보기가 어려워졌다. 아이들은 더 이상 엄마와 아빠를 최고의 놀이 상대로 여기지 않았다. 그래서 나는 녀석들과 함께 즐길 만한 새로운 활동을 생각해 냈다. 첫째가 고등학교에 입학했을 때, 나는 녀석과 가장 친한 친구 5명과 함께 주말에 스키를 타러 가자고 말했다. 스키 여행을 떠난 우리는 주말을 정말 재밌게 보냈다. 그 덕분에 나는 아들의 평소 생활에 관해 더 많이 알 수 있었다.

이듬해에도 비슷한 여행을 떠났다. 우리는 산악 지대의 어느 휴양지로 떠났는데, 우리가 투숙한 건물에는 호텔과 콘도미니엄이 함께 있었다. 우리는 얼마 전에 완공된 신축 콘도미니엄에 묵기로 했다. 사실 우리가 묵을 객실은 주인이 따로 있었다. 다른 가족이 다음 주 휴일에 그곳에 묵을 예정이었던 것이다. 그 콘도미니엄은 지은 지 얼마 되지 않았기 때문에 아직 보완 작업이 더 필요했지만, 우리는 숙박료를 훨씬 더 저렴하게 주고 그곳에 묵는 첫 번째 손님이 됐다.

그곳의 가장 큰 문제는 거실의 텔레비전이 나오지 않는다는 점이었다. 텔레비전이 나오지 않으면 저녁 식사 후에 모두가 둘러앉아 팝콘을 먹으며 영화를 보면서 이런저런 이야기를 나누려고 했던 계획이 수포로 돌아갈 수밖에 없었다.

가능하면 타협하지 않는다

나는 목요일 저녁에 도착해 텔레비전에 문제가 있다는 사실을 확인하자마자 프런트에 전화를 걸어 텔레비전을 수리할 사람을 보내 달라고 요구했다. 직원 1명이 도착해 약 30분 동안 텔레비전을 고치려고 했지만 실패했다. 그다음 프런트 매니저가 나타나서 최선을 다해 고치려고 했지만 여전히 텔레비전은 먹통이었다. 텔레비전이 문제가 아니라 객실의 배선에 훨씬 더 복잡한 문제가 있는 것 같았다.

목요일 저녁에 비번이었던 건물 관리 기사가 금요일 아침에 출근하자마자 우리 객실로 달려왔다. 그는 한참 애를 썼지만 고치지 못했다. 금요일 낮에 스키를 타고 오니 월요일까지 텔레비전을 고치지 못할 것이라는 소식이 들려 왔다. 월요일이 돼야 수리를 요청할 수 있다는 것이었다.

나는 그 말을 듣자마자 프런트로 향했다. 나는 프런트 매니저와 이야기하고 싶다고 말했다. 아무도 텔레비전을 고치지 못해 무척 유감이고, 텔레비전이 나올 때까지는 수고비를 줄 수 없으며, 미안하지만 총 4일간의 숙박료를 지불하지 않을 것이라고 그에게 말했다. 이튿날 아침 7시에 설비 담당 회사 관계자들이 도착했고 한참 애쓴 끝에 결국 오후 2시에 문제를 해결했다.

그날 내가 스키를 타고 돌아오자 총지배인이 전화를 걸었다. 그는 직원들이 제대로 고치지 못해 미안하다고 말했다. 나는 그들이 수고가 많았다고 대답했고, 객실 주인 가족이 다음 주에 도착하기 전에 우리 가족이 '사전 점검 작업'을 해 줄 수 있어서 다행이라고 말했다. 그리고 총지배인의 최우선 사항이 주인 가족의 객실 만족도를 높이는 것인데, 우리 가족이 온갖 사소한 결함을 발견해 수리하게끔 했으므로 객실 상태가 확실히 완벽해졌을 것이라는 말을 덧붙였다.

총지배인은 내가 수고비를 주지 않으려고 한다는 이야기를 들었다고 말했다. 나는 지금은 텔레비전이 나오기 때문에 기꺼이 주고 싶지만, 텔레비전이 나오지 않은 기간의 숙박료는 주고 싶지 않다고 말했다. 그는 텔레비전이 나오지 않은 2일간의 숙박료를 모두 면제해 줄 수는 없다고 말했다. 나는 정확히 말해 2.5일이라고 맞섰다. 총지배인은 1일 숙박료는 안 받겠지만, 우리 객실에 4개의 침실이 있고 각 침실에 텔레비전이 있기 때문에 거실의 텔레비전이 고장 났어도 나머지 4개의 텔레비전을 볼 수 있었다며 그 이상은 곤란하다고 말했다. 나는 바로 그 4개의 텔레비전이 문제라고 응수했다.

"무슨 보상 같은 것 없나요?"라는 말은 잘못됐다

나는 만약 객실의 주인 가족이 그곳에 도착해 요리사를 불러 아름다운 주방에서 저녁 식사를 준비하도록 하고, 함께 식탁을 차리고, 멋진 벽난로에 불을 피우고 나서 텔레비전을 켰는데 나오지 않으면 얼마나 화가 날지 상상해 보라고 대꾸했다. 나는 차라리 침실에 텔레비전이 없었으면 아이들은 식탁에 둘러앉아 게임을 즐기겠지만, 4개의 침실에 각각 텔레비전이 있기 때문에 아이들은 금세 흩어질 것이고 가족 식사를 망치게 될 것이라고 생각했다.

나는 그런 상황을 미리 방지할 수 있어 기쁘고, 주인 가족을 위한 '사전 점검 작업'을 해 줄 수 있어서 다행이라고 말했다. 총지배인은 당장 1일 숙박료를 면제해 주고 다음에 오면 그때 다시 1일 숙박료를 받지 않겠다고 말했다. 나는 당장 2일간의 숙박료를 면제받고 싶지만, 총지배인의 권한에 한계가 있다는 점을 이해한다고 말했다. 그리고 직원들이 텔레비전을 고치느라 정말 수고가 많았기 때문에 그 제안을 받아들여 공휴일인 워싱턴의 날^{President's Day}이 낀 주말에 다시 오겠다고 덧붙였다. 나는 우리 가족이 '사전 점검 작업'을 해 줄 수 있어서 정말 기분 좋고, 주인 가족이 객실에 만족할 것이라고 누차 강조했다.

미국에서 워싱턴의 날이 낀 주말에 스키를 타러 간 적이 있는 사람이라면 아마 객실 이용료가 얼마나 비싼지 알 것이다. 평소 요금의 2배일 때도 많다. 결국 우리는 2일간의 숙박료를 면제받은 셈이었다.

불리한 위치에 있어도 설득할 수 있다

내가 이 이야기를 들려주는 이유는, 두려움 없이 협상하기 위한 5가지 원칙 중 '불분명한 제안을 삼가야 한다'는 마지막 원칙을 강조하기 위해서다. 내가 프런트에 전화를 걸어 "텔레비전이 안 나오는데 무슨 보상 같은 것 없나요?"라고 말했다면 어땠을까. 이는 불분명한 요청이다. 먼저 제안을 했다고 생각할 수도 있지만 미약하고 모호한 요청이다. 이런 불분명한 제안으로는 이점을 챙길 수 없는 법이다.

오히려 당신이 모호한 제안을 내놓았을 때 상대방이 거기에 응답해 버리면 당신은 효과적으로 반응하기가 더 어렵다. 예를 들어 내가 "무슨 보상 같은 것 없나요?"라고 말했다면 콘도미니엄 관계자들은 초콜릿을 바른 딸기처럼 고객의 사소한 불만을 잠재우는 데 쓰이는 증정품을 제공했을 것이다. 초콜릿 바른 딸기를 3개가 아니라 6개를 보내더라도, 내가 아이들과 함께 있었기 때문에 샴페인은 주지 않았을 것이다. 결국 콘도미니엄 측이 이 상황을 초콜릿을 바른 딸기 6개로 해결할 수 있는 문제로 먼저 규정했으므로, 내가 그것을 다시 수천 달러 수준의 문제로 규정하기가 매우 힘들어졌을 것이다. 이렇듯 명확하고 구체적인 요구를 선수 치는 것이 정말 중요하다.

또한 내가 아니라 상대방에게 초점을 맞추는 것 역시 중요하다. 나는 총지배인과 통화할 때 '사전 점검 작업'이라는 용어를 16번이나 썼다. 나는 먹통인 텔레비전을 고치지 못하는 직원들에게 실망했지만, 총지배인이 다음 주에 도착할 주인 가족을 완벽하게 맞이할 수 있도록 객실 상태를 준비하는 데 집중할 것이라는 사실을 알고 있었다.

상대방에게 초점을 맞출 필요도 있지만 제안의 틀도 올바르게 짜야 한다. 나는 의도적으로 손해를 강조했다. 총지배인이 현재 상태에서 벗어나 숙박료를 조정해 주도록 유도하고 싶었기 때문이다. 그런데 나는 협상에서 불리한 위치에 있었다. 그들은 내 신용 카드 번호를 알고 있었고, 나는 머물 곳이 필요한 사내아이 6명을 돌봐야 했다.

나는 숙소를 다른 곳으로 옮길 생각이 없었기 때문에 협상이 결렬될 때의 대안이 취약했고 유보점도 높지 않았다. 그래도 나는 과감한 목표를 세웠다. 총지배인의 배트나도 몹시 취약할 것이라고 판단했기 때문이다. 나는 그가 자주 묵는 손님들이 불만을 느끼는 상황을 원하지 않고, 다음 주에 도착할 객실 주인 가족을 위해 텔레비전 수리와 관련한 직원들의 문제점을 해결하고 싶어 할 것이라고 생각했다.

원하는 것이 있다면
기꺼이 설득하라

내 목표는 과감하지만 배트나는 취약했기 때문에 목표와 유보점의 차이가 컸다. 그런 상황에서는 올바른 전략을 활용해 상대방이 현재 상태에서 벗어나도록 유도할 필요가 있었고, 그 전략의 핵심은 틀 짜기였다.

나는 신축 콘도미니엄의 객실에 거금을 지출한 주인들의 만족도를 보장해야 하는 점, 주인들이 도착했을 때 직원들의 부실한 고객 서비스에 얼마나 기분이 나쁠지, 텔레비전을 켰는데 나오지 않으면 얼마나 화가 날지, 새 객실에서 첫 가족 식사를 즐기려고 하는데 텔레비전이 나오지 않아 분위기를 망치게 되면 얼마나 짜증이 날지, 주인 가족이 도착하기 전에 우리 가족이 '사전 점검 작업'을 통해 문제를 해결할 수 있어서 내가 얼마나 기쁜지 등을 중심으로 논의의 틀을 짰고 심각한 손해를 강조하는 명분을 마련했다.

아울러 유연한 태도를 보였고 양보의 여지도 뒀다. 금요일 저녁에 프런트 매니저와 대화를 나누고 돌아오자 아이들이 "뭐라고 하셨어요?"라고 물었다. 나는 "텔레비전이 나올 때까지 수고비를 안 주겠다고 했지"라고 대답했다. 그러자 아이들은 믿지 못하겠다는 표정을 지었다. 나는 "이건 첫 번째 제안이고 양보의 여지가 있어"라고 말했다.

협상에 뛰어들 때는 양보의 의사가 있어야 한다. 그리고 구체적으로 어떻게 양보할지 미리 계획해야 한다. 양보함으로써 당신은 유연성을 보여줄 수 있다. 유연한 태도를 보여 주는 두 번째 방법은 여러 개의 제안을 활용하는 것이다. 콘도미니엄 관계자들을 상대할 땐 다수 동등 동시 제안 전략을 적극적으로 쓰지 않았지만, 중대한 이해관계가 달린 협상에서는 이 전략을 자주 구사한다.

콘도미니엄 관계자들과의 협상에서 내가 불분명한 요청이 아니라 명확하고 구체적인 요구를 했다는 점에 주목하길 바란다. 철저히 준비하고 앞서 살펴본 5가지 전략을 적절히 구사하면 누구나 두려움 없는 협상가가 될 수 있다.

성과와 관계를 모두 얻을 당신에게

이 경험담에서 가장 중요한 부분은 아마 내가 상대방에게 기꺼이 요구할 의사가 있었다는 점일 것이다. 나는 많은 사람이 다양한 상황에서 불만과 실망을 느낀다고 생각한다. 하지만 불만을 느끼는 데 그치지 않고 상황을 바꿀 수 있도록 협상에 나서야 한다. 협상의 두려움에 짓눌려 당당하게 요구하지 못하면 곤란하다. 이 책에 나오는 전략들을 활용하면 두려움을 극복하고 알찬 성과를 거두며 상대방과 긍정적인 관계를 맺을 수 있을 것이다.

내 경험담을 들은 사람들은 콘도미니엄의 총지배인이 나를 다시는 보기 싫어했을 것이라고 생각했다. 하지만 그것은 전혀 사실이 아니다. 그 뒤로 여러 해 동안 나는 그 콘도미니엄에 묵었다. 그리고 7월의 휴가철에 내가 예약을 하지 않으면 늘 총지배인이 먼저 전화를 걸어 와 예약할 수 있도록 말해 줬다.

사람들이 협상을 앞두고 느끼는 가장 큰 두려움 중 하나는 상대방과의 관계가 나빠질지도 모른다는 것이다. 그 두려움 때문에 사람들은 아예 협상을 시작하지도 못한다. 나는 가장 성공적인 협상을 자신의 성과를 극대화하는 동시에 상대방과 관계를 맺는 협상이라고 생각한다. 이 책에 제시된 전략들은 당신이 이 2가지 목적을 이룰 수 있도록 보탬이 될 것이다.

우리가 맞이하는 대다수의 협상은 현재 우리와 관계를 맺고 있는 사람들을 상대로 이뤄진다. 따라서 우리는 성과를 극대화하면서도 상대방과의 관계를 유지하는 방식으로 협상해야 한다.

상대방에게 초점을 맞추는 명분을 마련할 수 있도록 이야기 전달 쟁점을 테이블에 올리기, 상대방보다 먼저 제안하고 양보의 여지를 두도록 과감하게 목표 세우기, 유연하고 협조적인 사람으로 보일 수 있도록 여러 개의 제안을 내놓기, 양보 사실을 강조하기 등은 모두 관계 손상에 대한 두려움을 없애기 위한 전략이다.

우리는 협상 성과 극대화와 상대방과의 관계 형성이라는 두 마리 토끼를 동시에 잡을 수 있다. 그러므로 상대방과의 관계가 나빠지거나 거래를 놓칠지도 모른다는 두려움을 느낄 필요가 없다. 올바른 전략과 도구를 활용하면 두려움 없는 협상가가 될 수 있고, 빛나는 성공을 누릴 수 있다.

앞으로 당신이 나설 모든 협상에 행운이 깃들기를 바란다.

그리고 당신의 성공담을 다음 인터넷 주소를 참고해 들려주길 바란다.

www.medvecandassociates.com

원하는 결과를 이끌어 내는 켈로그 MBA 협상 수업

어떻게 설득해야 마음을 움직이는가

인쇄일 2021년 11월 9일
발행일 2021년 11월 16일

지은이 빅토리아 메드백
옮긴이 박수철
펴낸이 유경민 노종한
기획마케팅 1팀 우현권 **2팀** 정세림 현나래 유현재 서채연
기획편집 1팀 이현정 임지연 **2팀** 박익비 **라이프팀** 박지혜 장보연
책임편집 임지연
디자인 남다희 홍진기
펴낸곳 유노북스
등록번호 제2015-000010호
주소 서울시 마포구 월드컵로20길 5, 4층
전화 02-323-7763 **팩스** 02-323-7764 **이메일** uknowbooks@naver.com

ISBN 979-11-90826-86-0 (03190)